中国校本教研与校本课程数字出版平台
中国校本教研网 www.schooledu.com.cn
◎特别推荐◎

藏在师生体态语言里的教学智慧

张宇 廖生波◎主编

江苏教育出版社

图书在版编目（CIP）数据

藏在师生体态语言里的教学智慧/张宇，廖生波主编．—南京：江苏教育出版社，2013.4（2023.11重印）

ISBN 978-7-5499-2609-1

Ⅰ.①藏… Ⅱ.①张…②廖… Ⅲ.①课堂教学—身势语—语言艺术 Ⅳ.①G424.21

中国版本图书馆CIP数据核字（2012）第312196号

书　　名 藏在师生体态语言里的教学智慧
主　　编 张　宇　廖生波
责任编辑 严小英　司亚宁
出版发行 凤凰出版传媒股份有限公司
江苏教育出版社（南京市湖南路1号A楼　邮编210009）
苏教网址 http：//www.1088.com.cn
照　　排 润星之源文化有限公司
印　　刷 唐山富达印务有限公司
厂　　址 唐山市芦台经济开发区农业总公司三社区
开　　本 787毫米×1092毫米　1/16
印　　张 16
字　　数 262千字
版　　次 2013年4月第1版　2023年11月第2次印刷
书　　号 ISBN 978-7-5499-2609-1
定　　价 78.00元
网店地址 http：//jsfhjy.taobao.com
邮购电话 025-85406265，85400774　短信02585420909
E - mail jsep@vip.163.com
盗版举报 025-83658579

藏在师生体态语言里的教学智慧

编委会名单

本书编委会

主　编　张　宇　北京建筑工程学院体育部

廖生波　北京交通大学体育部

副主编　刘金亮　北京建筑工程学院体育部

范　杨　中国传媒大学体育部

杨宏峰　中国人民大学体育部

编　委　智　娟　北京市求实职业学校

李大伟　北京市求实职业学校

李　津　北京体育大学研究生院

高　阳　北京体育大学研究生院

刘春延　北京体育大学研究生院

前言 QianYan

言语表达和肢体表现是课堂中最重要的信息传递方式。

教师善用体态语言，不仅能潜移默化地营造课堂氛围，影响学生对课堂内容的观感，还能提高学生的学习效率。教师又可以通过学生在课堂上的体态语言了解他们的思想动态以及对知识点的接受和理解情况，从而有针对性地调整和改变教学过程。

用体态语言来了解和传递信息是教学中的一个重要环节，对这个环节的落实和提高，需要教师的领悟和智慧。现实教学中，教师对体态语言的运用、教师对学生体态语言的理解都还需要磨练和提高。因此，我们对教师与学生的体态语言进行研究，希望能发现教学中容易被忽略的一些信息因素，让关于体态语言的教学智慧深入教学中，从而增进教师与学生的理解，并为教师更加深入了解学生、掌控教学过程提供有效的指导。

本书编写过程中，张宇和廖生波担任主编，负责统编工作以及部分章节的编写，刘金亮老师负责教师表情部分的编写，范杨老师负责学生肢体语言部分的编写，杨宏峰老师负责学生表情部分的编写，智娟、李大韦等参编老师负责课例和案例的收集、整理和编写工作。他们为本书的完成付出了辛勤的劳动。

教学是一个涉及多方面内容的过程，学生的心理活动具有多样和多变的特点，我们希望通过对一些具有代表性的体态语言进行分析，并呈现优秀教师在教学案例中对体态语言的运用以及对学生体态语言的解读，来说明体态语言在教学中的作用。在此，对提供案例和资料的各位老师表示感谢。

目录 MuLu

上篇　藏在教师肢体语言和表情里的教学智慧

下篇　藏在学生肢体语言和表情里的教学契机

上篇

藏在教师肢体语言和表情里的教学智慧

表演

——给学生最直观的感悟

现代教育提倡教师运用各种手段辅助课堂教学，如利用多媒体做教学课件等。事实上，教师自身就是最好的教具和教学课件。教师身着合适的服饰，扮演合适的角色，营造良好的氛围，这比通过多媒体来营造更好。教师在教学中喜欢让学生进入与课堂内容相似的情境中，让学生体会并最终理解教学内容。这就要求教师能够亲身融入情境中，进行合适的表演。

一些教师很少在课堂上进行自我表演，而只专注于讲解能力的提升，这反映了教师的知识面、视野狭窄，修养片面。在这样的课堂上，教师凝重有余而欢快不足，教学气氛过于紧张，阻碍了学生和教师灵性的展现和学习热情的爆发，阻止了教师教学激情的喷发和学生轻松愉快的心情的形成，因此很难有好的教学效果。

从某种角度来讲，一个优秀的教师不仅应当是一个高水平的解说家，还应当是一个善于表演的艺术家。教师要有充分展现自己艺术才能的本领，要有表演的特长，通过自己的表演性讲解、动作、表情让学生对所讲内容获得最直观的感悟。这是凸显教师教学风格和独特魅力的重要手段。

教师的表演是指在教学中，为了充分调动学生的学习积极性，激发学生的学习兴趣，引起学生的注意，教师利用适当的肢体动作和表情变化，结合教学过程中的表演性朗读和配乐，对关键情节和内容作出形象化的解说和模仿，使教学过程充满形象性，让学生得到最直观的感悟以及审美的体验和认识。

学生，尤其是小学生的思维活动以形象思维为主，教师的表演正是顺应他们的生理和心理特征的最好的教学方法之一，所以要大力提倡。

（一）用自己的表演，增进学生的理解

这节课将要学习《蒙古族民歌》。上课了，曾老师穿着一身蒙古族服装走进教室，手里还拿着小蒙古包、蒙古靴、小绵羊模型等。这令大家很惊奇。

在学生的惊奇中，曾老师微笑着说："同学们，我们先来听听《赞歌》这首歌的片段，然后谈谈这段歌曲具有哪个民族的风格，你是从哪些方面辨别出来的。"

随着音乐的播放，曾老师竟然跳起舞来。挤奶、骑马、甩肩……曾老师表演得惟妙惟肖。

音乐结束后，学生都知道了这首歌具有蒙古族音乐的风格。于是，他们纷纷举手，想要说说自己是如何判断出歌曲风格的。

"音乐中有模仿马蹄声的节奏，像骏马在草原上奔驰。"

"唱词中有'从草原来到天安门广场'的词句。"

"您的服装和表演具有蒙古特色。"

……

曾老师对学生的发言非常满意，接着，他让学生谈谈对蒙古的了解。有的学生说蒙古人住的是蒙古包，有的学生说蒙古人饮青稞酒，喜欢喝奶茶，有的学生说蒙古有一望无际的大草原……学生们根据自己在课前找到的资料积极回答着。

在学生回答问题的过程中，曾老师以表演的方式一一呈现了自己所带的道具。尤其是当有学生说到蒙古草原上有众多的羊时，曾老师拿着一只纸羊，学着羊的走路姿态，嘴里还模仿着凛冽寒风的呼啸声。顿时，课堂里传出了愉快的笑声。

之后，曾老师让学生通过图片欣赏更多的蒙古风情，最后一张图片展示的是蒙古乐器"马头琴"。一个学生提出："老师，我觉得这件乐器非常有特色，想听听它的音色，能否请您播放一段马头琴演奏的音乐呢？"

曾老师早有准备，就让学生欣赏马头琴伴奏的《嘎达梅林》。播放这首歌时，曾老师手里拿着马头琴的图片，面露悲伤。

欣赏完《嘎达梅林》，曾老师提出了几个简单的问题："这首歌的演唱形式是什么？音乐情绪是怎样的？"一个学生回答说："男中音独唱，声音浑厚、

有力。”另一个学生说：“这首歌曲听起来好像很悲壮，非常稳重。”这个答案正是曾老师所期望的，于是他立即抓住这点提问：“为什么会有这种感觉呢？”学生马上展开讨论，得出了许多答案，如歌曲速度较慢、演唱者的音域很宽广等，但都不够理想，当然，这也是曾老师意料之中的。

随后，曾老师让学生跟着自己拍打这首歌的节奏，引导学生分析歌曲的节奏特点，了解歌曲中的歌词与旋律的关系，让学生知道这首歌基本上是一个字对应一个音符，节奏也非常规整，使学生感受歌曲的风格特点。

“这首歌有几小节？”曾老师提出了一个非常简单的问题。学生们都非常认真地盯着屏幕，不假思索地数起来：“一、二、三……”然后，他们不约而同地回答：“十小节。”曾老师紧接着问：“这说明了什么？”“这首歌曲的结构短小。”学生们答道。

经过讨论，学生们最终归纳出这首歌曲的主要特点是：节奏规整，结构短小。他们知道了具有这些特点的蒙古族民歌是短调民歌。

接下来，曾老师引导学生欣赏另一首短调民歌：《高唱酒歌》。在欣赏这首歌时，曾老师一边跳舞，一边唱了起来，学生感受到了欢快、热情、喜悦的音乐情绪。

欣赏完短调民歌，曾老师又让学生欣赏另一种风格的蒙古族民歌——《牧歌》。欣赏这首歌时，曾老师模仿蒙古人在一望无际的大草原上放牧的样子，并高唱这首高亢、嘹亮、悠长的歌曲。学生们被曾老师的表演所感染，心绪也随着音乐的节奏而变化，和曾老师一起感受着美丽的蒙古大草原。

当欣赏完歌曲，曾老师提问学生的感受时，一个学生的回答出乎了曾老师的意料，他说：“老师，我结合歌词欣赏歌曲，觉得这首歌的前半部分旋律高亢些，像是在描写大草原上蔚蓝的天空，远处飘着几朵白云，构成美丽的画卷，后半部分描绘大草原的情景，展示草原上丰收、繁荣的景象，随处可见一群群的白羊。”对于这个回答，曾老师无比高兴。

而后，曾老师让学生交流体会，引导他们仔细比较这首歌与前两首歌的不同。最终，学生得出结论：这首歌分为上下两部分，它们所包含的小节数不同，说明这首歌曲的结构不对称、不规整。曾老师进一步指出，这是蒙古长调民歌。

三首歌欣赏完了，学生仍沉浸在来自大草原的旋律中，感受着优美辽阔的大草原。此时，曾老师拿起了吉他，并播放着有关蒙古草原的背景录像，开始弹唱这三首歌。

顿时，教室里显得十分安静，几十双渴求知识的眼睛注视着屏幕和曾老师。一望无际的大草原，有羊群、马匹和蒙古包，在马头琴的伴奏下，姑娘、小伙子们演唱起了蒙古民歌，并给客人献上了“哈达”（蒙古族人民在社交活动中用的丝织品），送上了斟满酒的银酒杯……大草原外的曾老师，拿着吉他，正深情地唱着。

学生们欣赏着美景，聆听着动人的旋律，发出了声声感叹。有的学生不自觉地随着曾老师唱了起来，有几个学生甚至在自己的位置上舞动了起来。

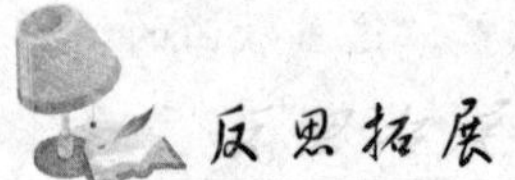

反思拓展

这是一堂精彩的艺术课，曾老师通过自己的表演为学生营造了浓厚的艺术学习环境，无论是氛围的烘托抑或是情绪的渲染，都达到了很好的效果。

在课堂上，曾老师既唱又跳，紧紧围绕课文的人文主题进行艺术学习，把音乐学科的知识技能作为隐线由浅入深地渗入教学活动当中，使学生不仅学到了音乐知识，而且真实地体验到了蒙古风情。这一点是非常难能可贵的。

用表演将艺术与生活紧密联系在一起的教学方式，使学生能够更好地将所学知识与生活实际结合起来，这样，他们的理解会更深，体验也会更深。纵观曾老师的课堂，整节课内容丰富、形式多样，充分体现了人文性和综合性，其开放式的、探究式的学习方式也非常适合中学生的年龄和心理特点，体现了“以学生为主体”的教学思想。曾老师在课堂教学过程中强调艺术学习的个性化，为学生提供了充分的表演和展示空间，这突出体现在第一大环节了解和感受蒙古风情以及第三大环节表现与创造活动当中。

能够激起学生兴趣的知识，才容易吸引他们的注意力。这对小学生来说尤其重要，因为他们的自制能力差，上课听讲时非常容易走神。

教师要是能够抓住学生好奇心强、表现欲旺的特点，合理地运用表演进行教学，就可以有效地吸引学生的注意力。当学生对学习产生浓厚的兴趣时，自然而然地就会养成良好的听课习惯。

但是，任何一种教学方法都是有利有弊的，表演教学也是如此。它只是吸引学生进入课堂的一种手段，只能起辅助教学的作用。如果学生过多地关注教师的表演，就会忽略学习的内容，最后只记得教师有趣的表演，而忘了该记住的课程内容。在具体的实践中，教师应该怎样消除这种负面效果呢？

1. 别让表演脱离课程内容

有些教师过分关注学生的兴趣，忽略了原本要讲授的课程内容。结果往往出现这种现象：教师表演得很精彩，但离题万里，与学生所学内容毫不相关。一堂课下来，师生们玩得很开心，但是课程内容对于学生来说，仍然是陌生事物。

所以，教师用表演来增进学生的理解，要紧紧围绕课程内容，要提问学生：通过老师的这场表演，你学到了什么样的知识，明白了何种道理？

2. 注意让表演教学适合学生

有些教师认为，表演教学只适合低年级学生，其实不然，表演教学同样适合高年级学生。但要注意在表演安排上，教低年级的学生和教高年级的学生应该有较大的差异。比如，针对低年级的学生，教师表演时的肢体语言要更加形象化一些，让学生在已知的基础上有所提升，在新旧知识的结合间找到自己感兴趣的东西；针对高年级学生，教师的表演可以更专业化一些，让学生在表演中了解未知的大自然，理解社会的发展，洞悉人类的心理，等等。

3. 注意表演与实际相结合

课程内容都是源于生活又高于生活的。有些教师为了突显课文的趣味性和意境的优美性，往往忽略实际生活，进行不合理的表演，很难引起学生的兴趣。所以，教师要把课本、表演和生活相结合，通过合理的表演引导学生更多地思考，使表演更好地为增进学生的理解服务。

（二）与学生一起表演，指导学生学习

为了让学生通过具体事例写身边的一个人，抓住人物的外貌、动作、语言和神态等特点，罗老师运用与学生共同表演的方式进行教学，达到了预期的课堂教学效果。下面是罗老师的一个教学片段。

“刚才同学们说得真好。大家通过课前的观察、采访，都能围绕人物的特点，收集到一些具体、真实的事例，这样我们的文章就有内容可写了。这节课，我们就来讨论‘如何写’这个问题。回忆一下，平常写人，我们一般都抓住他的哪些方面来写？”

学生们争先恐后地说着："外貌。""动作。""语言。""神态。""心理活动。"……

"这么多描写人物的方法，我们该怎么用呢？"罗老师接着问。

"要根据写作的内容，选择一些恰当的方法，进行细致的描写。"

罗老师满意地说："也就是说，写文章选用什么方法，要根据内容和表达的需要，更要根据人物的特点来决定。通过刚才的交流，我觉得大家选准方法不成问题，但更重要的是选准方法之后的具体描写。只有这样，写出的人物才可能是鲜活、生动的。"

罗老师继续说："纸上得来终觉浅。这样吧，我们来表演一个节目，来感受、体会一下，好不好？"

"好！"同学们兴奋地齐声喊道。

"老师前一段时间在上海学习了半年多，半年多没有见家人，心中真是很想念他们。'五一'到了，我的女儿坐着火车到上海来看我，还要玩几天。谁来和我配合一下，演演我的女儿？"

"我！""我！""我！"同学们争抢着。

罗老师指着一个女生说："就你吧，漂亮的大眼睛，和我女儿一样。"

等那名女生来到讲台上后，罗老师对自己的女儿和她到上海的过程作了一个简单的介绍："我这个女儿叫晨晨，今年10岁，长得乖巧甜美。为了培养她的独立性，我说服家人，让她一个人坐火车来上海，我在车站接她。这天，我早早地来到火车站，等那趟火车，但火车晚点了，晚了一个多小时。我多么焦急呀！火车终于来了。看着黑压压的人流往外涌，我急切地寻找着。后来，我终于找到了她。我们俩就来表演一下这个情节，好不好？"罗老师吩咐其他学生："希望我们的表演能起到抛砖引玉的作用，大家要仔细观察，看我们表现的人物有什么特点，然后选准方法，进行细致描写。"

表演开始了，罗老师"急切"地站在讲台右边。

她一边看表、跺脚，一边说："哎呀，怎么搞的，都晚点一个多小时了，这火车怎么还不来呀？唉，真是急死人了。"

她不停地看表，走来走去，神色焦虑，担心地继续念叨说："唉，这火车不会在路上出什么事吧？哎呀，这要是……"

突然，罗老师向远处一看，欣喜地说："火车来了！"

她手搭着凉棚，向人群中焦急地寻找着，说："这么多人！晨晨，晨晨你在哪儿呀?”

这时，那位女同学走到讲台左侧，手搭凉棚，四处寻找着。

罗老师终于发现了自己的“女儿”，张开双臂向她跑去，喊着：“晨晨——晨晨——”

表演的女生也张开双臂向罗老师奔去，喊着：“妈妈——”

“晨晨——”罗老师一边叫着，一边抱着表演的女生转了一圈。

表演的女生激动地说：“妈妈，我想死你了!”

罗老师摸着她的头，高兴地说：“长高了，长高了，长得更漂亮了!”

然后，罗老师又把她抱在怀里，动情地说着：“妈妈真想你呀!”

……

表演结束后，教室里响起了热烈的掌声。

罗老师叫学生们停下来，说：“好了，刚才的情节表现了母亲的什么?”

学生们齐声回答：“表达了母亲对女儿真挚的爱。”

“虽然是一件小事，却传达了浓浓的母爱。你准备选用什么方法来细致描写呢？准备抓住罗老师的哪些方面来写?”

学生们纷纷表达了自己的观点：

“我准备抓住罗老师的动作来写。她是踮着脚尖，手挡在头上，眼睁得大大的，向远处张望，十分着急。”

“我也准备抓住罗老师的动作来写，从她不停地看表、走动、跺脚，可以看出她非常着急。”

“我准备抓住罗老师等火车时的语言来写。那时候她不停地叹气，嘴里还说：‘都晚点一个多小时了，这火车怎么还不来呀?’她非常担心女儿，怕她出什么事。”

“我准备抓住罗老师刚见到女儿时的动作来写，她紧紧拥抱着女儿，表现了母亲对女儿的爱。”

……

罗老师不停地给予学生赞许的目光，嘴上不停地说着“好，好，观察得真仔细”。

最后，罗老师说：“老师毕竟不是专业演员，还不能细致地表现出一位母亲对女儿的感情。同学们还要展开丰富的想象，但是这个想象要在合理、真实的基础之上。同学们应该借助于丰富的想象，把母亲的这种焦急的心情，把母亲对孩子的爱，通过恰当的方法、细致的描写，淋漓尽致地表达出来。接下来就请大家四人一组合作，把刚才看到的那一幕描述一下，好不好？”

“好！”

于是，学生们开始细致地描述刚才看到的那一幕。

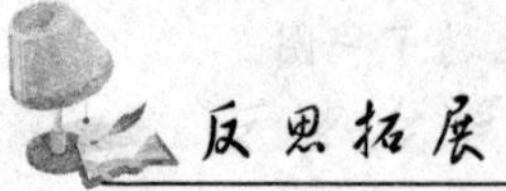

反思拓展

写作文是许多学生最头疼的一件事情，每逢写作文，他们总是不知道从何下手。这固然与学生缺乏想象力有关系，但最重要的原因还是教师没有教给学生良好的写作方法。案例中，罗老师利用与学生表演的契机，通过动作、外貌、语言、形态等，让学生们明白了描写一个人应该从何处下手，也让学生深深感受到了描写一个人是如此容易。罗老师利用表演的方式引导学生学习写作，不仅目标明确，而且易于为学生接受，这对年龄小、思维还不成熟的学生来说，无疑是一种很好的教学方法。

教师的课堂表演往往能带给学生最直接的感悟，比如，罗老师的表演可以让学生看到一位母亲盼望见到女儿的急切心情，同样，教师运用肢体表演可以展现某些词汇的含义，让学生轻松地理解它们。比如：

特级教师于永正在上《小稻秧脱险记》一课时，讲到了“气势汹汹”这个词。他问道：“谁知道‘气势汹汹’的意思？”教室中仅仅有几个学生举起了手。

看到这种情况，于老师就把举手的几个同学叫到讲台上，然后让他们演杂草，而自己演那个受杂草欺负的小稻秧。这时，一个场景出现了：几棵“杂草”把“小稻秧”团团围住，然后双手叉腰，凶恶地吼道：“快把营养交出来！”

在座的学生看得津津有味。趁此时机，于老师告诉学生们，这就叫“气势汹汹”。

这个肢体表演只用了短短几分钟的时间，却深深地吸引了学生的注意，并使“气势汹汹”这个词变得形象生动，易于理解。

表演不仅仅适用于语文课或英语课，也适用于自然课、历史课。比如自然课上，教师可以带领学生舒展身体表现秧苗的成长、小动物的变化等；历史课上，教师可以模仿历史上的人物，把学生带入一个生动直观的历史时代，让他们全身心地投入听课中。

（三）让表演更有作用的策略

学生都有着强烈的好奇心和求知欲。在教学中，教师的表演既能迅速刺激学生的视觉神经，引起学生的求知欲望，又能树立教师的榜样形象，使学生“爱乌及屋”，对学习产生浓厚的兴趣。但是，并不是所有教学内容都适合教师进行表演教学，教师的表演要恰当、合适，以给学生最直观的感受。

1. 多方表演，让学生多角度体悟

课堂上，表演的方式可以多种多样，可以是教师表演，也可以是学生表演，还可以是师生共同表演。

一般来说，教师的表演可以起到树立榜样的作用，学生的表演可以起到竞争的作用，师生的共同表演，可以起到互补的作用。

无论是哪一种表演，教师一定要首先表演几分钟，抓住学生的目光，让他们能兴趣盎然地参与到学习中来。

2. 多环节表演，让课堂时时新颖别致

表演并不一定要在学习指导环节进行，也可以在其他几个教学环节进行。比如，在导入环节进行表演，可以激发学生的学习兴趣，让他们把注意迅速集中到学习上来；在学习指导环节进行表演，可以让学生掌握学习要领，拓展思维；在做作业环节表演，可以纠正学生的一些不正确的做法；在延伸环节表演，可以开拓学生的创作思路，更新学生的想象空间。

此外，表演并不一定要指向全体学生，也可以指向几个学生，甚至是一个学生。一节课的表演点在什么环节出现，教师一定要精心设计，以学生为主，因时而变，因惑而生，让课堂新颖别致，恰到好处。

3. 表演要有重点

为了给学生直观的感悟，教师的表演在教学过程中不可缺少，但是教师的表演一定要用在关键处，不可以全程表演。也就是说，在教学中，学生力所能及的，教师要避免表演；学生力所难及的，教师要力求表演。这样，表演才有价值和意义。

4. 尝试先行，表演后续

为了有效地引导学生自主学习，教师可以先让学生尝试学习。所谓尝试学习，即教师对学习内容先不作讲解、表演，而是让学生亲自观察、学习和表演，自己获得直接体验，当发现问题后，教师再有针对性地指导和表演，然后学生再次尝试，自己掌握操作方法，进行有意义的创造。

有了学生的尝试学习，教师就能够更好地掌握学生在学习中遇到的困难，然后进行有针对性的表演，帮助学生解决问题，让学生对知识的掌握更加牢固。

就传授知识而言，教师并不是把知识灌输给学生就行了，而是要运用自己的语言和动作进行示范表演，运用自己的思想感情去感染、激发学生的求知热情和创造欲望，启迪学生积极开展思维活动，让学生自觉而有效地掌握知识。

因此，教师要想做好教学工作，达到理想的教学效果，仅具有学科的专业知识、懂得教育的原理和方法是不够的，还必须有表演技巧以及人格形象的感染力。

抚摸学生的头部

——让学生在享受疼爱、关注的氛围中学习

“教师每天必须在自己的班上摸一下学生的头”，这是浙江一所学校对教师的一条硬性规定。为什么有这样的规定呢？该校的校长说：“教师给学生一个微笑，一个注视，甚至是亲切地抚摸一下学生的头，学生便会感受到教师对他们的关注和喜爱，因此一天都会很兴奋，做什么事情都会很积极，这对学生的身心健康和学校教育教学效果的提高非常有益。”

据心理学家研究，头皮距离大脑最近，常抚摸它，不仅可以解决学生的“皮肤饥饿”，还有利于稳定学生的情绪。如果学生受到什么惊吓或是受到什么委屈，抚摸他的头，会使他很快镇静下来。最重要的是，经常抚摸学生的头，学生会因感受到教师的关怀而快乐和幸福，因而喜欢上老师，喜欢上学习，喜欢上改变自己。

可以说，现在一些学生厌学、容易情绪化以及爱犯错误等，大多与教师的缺乏爱的教育方式有很大关系。不可否认，教师在教学上理应本着严肃、认真的态度，但这并不代表教师需要把学生当作自己的下属，绷着脸教学。相反，教师应经常笑一笑，给学生一个关爱的眼神，拉一拉学生的手，摸摸学生的头，以亲近学生，让学生感受到爱。这样，教师在教学中肯定会看到不一样的惊喜和收获。

（一）用抚摸传递温暖，传递爱

小涛的成绩很不理想，也比较调皮，在课堂上喜欢说话，还经常影响其他学生听课。好几个老师批评过他，他总是低头认错，态度相当诚恳，信誓旦旦地说绝不会再犯错误了，但不过一两个小时，他的毛病就又犯了。对此，

老师们都很无奈，认为小涛已无药可救。不过，新来的李老师却不这么认为，她用了不到十天的时间便神奇般地改变了小涛。

这天，小涛在操场边打乒乓球。李老师经过的时候，正好小涛挂在乒乓球台旁的衣服掉了，便帮他捡了起来，然后轻轻地抚摸了一下他的头。小涛身子一震，目光有些不定，似乎有什么感受。李老师亲切地笑了笑，让小涛继续玩，便离开了。

第二天的体育课上，李老师见小涛在打篮球，便走过去观看。小涛是一名组织后卫，正在运球，只见他左转右转，一会儿就到了篮筐下，然后把球分出去，让一名个子比较高的学生把球投进，李老师立刻为小涛鼓掌叫好。这时，下课铃声响了。李老师走过去摸着小涛的头，轻轻地说："不错，真没想到你的篮球打得这么好。要不是你把球运得好，传得好，配合得好，这球肯定进不了。"李老师说完，用肯定的目光看着小涛，只见小涛的眼珠在不停地转动着。

此后连续几天，李老师都会想办法遇见小涛一回，然后轻轻拍拍他的肩，摸摸他的头，问问他的一些爱好、学习情况及家庭情况等。

新的一周开始了。做完课间操，李老师刚走进办公室，就听见有学生喊"报告"。李老师请他进来，原来是小涛，只见他低着头，红着脸不做声。李老师笑着问："找我有事吗？是不是又犯错了？"小涛连忙辩解"没有"，然后补充说："我……我会改正的……"李老师忙站起身，摸着他的头把他揽到自己身边说："老师相信你！"小涛听完李老师的话，很是兴奋，高兴地跑出了办公室。

随后，在李老师的英语课上，小涛居然主动举手回答问题了。李老师选择了一个较为简单的题目让小涛来回答，在李老师的引导下，小涛回答得十分正确。李老师很高兴，立刻表扬了小涛："老师今天很开心，因为我们的小涛同学也喜欢回答问题了，而且回答得相当正确！"接着，李老师走到小涛身边，在他的头上抚摸了一下。这时，李老师看到小涛的眼中有个亮晶的东西在闪着，李老师知道自己的教育已经收效了。

此后，小涛真的变了，不再闹事，不再厌恶学习，成绩一天一天好了起来。小涛还和李老师交上了朋友。

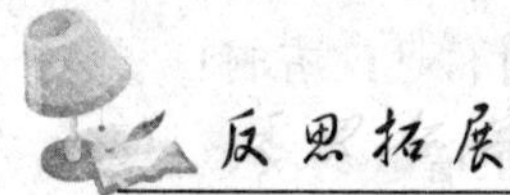

列宁说“青年人犯错误，连上帝都会原谅他们”，更何况还是未成年的学生？他们稚气未脱，可塑性更强，所以更需要教师千倍的爱心、万倍的耐心。

没有教不好的学生，只有不会教的教师。在成长的过程中，学生难免犯错，只要教师加以正确引导，就能感化他们。案例中的李老师只是用了一个简单的动作——抚摸学生的头，便改变了别的教师屡教不改的学生，这很值得深思。李老师看似简单的一个动作，实际包含着对学生的宽容、欣赏、鼓励以及深深的爱。

很多时候，学生的头确实需要教师用手去抚摸，尤其是那饱含爱的轻轻一摸。

（二）用抚摸传导自信

一个飘雪的清晨，肖老师收到了现在在市重点中学读书的一个学生的信，在随信寄来的照片上面，一位清丽的女孩面带笑容，自信地站在学校大门前，笑容中充满了对未来的向往和企望。展开淡绿的信纸，娟秀的字迹映入肖老师的眼帘——

亲爱的老师：

您好！

您还记得我吗？我是小学 4 年级才转入您的班级的美美，那个当时什么都不懂的，什么都害怕的，什么都想学的女孩子。

您还记得我刚刚来到您班级的情景吗？爸爸带着我，从村小转到中心小学，当我看到那高高的楼房、整洁的校园、充满活力的同学的时候，我觉得好自卑啊！和他们比起来，我好像什么都不懂，他们那么自信，那么耀武扬威（也许那只是我的感觉而已，但是当时我真的是那样想的）。

我来到您的班级，看到的是您微笑着迎接我的到来，您对我笑了，我好开心！当时就觉得好喜欢您的笑容，好喜欢！

面对陌生的同学，我一下子紧张了，当您让我做自我介绍的时候，我紧张得几乎说不出话，同学们一阵哄笑，我的脸更红了，简直是手足无措，真的，老师，我当时真的有想钻进地缝里的感觉，我一点自信也没有啊！

是您微笑着走过来，轻轻地把手放在我的头上，抚摸着我的头，微笑着对我说："美美，我知道你是一个自信的孩子，向大家介绍一下你自己吧！即使你不介绍，老师也知道，你很聪明，学习成绩很好，字写得蛮漂亮，作文也非常出色！"

我当时太惊异了，老师，您怎么知道这些的呢？您怎么知道我这么多的优点呢？我睁大眼睛望着您，看到的依然是您美丽的微笑，充满爱怜，充满信任。您拉着我的手来到讲台前面，抚摸着我的头，说："来，让同学们感受一下美美的风采，好不好？介绍一下你自己吧！"

您看着我，我鼓起了勇气，大声说："我叫美美……我愿意和你们成为最好的朋友！"我的自我介绍博得大家的一阵掌声。我笑了，抬起头，看到的是您会心的笑容，是您给了我自信和勇气，是您的笑容和抚摸告诉我：我是最好的，我是出色的。

记得那天，回到家中，我一进门就高兴地对妈妈喊："妈妈，妈妈，老师今天摸我的头了，真的！你摸摸，就这里！"还没等妈妈反应过来，我就拉起妈妈的手往头上按，我还对妈妈说："妈妈，你的手和肖老师的手不一样，我们老师的手是土豆做的，软软的，真舒服！我真想让老师天天摸我的头。"妈妈听了我的话，还瞪了我一眼。

老师，无论何时何地，您的笑容和您的那份真爱都是我在心底的珍藏，这几乎是我自信的原动力。老师，我爱您！爱您的微笑，爱您传导给我自信的抚摸……

您的永远的学生：美美

看到这封信的时候，肖老师的心灵震颤了。做了多年的教师，尝试过各种各样的教育方式，却从来不曾知道，自己的微笑和爱怜抚摸，竟会对一个学生产生那么大的影响。

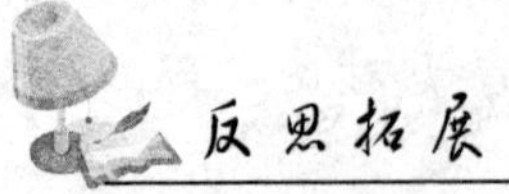

反思拓展

原来，抚摸的魔力是这般巨大，教育是这般需要真心的抚摸。肖老师用自己的微笑和爱怜的抚摸让一个胆小的学生获得了自信，获得了成功，获得了对未来的无限向往和企望。

很多时候，教师都渴望寻求一种最好的教育方式，为此也曾像肖老师一样不断尝试着，实际上，真正的、有效的教育方式往往是最简单的，比如肖老师经常给予学生的爱的微笑和抚摸。这封信不仅可以启迪肖老师，也能启迪其他那些苦苦求索的教师。

（三）让抚摸学生头部发挥作用的策略

抚摸是一种简单的体态语言，抚摸中传达着爱，它的功效不是空洞、乏味的教育所能达到的，教师在抚摸学生的头部，表示关爱的时候，一定要怀着一颗真心和爱心。经常抚摸学生的头，可以使他们不断感受到关爱，从内心深处升腾起对真善美的钦慕，因而健康、快乐地成长，享受到一生的幸福。

1. 抚摸要充满爱意

教师以什么样的态度面对学生，决定着学生的成长；以什么样的态度对待工作，决定着工作的成败。也就是说，态度决定一切。充满爱意的抚摸，可以让学生感到亲切；形式化的抚摸，或者亵渎式的抚摸，会让学生感受到侮辱，还会引起学生的憎恨。

轻轻地摸摸学生的头，就会激起学生对教师的信任，调动起学生参与教学活动的积极性。这样便可激发学生的学习兴趣，也可激活学生冰冷的心，课堂气氛也就变好了，教学效果也会随之提高。

2. 抚摸的同时辅以关爱的话语

学生年龄小，有时教师抚摸一下他的头，他并不知道老师在关心他。这时，教师便需要把握学生的心理动向，说一些关心的话，让他真正感受到老师的关怀。这样，教师抚摸中包含的浓浓爱意，才能真正走进学生的内心。

3. 多摸摸学差生

在现实教育工作中，一些教师慑于传统和现实的重压，用变异的爱憎观对待一些学差生，把他们视为异端、另类。有些教师或者动辄训斥惩罚学差生，或者用“高标准”“严要求”去苛求他们，或者用不着边际的英雄故事、革命理想去感化他们。结果，竹篮打水一场空。有些教师把教参上的正确答案反复咀嚼，并烂熟于心，然后“喂”给学差生，勒令他们强化学习，加以补差。结果，学差生分数是上去了，但他们的精神却扭曲了，人格也没有了。学生应该是一个活生生的有鲜明个性的人，他们是教育教学中的主体，他们应该作为独立的个体存在，徜徉在学习中，生活在快乐的海洋里。但遗憾的是，以上这些教师的做法，只会让学差生一生都无法清除心中的阴霾和尘埃，变得越来越差。

现代教育提倡教师爱学生，进行差异式教学。学生需要充满爱的教育，学差生常常处于被冷落的地位，非常渴望教师拉一把，抚摸一下，他们对爱的需求更多一些。所以，教师一定要摆正心态，蹲下身来，发现差异，承认差异，实行差异性教育，给学差生更多的爱，多多抚摸他们的头，以示关爱，这样才能使“转差”问题迎刃而解。

4. 注意学龄，抚摸头部以示关爱更适合低龄学生

调查显示：对教师的印象，小学生比较直接并带有浓厚的感情色彩；中学生喜欢那些讲课丰富多彩的老师，甚至模仿自己崇拜的老师的表情和动作；大学生则更注重教师学识的高低，更敬重那些在学术上有成就的专家型教师。这说明，抚摸学生的头并不适合所有年龄段的学生，常摸小学生的头，他们会感受到教师的亲和力，而去摸中学生或大学生的头，教师便要谨慎了。

卢梭说：“在达到理智年龄以前，孩子们不能接受理念，而只能接受形象。”可见，学生的年龄愈小，抚摸学生头部的教育行为愈有效。

教育是一门塑造人的科学，教育是爱的艺术。作为教育的主导者，教师应对受教育者施加理性的、崇高的、全面的和永久的关爱，使学生在关爱下得到潜能的释放、精神的唤醒、内心的敞亮、独特性的彰显和主体的弘扬。这一切都基于教师对学生的了解、理解、爱护和尊重之上。

拍拍肩膀

——让学生感受到教师爱的安慰

当学生遭遇挫折、问题或犯错时，很多教师通常采用的方法有：好言相劝，如“坚强点儿，你能成功”；帮助分析问题，告诉他“你应该怎么做”；批评对方，如“我早就给你说过，谁叫你不听我的劝告呢”……

实际上，这些言语不仅不能安慰学生，还可能使他们更加伤心。所以，安慰学生也要讲心理技巧，要根据学生的心理活动，给予最贴心的抚慰。有时拍拍学生的肩膀，就是给学生最大、最好的安慰。

拍拍学生的肩膀，意味着“对你抱有很大希望”“觉得你是个有潜力的学生”“希望你更努力”“觉得你很不错”“相信你一定会改变的”“加油哦”等，包含着教师对学生最真诚的关爱和鼓励。虽然它不是语言，但是却比语言更有效。因为在教师拍学生的肩膀时，学生总能从中感受到温暖，感到教师并没有远离自己，于是就会从伤心中走出来，勇敢面对挫折和过错。

安慰并不等同于治疗。治疗是要使人改变，借改变来断绝苦恼；安慰则是肯定其苦，不试图作出断其苦恼的尝试。心理学家认为，在安慰学生的过程中，教师所提供的任何解决方法都可能会失灵或不适用，会令学生再失望一次，故而最好不加干预，不给见解。拍拍学生的肩膀正是以此为出发点来安慰学生的，教师应在教学过程中合理利用它。

（一）多拍拍学生的肩膀，传达教师的关爱

周老师班上的小明是一个让人头痛的学生。每次上数学课时，小明总是习惯性地伸伸懒腰，然后很惬意地打一个哈欠，随之发出的哈欠声能引来一阵哄笑。每到这个时候，小明总是做出一副很无奈的样子，微笑地望着周老

师。周老师知道这决不是歉意，而是对自己的挑战。

对周老师的挑战当然不仅表现在这一方面，他还经常扯女同学的头发，每次没完成作业，他总能说出各种理由，“没带”“弄丢了”“被同村的伙伴撕烂了”……后来，办公室的老师提出建议，让周老师家访。周老师没有别的办法，就决定选个时间去拜访小明的父母。

一天放学后，周老师叫住了小明，说要到他家里去。小明表现出了少有的高兴，很得意地带着周老师到他家去了。这令周老师很奇怪。

接待周老师的是小明的奶奶。从小明的奶奶口中，周老师得知：小明的父母离婚了，母亲改嫁，父亲到广州打工去了，好几年都没回来，现在就只有奶奶在家照顾他。奶奶有时也管不住他。周老师一边听着，一边看着小明家的老房子，不由得一阵心酸。这时，周老师的手禁不住轻轻拍了拍小明的肩膀，眼里含着爱怜。小明似乎读懂了周老师拍肩膀时的深长意味，淡淡的微笑中流露出感谢的意思。

临走的时候，周老师又一次轻轻拍了拍小明的肩膀，眼中含着鼓励，笑着说：“老师相信你！”小明追了出来，执意给周老师一篮子红薯……

第二天上数学课的时候，周老师发现小明有了一些变化，听讲时认真多了，下课还给班上的同学炫耀，说周老师去了他家，还拍过他的肩膀……

当时，周老师心里一颤，后悔不已：“这就是被我经常斥责的孩子呀！我时常在课堂上指责他，他时常被我请到办公室被我及我的同事们教训。可我却忽略了我面对的只是一个孩子，犯错是孩子成长中的必然现象，我们应该宽容他们，应该给予他们更多安慰和鼓励。”

反思拓展

案例中，只是一次平常的家访，只是轻轻地拍拍学生的肩膀，却变成了学生炫耀的资本。可见，学生的内心是多么渴望得到教师的关注和关爱，他们希望老师是自己的伙伴，是一起在小路上走的朋友。

教师只有关爱学生，心中装着学生，思学生之所思，想学生之所想，从学习、生活、家庭以及心理等各方面去了解学生，研究学生，始终把教育的目标定位于培养学生的健康人格，真正做到一切为学生，才能得到学生的爱戴。

作为教师，不能对学生有歧视，要有足够的耐心和宽容心，要放下架子，洗去脸上的古板，与学生一起迎接欢笑，一同承受苦恼，这样才能真正把自己放在学生的位置上，成为他们中的一员。尤其是在学生遇到失败，受到挫折时，教师更应该及时给予安慰，伸出热情之手。如果教师此时能够轻轻拍拍学生的肩膀，力所能及地帮助学生排忧解难，必然会获得比平时更好的效果。对后进生更应如此，因为他们受到的斥责、冷遇比较多，他们的内心深处更渴望得到教师的爱护，得到别人的重视。

（二）拍拍学生的肩膀，胜过千言激励

在开学之初的一篇周记中，小雨同学这样写道："报考中学时我第一次尝到了失败的滋味，我心里就像吃了黄连一样苦。面对同学们的冷嘲热讽，我无言以对，这都是我自己不用功复习造成的，不怨任何人。但一直众星捧月般受疼爱的女孩，一直像小天鹅一样自负、骄傲的女孩转眼变成了一只自卑、孤僻的小乌鸦，我感到孤独与寂寞，我渴望不再受到别人的白眼与辱骂，但是现在的我又能有什么办法呢……"

像小雨自己写到的一样，进校考试中，她的成绩非常不理想，全班65个学生，她是最后一名。在接下来的学习生活中，背负着沉重心理压力的她，由于不适应中学生活和学习方法不当，成绩没有任何起色，数学和英语甚至在开学不久进行的单元测验中就开始大亮红灯。小雨的学习状况引起了任课老师的高度重视，他们发现她接受知识慢，学习方法不得当，态度上也还有欠缺：多方面的原因使她的成绩不理想。老师们开始给她以帮助。

作为班主任，吴老师更是希望小雨能够进步。在日常观察和个别谈话中，吴老师发现小雨是一个心地善良的女孩，她爱班级、爱老师、爱同学，渴望融入班集体，渴望与老师交流，渴望和同学交往。但是，因为成绩差，她确实受到其他同学的歧视，因此她害怕和别人交往，总是一个人独来独往，渐渐的，她将自己封闭在一个小小的圈子里，言行举止之中透露出深深的孤独无助。可想而知，小小年纪的她背负着何等的自卑。

出于关心，吴老师曾找小雨分析她在学习中存在的问题，并研究解决问题的方法，希望能给她鼓励和帮助。小雨以为自己身上的缺点比较多，反而

更加自卑。吴老师百思不得其解："难道不应该找她？"

一次，吴老师在课堂上提了一个问题，她本想叫小雨，却又怕因此伤害她。犹豫了一下，吴老师还是决定鼓励她回答问题，因为这个问题比较简单。不过，吴老师并没有开口叫她，而是轻轻走到她身边，拍了拍她的肩膀，微笑着说："你会的，是吧？老师相信你。"小雨不好意思地站起来，红着脸把正确答案说了出来。吴老师很高兴，要求全班同学为她鼓掌，之后又轻轻拍拍她的肩膀，用信任的目光看着她。小雨似乎明白了老师的用意，把头稍微抬了起来，这令吴老师非常高兴。

课后，吴老师叫小雨到办公室，先表扬了小雨在课堂上的表现，接着问她为什么上次谈话使得她越来越自卑，小雨的回答出乎吴老师的意料，她说："老师，我知道您是为我好，但是您越是劝说我，我越是发现自己自卑，老师，我不喜欢您如此帮助我，我喜欢您多拍拍我的肩膀。"

"多拍拍你的肩膀？"吴老师惊疑地说，"这样就可以了吗？"小雨肯定地点了点头。

从此，吴老师总是时不时地拍拍小雨的肩膀，给她以安慰和鼓励。慢慢的，小雨不再像以前那么自卑了。

后来，吴老师可以很随便地与小雨谈话交流了，小雨也开始试着与同学们交往。更令吴老师欣喜的是，小雨开始在课堂上举手发言了，虽然第一次站起来时，她的脸红扑扑的，说话也很紧张，但这毕竟是她获得自信的第一步，吴老师也终于看到了本应属于她的真心笑容。

从这以后，小雨在学习和生活中自信地面对着和执著地付出着。经过一学年的努力，她在各方面都有很大进步，开始能够真正自信地面对学习和生活了。

反思拓展

"我喜欢您多拍拍我的肩膀"，这是一个多么微小的要求！一些教师在安慰学生的时候，总是想尽办法，长篇大论，殊不知，最好的办法就是拍拍学生的肩膀。

课堂上，"你真棒！"这样公式化、千篇一律的话语，偶尔试试无妨，长期使用则会让学生觉得老师缺乏诚意。学生千差万别，鼓励也应因人而异，教师的激励应该体现到学生需要的细节上。最好的激励往往都不是话语上的，一个欣赏的眼神，一个肯定的拇指，一个拍一拍肩膀的动作……这些更能让学生感动。

实际上，学生要求的并不多，只要在关爱、鼓励他们时付出真爱，表示出真心的关怀和激励，定会收到真诚的回应，定会看到他们的进步、成长。请教师们用拍拍肩膀这样微不足道的行为，让每个学生扬起自信的翅膀，自信地生活，自信地成长。

（三）让拍肩膀发挥作用的策略

面对处处感觉不如别人的学生，面对无法面对失败的学生，面对屡教不改的学生，教师都应饱含爱意，宽慰、鼓励他们。此时，仅仅是轻轻地拍拍学生的肩头，就可能会收获一份意想不到的惊喜。在拍学生的肩膀时，教师应该注意些什么呢？

1. 不要说，要多倾听

由于生活体验、家庭背景、所受教育等不同，每个人对于苦恼的理解也不同。因此，当试图去安慰一个人时，首先要理解他苦恼的根源。

安慰人，听比说重要。一颗沮丧的心需要的是温柔聆听的耳朵，而非思维敏捷、条理分明的脑袋。聆听是用耳朵和心去听对方的声音，不要追问事情的前因后果，也不要急于做判断，要给对方空间，让他能够自由地表达自己的感受。

学生的年龄虽然小，但也会察觉到教师内心的波动。如果教师能够“悲伤着他的悲伤，幸福着他的幸福”，对学生而言，这就是给予他的最好的帮助。

所以，教师安慰学生时，应拍拍他的肩膀，让他把心里的苦恼说出来，教师则要认真地听他诉说。

2. 完全接纳学生的苦恼

安慰学生最大的障碍，常常在于教师无法理解、体会和认同学生所诉说的苦恼。

教师容易将苦恼的定义局限在自己所能理解的范围，一旦超过了这个范围，就觉得没有道理。由于对学生所诉说的苦恼不以为然，教师容易在倾听的过程中产生抗拒，迫不及待地提出自己的见解。教师需要放弃自己根深蒂固的观念，承认自己的偏见，真正站在学生的角度去看他所面临的问题。

“放下自己的世界，去接受别人的世界。”教师安慰学生的最好方式就是暂时放下自己，走入学生的内心世界，不对学生的遭遇妄加评断。所以，在拍学生肩膀的时候，教师要完全理解学生的感受，不要站在自己的角度上去理解学生。

3. 认真研究学生的苦恼

教师常常会觉得自己有义务为学生提出解决问题的办法，殊不知，几乎每个被苦恼折磨的学生在寻求安慰之前，都有过一连串不断尝试、不断失败的探寻经历。所以，教师所要做的就是探索学生走过的路，了解其抗争的经历，让他被听、被懂、被认可，并告诉他已经做得够多、够好了，这就是一种安慰。所以，在拍学生的肩膀之前，一定要对学生的苦恼深入研究，因为只有这样，教师的拍肩膀才会出于真心，才会有意义。

4. 一定要轻拍

教师在拍学生的肩膀时，一定要轻拍，并且要有间断性，这样学生才会感受到老师的亲切及对他的关爱。如果是不停地重重地拍学生的肩膀，学生就会以为老师在责怪他们，或是在嘲笑他们，这会使学生的心情更加糟糕。

在学生苦恼、悲伤的时候，轻轻拍拍学生的肩膀，这是教师对学生最好的安慰。这种安慰会使学生觉得老师一直陪伴着他，从而感到安全、温暖，愿意向老师倾诉痛苦，诉说自己的愤恨、自责和后悔。当学生的内心逐渐平静下来，能够坦然面对自己的遭遇时，他就会真心感谢老师的陪伴，并慢慢从苦恼和悲伤中走出来，向老师期望的目标迈进。

竖起大拇指

——让学生充满自信

一位母亲常常竖起大拇指鼓励自己的孩子。

孩子上小学时，在一次家长会上，班主任说："这次数学考试，全班50名学生，你儿子排第47名。我怀疑他的智力有问题……"

回家后，母亲却竖起大拇指对儿子说："老师对你充满信心，说你不是笨孩子，只要能细心些，就会超过你的同桌，这次你的同桌排名第28……"

孩子上了初中，又一次家长会，母亲等候着老师指责她的孩子，结果她没有听到老师的批评。散会时，母亲去问老师，老师告诉她："按你儿子现在的成绩，考重点高中很有危险。"

回到家里，母亲再次向儿子竖起了大拇指："班主任对你很满意，他说了，只要你努力，很有希望考上重点高中。"

高考结束，第一批大学录取通知书下来了，孩子居然被清华大学录取了。

竖起大拇指有多种意思，如表扬、鼓励、赞美等，向学生竖起大拇指，能激发学生的自信、上进和不屈不挠的精神。竖起大拇指，这么一个简单的动作，人人都可以做到，可是有多少教师能像故事中的母亲一样时常给学生竖起大拇指呢？

在课堂上，教师对学生的赏识、赞美和鼓励的力量是巨大的，它能促使学生向既定目标迅猛冲刺。在经过努力完成一项学习任务后，学生总是迫切渴望得到老师的认可和肯定，哪怕一句轻轻的鼓励，也会让他们激动不已。所以，教师要善于赏识学生，要充分发现每一位学生身上的每一个闪光点，经常为他们竖起大拇指。

（一）竖起给学生自信的大拇指

自从听一位教育名人说“竖起你的大拇指，每一名孩子都是好孩子”后，许老师便经常竖起大拇指，给学生一份自信。许老师认为，每名学生都有自己的闪光点，教师要去细心地捕捉。下面是许老师的一个教学故事。

由于刚上一年级，年纪小，爸爸妈妈又都在外面做生意，平时无暇关心湘明的学习，所以他经常不做作业。这令班主任许老师很生气。

有一次，许老师气愤之极，对湘明大声吼道：“说！你为什么没有做作业，你天天坐在教室里干什么?”湘明被许老师突如其来的怒吼吓得惊恐万分。见到湘明的神情，许老师知道自己有些过分了，心里也不是滋味，心想：学生这么小，这么天真，我这样做是不是伤害了他?

当天晚上，湘明的父亲给许老师打电话，询问湘明的学习情况，许老师如实相告。听许老师讲明情况后，湘明的父亲也着急万分。于是，许老师便和他在电话里探讨怎样让湘明取得进步。

之后，许老师决定在课堂上给予湘明更多关注。她经常注意湘明的一言一行，只要湘明有一点进步，就为他竖起大拇指。受到许老师的鼓励，湘明两天后便有了新变化。他听讲时认真了许多，坐得端端正正，再也不像以前那样屁股像滚动的陀螺了。

一次上课，许老师说：“谁能来当当识字小能手?”学生们踊跃举手发言：“我!”“我!”“我!”许老师眼睛一扫，发现湘明的小手畏畏缩缩地在桌面上方，想举手又不敢。她马上用鼓励的目光注视着湘明，并朝他竖了竖大拇指，只见他鼓着腮帮，深吸一口气，鼓足勇气把小手举了起来。许老师连忙叫起他。湘明回答得非常好，许老师在全班学生面前表扬了他，同时又为湘明竖起了大拇指，湘明的小脸上立刻展露出甜甜的微笑。

从此以后，湘明上课时听讲认真，作业完成得也很好。看到湘明的可喜变化，许老师很是欣慰，也更坚定了在教育教学中多竖大拇指的决心。

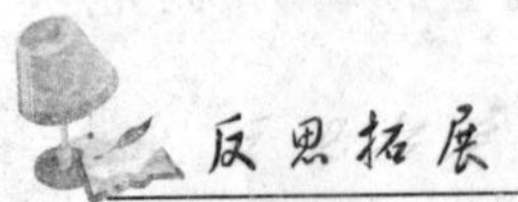

反思拓展

一年级的学生刚上小学，一些习惯还没有养成，上课时难免有些吵闹，教师交给的学习任务有时也很难完成。如果教师能够走进他们的心灵，时常给予他们鼓励、表扬和赞美，他们就会亲近教师、相信教师。案例中的许老师正是认识到了这一点，通过适时地竖起大拇指，让湘明找回了自信，爱上了学习。

学生都渴望得到老师的表扬，只要得到表扬，他们就会信心十足。所以，教师要时常为学生竖起大拇指，给学生一份自信，一片展示的天空，一丝想象的空间。

（二）为学生身上的闪光点竖起大拇指

新学期开始，邵老师班上转来了一名长相古怪的男孩，他叫一君。一君个子极矮，身高只有同龄人的一半多一些，另外，他的双腿不能正常行走。如此古怪的学生，着实让邵老师吃了一惊，也让全班一片哗然，许多学生投来了鄙夷的目光。为此，一君感到非常自卑，上课时总是把头埋得很低。这样一个转学生，又是这样一副自卑的状态，怎能与同学们相处呢？同学们能接受他吗？邵老师心里很是矛盾。

此后几天，有的男生开始喊一君“小不点”，同桌也多次提出调座位，理由是学习中无法同他交流和合作，面对此情此景，邵老师陷入了沉思。

没有教不好的学生，只有不会教的教师。邵老师没有放弃一君，她悄悄地准备了起来。这一天，邵老师在班上召开了“赠人玫瑰，手留余香——善待他人”的主题班会。在班会上，邵老师在全班学生面前朝一君竖起了大拇指，说：“一君是我们班的‘白马王子’，他天资聪明，思维敏捷，在转来之前是那所学校的学习尖子，奥数还拿过第一，请为他竖起大拇指……”知道一君的情况后，同学们纷纷向他投去了赞许的目光，并向他竖起了大拇指。

接着，邵老师又举了霍金、史铁生等人的例子，教育大家多发现别人的优点。此时，同学们如梦初醒，再次向一君竖起了大拇指。有的学生高呼“一君，你是名副其实的白马王子”；有的学生公开向一君承认了错误；有的学生竟主动要求与他同座……一君也感动得泪流满面，“小不点”终于抬起了自卑的头，绽放出了自信的笑容。

从此，在邵老师和同学们的欣赏鼓励中，一君自信地完成了剩余的学业，并以高分考取了重点高中。

无论在哪一方面，自信心对一个人都是至关重要的。一个缺乏自信的人，会缺少发展各种能力的主观积极性。在少年时期，来自成人以及同伴的赞赏对培养孩子的自信心有着重要作用。案例中，一君开始在同学鄙夷的目光中显得非常自卑，但是当邵老师引导同学们发现了一君身上的闪光点并称他为“白马王子”时，一君慢慢地就忘记了生理上的缺陷，获得了自信。最后，一君终于抬起了自卑的头，绽放了自信的笑容。

赏识教育提倡教师相信学生，热爱学生，通过发现学生身上的闪光点帮助他们树立自信心，让他们在“我能行，你也能行，我们大家都能行”的大氛围中，树立积极的人生观。正是认识到了赏识教育的重要性，邵老师才以发现学生的闪光点为教育契机，为学生的优点竖起大拇指，因此获得了教育教学上的成功。

教师能够发现学生身上的闪光点，并适时向他们竖起大拇指，就会唤回他们的自信，促使他们走向成功。

（三）让竖起拇指发挥作用的策略

有诗人说：“赞美是生命中的阳光，是生命价值飞跃的催化剂。”在学生的成长历程中，教师的肯定和赞美就是他们积极主动学习、健康快乐成长的催化剂。所以，教师在教学中一定不要忘记适时地向学生竖起大拇指，给他们一个灿烂的微笑，给他们一个亲切的鼓励。

1. 尊重差异，让学生都能享受到“大拇哥”

以往，一些教师只注重对学优生的教育和培养，常常表扬、赞美他们，向他们竖起大拇指，对一些边缘生则缺少耐心与鼓励，使他们的自尊心受到了很大的伤害，以致失去对美好生活的追求，有的甚至走上轻生的道路。这是一种非常错误而畸形的教育行为，应该坚决制止。

每一个学生都有独特的价值，在教学中，教师要尊重每一个学生，让每一个学生都能享受到“大拇哥”，都能够获得自信。一般来说，教师更要关心智力发展迟缓的学生以及学习成绩不好的学生、被孤立和拒绝的学生、有过错的学生、有严重缺点和缺陷的学生以及和自己意见不一致的学生等。

2. 暗含激励，让大拇指成为学生上进的动力

心理学家罗森塔尔做过一个科学实验：在一所小学，他从一年级和二年级随便挑了几十名学生，然后悄悄地对有关教师“撒谎”说“他们是最有发展前途的学生”，并叮嘱教师务必保密。这个“谎言”对任课教师起了暗示作用，而教师又将所受的暗示通过自己的情感、语言和行为传给了接受实验的学生，使这些学生变得越发自尊、自强和自信。8 个月后，罗森塔尔对这些学生进行测试，结果一个奇迹出现了，他们个个成绩优异，且性格开朗、求知欲旺盛。

这一教育现象就是罗森塔尔效应。罗森塔尔通过激励式的暗示，很好地向学生竖起了无形的大拇指。他的这个实验说明激励是一种任何手段都代替不了的巨大的精神力量。

激励促成功，抱怨招失败。大拇指中暗含激励的力量，也暗含嘲讽的情绪，如对学生错误的行为竖起大拇指、背对学生竖起大拇指等。教师应充分发挥大拇指的激励力量，在学生遇到困难、需要激励时，真诚地面对学生，高高地竖起大拇指，告诉他们：“你能行!”

3. 多多竖起大拇指

教师应多多为学生的闪光点投去赏识的目光，同时竖起自己的大拇指，时时让学生感受到成功的喜悦。

教师竖起大拇指，点燃的是学生自信的火把，映射的是学生成功的光辉。教育需要激励，竖起大拇指的教育是充满智慧的激励。为了学生的发展，为了学生的成功，教师应该把大拇指竖起来，给予学生更多的鼓励、表扬和赞美。

敲击讲桌

——引起学生注意，让学生记忆深刻

人的一双手，除了劳动，还可以传递信息，表达各种复杂的思想情绪，起到无声胜有声的妙不可言的效果。

在教学中，手势是必不可少的一种教学辅助手段，是构成教师主体形象的一个重要因素，其中，敲击讲桌是多数教师常用的手势之一。

有经验的教师，总是以文明大方、得体自如的“敲击”来提示学生，感染学生，激发学生的情绪，引起学生强烈的情感共鸣。可以说，敲击讲桌有助于语言的陈述、说明和强调，有助于组织教学秩序、调控课堂气氛，有助于增强教学的说服力和感染力。

研究表明，教师恰如其分地敲击讲桌，常常会使学生的大脑保持兴奋，增加记忆的强度，使学生加深印象，记忆深刻。教师敲击讲桌的作用一般有以下几种：

1. 指示性作用

在展示图片或指挥学生活动时，教师轻轻敲击讲桌可以提醒学生注意。

2. 暗示性作用

在学生回答问题有困难时，轻敲讲桌有时候可以启发学生思维。

3. 情意性作用

教师在表达情绪时，敲击动作可以起辅助作用。

（一）每到重点处，敲敲讲桌并告知

在教学中，每当讲到重点内容的时候，贾老师总会敲敲讲桌，笑着对学生说：“注意了，小朋友们，我要讲重点了，请你们牢记这些内容。”这时，学生们便会精神起来，愉快地听贾老师讲课。下面是贾老师讲授《推敲》时的教学片段。

“小朋友们，我们的祖先真聪明，发明了火药、指南针等，对社会的发展起了推动作用。我们的祖先还发明了许多有趣的文字，比如：‘休’，指一个人在树边休息；‘步’，上面指鞋子，下面也是鞋子，两脚跨出去，不是一步吗？词也很有意思，比如：‘东’‘西’，分别表示方向，两个字摆一起就变成了物件；‘斟’‘酌’分别指倒酒的意思，摆在一起便变成考虑了。”贾老师一边做着动作，一边风趣地说。学生们沉浸在贾老师幽默的讲解中。

突然，贾老师轻轻敲了敲桌子，说：“小朋友们，老师还要讲个词，这可是个重点哦。”随后，贾老师在黑板上写下“推敲”二字。

“假如这是门，谁来推？你来敲吗？”贾老师又敲了敲讲桌，指着讲桌说，“那就让我们一起推敲推敲吧。接下来，就请小朋友们朗读课文，找出老师在黑板上写的生字。”

大概十分钟后，贾老师让大家停下来，说：“看这个‘皎’字，左边是什么？右边是什么？合在一起是什么意思？”

一位学生站起来说：“左边是‘白’，右边是‘交’，是很白的意思。”

贾老师又问他：“一般表示什么东西呢？”

这位学生说：“表示月亮。”

“可不可以换个偏旁，变成其他字？”

“校，郊等。”

接着，贾老师又问了其他学生，让大家认识了另外几个生字，学生们在引导下都很顺利地认识了生字。认识完后，贾老师又让学生读课文，体会诗人当时是怎么想的。

又过了十分钟，贾老师敲敲讲桌，说，“小朋友们，我们这节课的主要任务就是知道推敲一词的意思，下面我们就来看一看练习题，哪个小朋友来读一读这几个词？”

“‘避让’什么意思？”贾老师一边做着动作，一边问着。

“‘避让’是让开的意思。”

“躲开，让出路来，给别人走。”

“‘沉睡’是什么意思？”贾老师做睡觉的动作，还打着呼噜。

“睡得很沉。”

“‘家境贫寒’呢？”贾老师露出了痛苦的表情。

“家里很穷。”

"家庭状况很差。"

"小朋友们真棒！下面就让我们回到文章中，一起去领会'推敲'的真正的意思吧。"贾老师又敲了敲讲桌，说："这是本课的重中之重，不仅要了解诗人的时代背景，还要了解诗人本人及他写诗时的心境，小朋友们一定要仔细推敲啊，下节课我可是要问你们的体会的哦。"

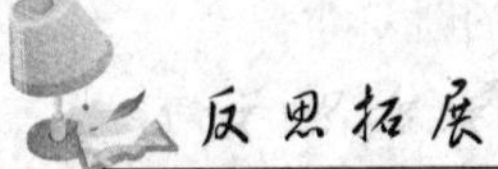

在课堂上，贾老师每到关键处便会敲敲桌子，并对学生说明要讲的内容很重要，需要他们注意，这样，学生便会提高注意，牢记重点。

一堂课是由多个知识点组成的，每一个知识点都是一个小小的重点。如果教师能够在讲解这些知识点的时候给学生一定的提示，学生会记得更牢。敲击讲桌，再加以提醒说明，不失为一种很好的教学手段。

（二）带着情感敲击讲桌，陶冶学生的心灵

宋老师讲授《向命运挑战》时，在学生读懂课文内容的基础上，通过师生模仿记者提问这种形式，让学生走进霍金的内心世界，体会他是如何怀揣一颗感恩之心生活并进行创造的。下面是教学中的一个片段：

"同学们，你们都采访过霍金先生了，想知道他是怎样回答的吗？"宋老师停止了学生们的采访，轻轻敲了敲讲桌。

"想！"学生们齐声回答。

宋老师读道："霍金的脸庞依然洋溢着恬静的微笑，他用两根还能活动的手指艰难地叩击着键盘。于是，随着合成器的标准读音，宽大的投影屏上缓慢而醒目地显示出如下一段文字……"读到这里，宋老师用多媒体显现了如下文字："我的手指还能活动，我的大脑还能思维，我有终生追求的理想，有我爱和爱我的亲人和朋友，对了，我还有一颗感恩的心……"宋老师问："谁来读读？"

一位学生站起来，大声读着："我的手指还能活动，我的大脑还能思维，我有终生追求的理想，有我爱和爱我的亲人和朋友，对了，我还有一颗感恩的心……"

该生的声音过高，宋老师敲了敲讲桌提醒说：“同学们，霍金在治病时切开了气管，从此再也不能发声，只能在心里讲话，如果他能够讲话，坐在轮椅上，能发出那么大的声音吗?”

学生们心领神会，随即又有几个学生举起了手。

“好！那个戴眼镜的女同学来读。”

该女生读得很低沉：“我的手指还能活动，我的大脑还能思维，我有终生追求的理想，有我爱和爱我的亲人和朋友，对了，我还有一颗感恩的心……”

宋老师再次意味深长地敲了敲讲桌，认真地评价：“这位女同学读得很低沉，声情并茂，不错，如果语调再轻柔、缓慢一些就更好了。”他环视了下学生，“同学们，想听一听老师是怎样读的吗?”

“想!”同学们再一次齐声回答。

只见宋老师的手指轻轻扣动着桌面，就像霍金的手指一样在敲击，他低沉、轻柔的声音回荡在教室中：“我的手指还能活动，我的大脑还能思维，我有终生追求的理想，有我爱和爱我的亲人和朋友，对了，我还有一颗感恩的心……”

宋老师那低沉的语调配上这有节奏的敲击，透射出了霍金顽强拼搏、奋发向上的精神，那轻柔的声音配上这敲击，则让学生一下子走进了霍金苦难的人生，学生仿佛看到了霍金先生那颗永远跳动、火热的心。宋老师读后，全班学生不约而同地鼓起了掌。

反思拓展

学习《向命运挑战》一文，重点是让学生学习霍金不怕失败，不怕困难，敢于向残酷命运挑战的精神，树立正确的人生观、价值观。宋老师敲击讲桌不仅是在向学生指明课文重点，更是让学生懂得重点知识中所蕴涵的情感教育意义，并以此引领学生走进作者、走进文本、走进自己的内心世界，让学生通过情感陶冶，树立远大的目标，树立正确的世界观、人生观和价值观，激励他们勇于向困难、挫折挑战。

（三）让敲击讲桌发挥作用的策略

平时，每当老师在讲课中敲击讲桌，学生便会感到心烦，认为老师又要发牢骚，或是要教训某个学生了。实际上，教师在教学中敲击讲桌是一种很好的辅助教学的方式，只要在需要提醒学生的时候适度敲击讲桌，学生便不会反感。敲击讲桌是为教学服务的，而不是为了干扰教学，所以要讲究艺术。为此，教师应注意做到以下几点：

1. 自然得体

在教学中，敲击讲桌是一种艺术化的行为，绝不可将它等同于生活中的敲桌子。因此，教师敲击讲桌时要自然得体，不可矫揉造作、装模作样，使学生感到厌恶。

此外，教师敲击讲桌的行为也不要过于频繁。否则，会使得学生眼花缭乱，不知道教师的用意何在。有时，学生还会因此变得心烦意乱，不愿继续听课。

2. 要使其有特定的意义

有一位教师爱在课堂上敲击讲桌：阅读课文时，他敲击讲桌；学生不注意听讲时，他敲击讲桌；要讲重点知识时，他敲击讲桌；讲完内容时，他敲击课桌；下课时，他敲击讲桌……

一次上课后，该教师什么话也没说，只是连续敲击了几下讲桌。结果，有的学生以为老师要讲重点，拿出了笔记本；有的学生以为老师要批评某个学生，便随着老师的目光四处搜寻；有的学生以为这堂课老师不讲新内容，便开始做自己手里的作业；更有甚者，以为已经下课了，竟然在收拾书本。

之所以出现上面这种情况，就是因为该教师没有明确定义敲击讲桌表示的意义。如果教师敲击讲桌的意义不确定，就会引起学生思维的紊乱。

学生正处于成长期，自觉意识比较差，领会教师意图的能力也会比较欠缺一些，这就需要教师运用口头语言或肢体语言去引导、教育他们，帮助他们养成良好的学习习惯。在对重点知识的把握上，学生认识得往往不是很清楚，这时教师就可以利用敲击讲桌来适当地给学生以提示。

优雅体态

——赢得学生爱戴，拉近师生关系

“优雅”一词在《现代汉语词典》中的解释为“优美雅致，优美高雅”，“优雅体态”则用于表示一个人的语言、姿态、举止具有高雅风度。其中，姿态是指一个人的身体显现出来的样子，如站立、行走、就座等，而风度则是指一个人内在气质的外在表现。

在教学中，优雅的体态能够体现教师博大高深的知识涵养，沉着冷静的性格气质，成熟稳定的思想情绪，进取自强的人生态度，勇谋兼备的才干本领。这种良好的形象一旦在学生心中树立，学生便会把教师当作一个可以依赖、值得尊敬的人。

如今，很多教师已经认识到了言传身教在教学中的重要性，尤其是身教越来越受到教师的重视。为了准确无误地向学生传授知识文化，表达自己的情感，教师在穿着打扮、行为举止、思想态度等方面都应力求做到自然、从容和典雅。这样，一个完美的教师形象便会树立于学生面前，赢得学生的广泛尊重和爱戴，促使学生进步成长。

课堂上，体态语言无时不存在于教师的举手投足之间。优雅的体态是教师有素养、充满自信的完美表达，会使教师看起来有风度。体态语言的运用，要做到清晰而不乱，适度而不过，高雅而不矫，自然而不拙，这不是短时间能领悟并掌握的，需要教师在提高自身素质和修养的基础上不断总结、用心感悟、反复实践。

（一）谨记优雅体态规范，让自己自信而有风度

每天早晨，赵老师都坚持站在教室门口迎接每一位学生。每迎接到一位

学生，赵老师总是微笑着给以问候："早上好!"她边说边低下身子做出请的动作。每当得到赵老师的亲自迎接，学生们便会感到阵阵温暖，快乐地开始一天的学习生活。

赵老师就是这么一个优雅、有风度和魅力的老师，她常用自己独特的身体语言温暖每一位学生。学生们都非常喜欢她，常称她为"赵妈妈"。

除了在日常生活中用自己的行动去爱学生，更多的时候，赵老师是在课堂上用自己的优雅体态去"征服"学生。在赵老师的办公桌上，有一张非常精美的艺术纸，上面用娟秀的字体写着赵老师对自己的要求——

做到这些，让你变得有魅力：

1. 用手与学生打招呼，自己首先伸出。

2. 听学生说话时，身子要向前倾。

3. 讲课时，要抬头挺胸。

4. 坐要安稳。

5. 要常常轻拍学生的肩背，表示对他们的鼓励、恭喜或安慰。

6. 谈话时把手尽量放在腿的两侧。

做了这些，你的形象会大损：

1. 站立时，双手环抱。

2. 坐着时，跷二郎腿。

3. 在讲台上来回走动。

4. 坐在椅子边上。

5. 作风懒惰，弯腰驼背。

6. 不断触摸自己的脸。

7. 与学生交谈时，把手放在胸前。

8. 不断抖脚。

9. 谈话时，双手放在背后或环抱双臂。

10. 双脚紧闭，或双脚大开。

赵老师常常在教学中自然地、自觉地表现出优雅自信的体态，学生非常乐意接受她的教化，乐意与她交朋友，也非常愿意学习新的知识。

反思拓展

在教学过程中，言语是师生间最主要的交际手段，而大部分非言语交流不是代替言语而是伴随言语出现。尽管如此，非言语交流却具有言语交流取代不了的价值。如案例中的赵老师，她要求自己表现出来的优雅体态在潜移默化中感染着学生，这种非言语的交流，其效果远胜于言语交流。

教师的优雅体态具有神奇的魔力。一个温柔的微笑、一个鼓励的眼神、一个欣赏的手势，都能促进师生间思想和心灵的交流，让教育变得更加人性化。掌握了优雅体态背后的意义，师生之间会更加心有灵犀。

于永正的徒弟邹凯写了一本书，书名是《做个可爱的人》。书中有一篇文章叫《手往哪里放》，文中写道：

一天，听一位男教师上课，见他裤腰的右边挂着一部手机，左边挂着一串钥匙，心里总觉得别扭。不站在讲台上倒也罢了，一出现在讲台上，怎么这么不顺眼呀？于是，从那时起，我上课再也不让挂在裤腰上的钥匙、手机露出来了；没有外套遮挡，就干脆不带了。

师父于永正说，他上课从不背手，手背在身后，就有了老师的“架子”，师生之间就会隔着那么一层。我一听，有道理，于是上课不再背手。可是，手不放背后又放在哪里？总是双手交叉置于小腹处，是不是太女人气？后来我发现，手里拿着点什么（如粉笔、教鞭、教本），手便有了着落，就自然了。

体态语言作为一种能够传情达意的交际工具，不仅能够使教师的表达方式更加丰富多彩，表达效果更加直接强烈，更重要的是，在教学中，教师的优雅体态，能够吸引活泼好动、注意力易分散、理性思维不强的学生的注意，对教育教学大有裨益。

（二）演绎各种优雅体态，放松紧绷的神经

对初三的生活，大多数学生都有喝苦咖啡的感觉。但是，有一个班级因为有几位优雅味十足的教师，学生在苦中找到了乐，紧绷着的神经得到了

放松。

1. 青春美丽的音乐老师

年轻的音乐老师非常漂亮。她的眼睛很大，闪烁着活泼的光芒，灵巧的鼻子和嘴巴嵌在那张洁白的脸上，乌黑的秀发高高地扎起，朴素的衣着显出她高贵的气质。

课堂上，音乐老师的动作大方、美观。唱歌时，她站成“丁”字步，手臂随着音乐的节奏画出一条条优雅的弧线；弹钢琴时，她的手指犹如一个个灵巧的音符，与那五线谱、琴键一起跳跃飞扬。从音乐老师手下飘出的音乐，时而慷慨激昂，时而低沉悠扬，演绎着她生命的青春和美丽。

2. 温柔聪慧的语文老师

语文老师那张圆圆的脸上总是洋溢着热情的微笑，像一个熟透的苹果，给人很舒服的感觉。她的眼睛总是发出慈祥、智慧的光芒。她喜欢把头发扎起来，这样显得有精神，有气质。

讲课时，语文老师就像一位社会活动家，她的手指伴随着声音有节奏地敲击着桌面，时而铿锵热烈，时而忧愁委婉，语句之间互相联系，字字句句都有着不可抗拒的力量。听语文老师讲课，学生认为是十分轻松且开心的事。

3. 幽默有趣的数学老师

班主任兼数学老师，他已经快退休了，却十分努力地想把自己的最后几届学生教好。他虽然严厉，却带着幽默。

一次上课，学生在做题，数学老师用一只脚磕着讲台的台阶站着。突然，前排学生爆发出一阵大笑，他也“咯咯咯”笑个不停，边笑边把脚往讲台下伸。其他学生抬头一看，原来他的鞋子掉了。

讲课时，数学老师的表情极为丰富。有时，眉毛一扬，伸着脖子问学生；有时重重地点头；有时，因为年纪大了听力不好，就把手放在耳朵后面听学生回答问题。

4. 滑稽百出的化学老师

每当化学老师走进教室，学生便会闻到沁人心脾的“胭脂香”（香水），然后大家都表现出十分陶醉的样子。

讲课时，化学老师先是稍稍蹲下身子（想与学生有一样的高度）。然后，他右手握着粉笔，左手五指张开，两只手臂弯在腰间，还不时地摆动。在形容化学老师的这个动作时，学生笑称为“公鸡扇翅膀”。所以，当化学老师一讲话，学生就认为他要“扇翅膀”了。

5. 身轻如燕的政治老师

政治老师有一个招牌动作，就是当他给学生讲完一个要点，准备板书时，一个漂亮的转身就会呈现在大家面前。慢镜头是这样的：左脚原地转 180 度，右脚很轻松地掠过地面，有蜻蜓点水似的潇洒。

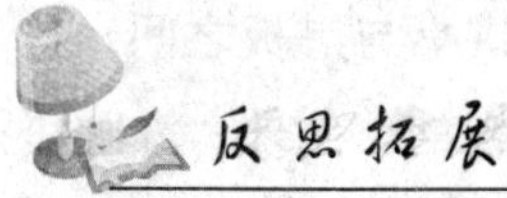

反思拓展

案例中，每位教师的外在体态都在向学生传达着他们丰富多彩的内心世界。他们以自己的体态，展现着自己独特的优雅、可爱之处，如音乐老师站成“丁”字步，手臂随着音乐的节奏画出一条条优雅的弧线，语文老师有节奏地敲击桌子，数学老师把手放在耳朵后面，化学老师“扇翅膀”，政治老师漂亮的转身。这些优雅风趣的体态，不仅给学生带来了欢乐，带来了甜蜜，更重要的是吸引了他们的注意，能让他们的思维始终锁定在课堂上。

教师的优雅体态表现在站、行、坐三个方面。教师在课堂上的正确站立方式应该是头颅、躯干和脚的纵轴在一条垂直线上，挺胸、收腹、抬头，两臂自然下垂，形成一种优美挺拔的姿态，这样，人体脊柱的固有曲线也就表现出来了；教师在课堂上行走，优雅的方式应该是正直、平稳地移动身体，两臂自然下垂，摆动协调，膝盖正对前方，脚尖略微向外侧，两腿交替前移，弯曲程度不要太大，步伐稳健均匀；教师优雅的坐姿应是挺胸收腹，四肢的摆放要规矩端正，不能摆得太开太大。

只要细心去发现，将优雅作为自身素质的一方面来加以训练，每位教师就都会拥有自己独特的优雅姿态。

（三）让优雅体态发挥作用的策略

古往今来，儒雅之士不计其数，世人无一不折服在他们的优雅风度里。作为教师，也应该做一个儒雅之士。

1. 站姿，优雅在静态中展现

站姿是教师在课堂中最重要的举止之一，教师在讲台上的站姿优雅与否，影响着其感召力的强弱。教师站立时应挺拔笔直、舒展大方，让学生觉得教师精力充沛、积极向上。

一般来说，女教师的基本站立姿势应该是抬头，挺胸，收紧腹部，肩膀往后垂，前腿轻轻触地，重心全部放在后腿上，手轻轻放在大腿旁边，不可站成八字步、叉着腰；男教师的基本站立姿势应该是挺胸，抬头，收紧腹部，两腿稍微分开，不可伸着头，驼着背，哈着腰和挺着肚。

讲课时，教师站立的最佳位置是教室的前中央，即讲桌与黑板之间。这样做，对保护学生的视力有益处，因为大多数学生是直视的。此外，教师讲课总要辅以板书，还要随时参阅教案，站在讲桌与黑板之间，口述笔写，随手可到，浏览教案，低头可及，有利于提高教学效率。

在学生回答问题时，教师要面向学生，身体微微前倾。这种姿势表明教师对学生说的话感兴趣，也表明教师的注意力都集中在学生身上，没有走神，可以增加教师的亲切感。此外，教师站立时还应注意以下几点：

（1）学生自习时，教师可以用手撑住桌沿，把重心移到某只脚上，但不能长时间手撑桌面，免得学生认为自己疲惫不堪，影响上课情绪。

（2）擦黑板时，教师站立要稳，不能全身猛烈抖动，左右摇晃。

（3）教师讲课的站位不能呆板地固定在一点上，应适当地移动位置。

（4）不要侧身而站。心理学研究表明，侧身而站和面向黑板而站说明教师的心理是封闭的，不利于阐述教学内容，而且会给学生留下教师缺乏修养的印象。

（5）在站立时重心不要移动太快。站立时重心忽左忽右，显示出教师信心不足、情绪紧张和焦虑。

（6）不要远离讲桌，站在讲台的前左角或前右角；不要“打游击”，左右来回移动；不要在学生座位行间踱来踱去。

（7）不要把双手交叉抱在胸前或背在背后，这些动作会让学生觉得教师很傲慢。

（8）如果站立过久，可以将左脚或右脚交替后撤一步，但上身仍须挺直，脚不可伸得太远，双腿不可叉开过大，变换也不能过于频繁。

2. 坐姿，端庄中体现优雅稳重

端庄优美的坐姿，会给学生以优雅、稳重、自然和大方的感觉，从而提升教学效果。教师的基本坐姿要求是：头要端正，上身直立，手臂摆放自然。

具体坐法如下：

（1）头要端正。整个头部看上去应当如同一条直线一样，和地面相垂直。办公时，教师可以低头俯看桌上的文件等物品，但在回答学生的问题时必须抬起头。在和学生交谈的时候，可以正向他们，或者面部侧向他们，不可以把头的后部对着他们。

（2）上身直立。坐好后，教师的身体也要端正。需要注意的地方有：不应把上身完全倚靠在坐椅的背部——最好不要倚靠；不要坐满椅面，最合乎礼节的是占椅面的3/4左右。

（3）手臂摆放自然。教师坐下时，手臂的摆放要自然、得体，一般分三种情况：一是手臂放在双腿上，即双手各自放在一条大腿上，女教师也可以双手叠放后放在两条腿上，或者双手相握后放在双腿上；二是手臂放在身前桌子上，即双手平扶在桌子边沿，或是双手相握置于桌上，也可以把双手叠放在桌上；三是手臂放在椅子扶手上，当正身而坐时，要把双手分放在两侧扶手上，而当侧身而坐时，要把双手叠放或相握后，放在一侧的扶手上。

在落座时，女教师应回视坐椅，右腿退后半步（视面部朝向而定），待右小腿后部触到椅子后方可轻轻坐下（如着裙装，需同时整理好）；坐定后，膝盖并拢，腿可以放在身体正中或一侧，如果想跷腿，两腿需并紧，若着短裙一定要小心盖住膝盖（在讲台上需落座的女教师，不适合穿短裙）。对于男教师，落座时膝部可以分开一点，但不要超过肩宽，也不能两腿叉开，半躺在椅子里。

此外，教师坐时还要注意以下几点禁忌：

（1）双腿不要叉开过大。特别是身穿裙装的女教师更不要忽视这一点。

（2）不要把一条小腿架在另一条大腿上，两腿之间留出大大的空隙，显得过于无礼。

（3）不要把双腿直伸出去。

（4）不要将腿放在桌椅上。

（5）不要抖腿。坐着时，不停地抖动或摇晃腿部，不仅让人心烦意乱，也给人不安稳的印象。

（6）不管采用哪种坐姿，都不要以脚尖指向学生，这种做法缺乏礼数。

（7）坐下后，脚部要放在地上，忌用脚乱蹬乱踩。

（8）不要用脚自脱鞋袜。

（9）不要用手触摸脚部，这样既不卫生又不雅观。

（10）就座后，双手应放在身前，有桌子时放在桌子上。不允许单手、双手放在桌下，或是双肘支在面前的桌子上，或夹在两腿间。

（11）不要用双手抱着腿。

（12）不要将上身向前趴伏在讲台上。

（13）不要仰靠椅背，翘起并摇动腿，这样会给学生以傲慢和随意的印象。

（14）不要漫不经心地用手托下巴。

（15）不要懒散懈怠地坐在椅子上转身板书。

3. 行姿，开步要从容、适度和适时

行姿指教师根据传达、交流信息和教学组织管理的需要，在教学中行走的姿态。行走的基本动作要领是在标准站立的基础上，开步从容、适度和适时。

（1）开步从容，是指行走姿势自然大方，不拘谨，不紧张。

（2）适度，是指走动速度和幅度适中，步幅自然，稳健大方。

（3）适时，指走动的时间长度和间隔时间（停止时间）合理。教师不能总是站立不动，也不能总是走个不停。

优雅的体态是教师的内心世界、知识素养和业务能力的自然流露，并不是硬装在教师身上的，也不是轻而易举得来的，它包含着无限丰富的内容。要想成为一个有优雅风度的教师，除了教学时严格要求自己外，平时还要不断提高自己的知识修养和审美素养，另外还要有意识地加强举止姿态上的自我训练，以使其真正成为自身的自觉行为。

鼓掌

——激发学生学习热情，调动上进干劲

一位美国心理学家曾做过这样一个实验：他将参加实验的学生分成三组，对第一组表示信任并予以赞美与鼓励，对第二组采取不管不问放任自流的态度，对第三组则不断给予批评。结果表明，经常受到鼓励的第一组学生进步最快，受批评的第三组学生有些进步，而被漠视的第二组学生则在原地踏步。

每个人都渴望得到别人的认可，学生更是如此。学生的心，敏感而脆弱，他们需要教师经常给予鼓励、喝彩与掌声。哪怕只是一句简单的表扬、一个关切的眼神，有时也会给他们带来莫大的影响，产生意想不到的作用。

在教学中，教师经常给学生鼓掌，会使学生感受到教师对他们的关注、欣赏、尊重与认可，得到一种无法替代的满足感，从而变得自信和快乐起来。这样，学生在学习过程中便会保持健康、乐观的情绪，乐于接受新的信息，并及时发现自己的优点，正视自己的不足，发掘自己的潜能，提升自己的素养，不断取得进步。

可见，时时为学生响着掌声的课堂，必然是学生积极性高、自主意识强、发言踊跃、思维活跃的课堂，也必然是学生身心愉悦、学习效率极高的课堂。为了提升课堂教学的效果，激发学生的积极情绪，让学生在前行的途中获得巨大的能量，行得更远、更快、更稳和更持久，教师首先应做一个会为学生真心鼓掌、踊跃鼓掌、坚持鼓掌和随时鼓掌的拉拉队员。

（一）多为学困生鼓掌，带给他们信心和勇气

在平时的课堂上，张老师非常关注学困生的学习情况，时常给这些学生一些回答问题的机会。

语文课上，大家推荐一位平时成绩比较差、朗读机会很少的学生读书。张老师来到他身边，轻抚着他的头，问："你愿意读吗?"他犹豫了一下后点了点头。

"我相信你能读好的。来，我们鼓掌鼓励他。"掌声回响在教室里。

"那潺潺的流水声，回荡着我们祖辈的亲切呼唤……"因为紧张，该生的声音有些小，不仅读错了"潺潺"这个词，还把"亲切"二字漏读了。但是，张老师仍然表现出非常高兴的样子，说："真勇敢！读得真不错!"张老师边说边走到他身边，问其他学生："有谁想帮他一下吗?"有两个学生热情地指出了该生朗读的不足之处。

接着，张老师让全班学生又给了他一次掌声，让他再读一次。这一次，他的声音响亮多了，也没有读错和漏读字词。张老师连连称赞说："好，很好。你还能读得更流利些吗?""能!"他自信地回答着。

第三次朗读，他不仅读得正确、流利，而且读得很响亮。不等张老师说，教室已响起了热烈的掌声。张老师一边鼓着掌，一边对他说："只要你胆子大些，我们相信你一定能成为一个朗读能手。"该生很激动，更加喜悦，也更加自信了。

在以后的学习中，该生像变了一个人似的，不断地举手读书和回答问题。

反思拓展

课堂教学要面向全体学生，而不能只注重思维灵活、反应迅速的优等生，忽视思维迟钝、反应缓慢的学困生。否则，学生中好的会越来越好，差的会越来越差，最终影响每个学生的发展和班级的整体成绩。因此，教师要注意不断培养每个学生的主体意识，让他们爱学习，会学习。

案例中，张老师对学困生的三次关爱，三次鼓掌，带给他的是信心和勇气，使得人文精神在课堂上轻轻流淌。这堂课上，有声的对话，无声的交流，倾情的合作，使教与学形成了一种难得的和谐。

（二）营造掌声氛围，让学生分享成功

在优美的上课铃声的伴随下，张老师微笑着大步走上讲台。师生互致问

候以后，张老师将准备好的问题板书出来：

过椭圆$\frac{x^2}{9}+\frac{y^2}{4}=1$内一定点（1，0）引弦，求诸弦中点的轨迹方程。

然后，张老师请几个学生到黑板前解答。

开始时，因为怕自己的解法有误，或是怕自己的解法繁琐而受到其他同学嘲笑，他们都不敢把自己的解法呈现在黑板上。这时，张老师鼓励说："不要怕自己的解法不好，说不定我的解法还不如你们的。也不要怕自己解错，因为错了才可以去用心体会正确的解法，才可以很快改变自己错误的思路。"接着，张老师用力鼓掌，大声说："来吧，我相信你们，你们是最棒的！"

在张老师的鼓励下，数学课代表灵强走上讲台，写出了自己的解法：

解：设弦AB中点为M（x，y），当直线AB的斜率k存在时，AB的方程为$y=k(x-1)$，代入椭圆方程，化简得：

$(4+9k^2)x^2-18k^2x+9k^2-36=0$

$x=\frac{x_1+x_2}{2}=\frac{9k^2}{9k^2+4}$　　(1)

由$y=k(x-1)\Rightarrow k^2=\frac{y^2}{(x-1)^2}$，代入（1），化简得：

$4x^2+9y^2-4x=0$　　(2)

当弦AB的斜率不存在时，有M（1，0），适合（2）

因此，所求轨迹方程为

$4x^2+9y^2-4x=0$

灵强的解法精彩、有新意，张老师非常满意，边鼓掌边说："你成功了，真不简单。"灵强受到表扬后，脸上洋溢着无比幸福的笑容，令大家很羡慕。

因为这样的问题通常有多种解法，于是，张老师又鼓掌欢迎其他学生上台提供不一样的解法。

受到张老师的鼓励，也受到灵强与大家分享解法的感染，一向很少说话的玲玲勇敢地走上讲台，写下了自己的解法：

解：设弦AB的中点为M（x，y），$A(x_1, y_1)$，$B(x_2, y_2)$

$x_1+x_2=2x$，$y_1+y_2=2y$

$\frac{x_1^2}{9}+\frac{y_1^2}{4}=1$　　(1)

$\frac{x_2^2}{9}+\frac{y_2^2}{4}=1$　　(2)

(1) - (2) $\Rightarrow 4(x_1-x_2)(x_1+x_2)=-9(y_1-y_2)(y_1+y_2)$

$\Rightarrow 4(x_1-x_2)2x=-9(y_1-y_2)2y$

$\Rightarrow k=-\frac{4x}{9y}$，当 $x\neq 1$ 时，代入 $y=k(x-1)$，化简得：

$4x^2+9y^2-4x=0$　　(3)

当 $x=1$ 时，有 $M(1, 0)$，适合 (3)

因此，所求轨迹方程为

$4x^2+9y^2-4x=0$

玲玲的解法让张老师更加高兴："好漂亮！好简练！"张老师兴奋地带头鼓掌，并提高声音说，"玲玲，你以后可不能再'金屋藏娇'哦。"得到老师的肯定，玲玲真正体验到了与大家分享成功的乐趣和幸福感，心里别提多高兴了，决定以后有什么新想法、好想法一定和同学们分享。

看着这道题已经被学生用很好的方法解决了，张老师便想展示一下自己的解法，让学生们再比较比较。忽然，平时最爱奇思妙想的超华说还有一个简便解法。对此，张老师非常激动，说："请快讲，就是错了也没关系。"

超华飞快地走上讲台，一边思考一边将解题过程醒目地展示在张老师和同学们的面前：

解：设弦 AB 的中点为 $M(a, b)$，$A(x_1, y_1)$，$B(x_2, y_2)$。当 $a\neq 1$ 时，

AB 方程为 $y=\frac{b}{a-1}(x-1)$

代入椭圆方程化简得：

$$\left[4+9\left(\frac{b}{a-1}\right)^2\right]x^2-18\left(\frac{b}{a-1}\right)^2x+9\left(\frac{b}{a-1}\right)^2-36=0$$

$$2a=x_1+x_2=\frac{18\left(\frac{b}{a-1}\right)^2}{4+9\left(\frac{b}{a-1}\right)^2}$$

化简得：$4a^2+9b^2-4a=0$　　(1)

当 $a=1$ 时，有 $M(1, 0)$，适合 (1)

因此，所求轨迹方程为

$4x^2+9y^2-4x=0$

"妙极了！真新鲜！"张老师非常激动，本来想让学生看自己的解法的，没想到学生的解法更加精彩、简练，张老师感到非常高兴，不停地给学生鼓掌。

反思拓展

掌声是促使学生进步、走向成功的催化剂。有了掌声，学生才能走出失败的悔恨；有了掌声，学生才能满足内心的需求；有了掌声，学生才能展现自身的闪光点；有了掌声，学生才能积极主动地学习……

案例中，张老师巧妙地让学生置身于掌声的包围中，学生得到了充分的肯定与鼓励，培植了自信，感受到了成功的快乐。这样，沉闷的课堂气氛变为生动活泼、主动探索的课堂气氛，对学生的言行举止、思想道德的培养，达到了事半功倍的效果，他们不断收获着发现、创造和成功。

（三）让鼓掌发挥作用的策略

一次次的鼓掌，可以使学生视教师为知己，从而感受到学习的快乐、被尊重的快乐、被信任的快乐和成长的快乐。

鼓掌是课堂中的一个重要细节，如何把掌声送给学生，调动学生的积极情绪，使学生快乐学习？教师应该掌握一些鼓掌的技巧，让学生在前行途中感受到教师时时刻刻都陪伴在他们的身边，为他们加油助威。

1. 鼓掌要发自内心

教师给学生的鼓掌要发自内心，要诚恳、自然，还要恰到好处。

美国的一位教师罗恩·克拉克在《教育的55个细节》中提出：鼓掌至少要持续三秒钟，不能只鼓一半掌，掌心要充分接触，声音要响亮，以充分地表达自己的敬意和赞赏。

要做到这些，教师还要怀着一颗爱心，用教育的慧眼去观察、去发现以及去理解每一个学生。

2. 随时给学生鼓掌

教师应抓住时机，随时给学生鼓掌。

当学生获得成功时，尽情地为他鼓掌，让他在收获自信的同时，感受到教师的欣赏、尊重和认可。这样，便会激发起学生内心的荣誉感，使他获得向上的持久动力。

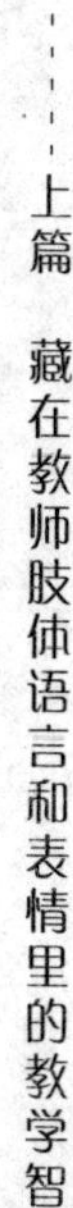

当学生经受挫折时，真诚地为他鼓掌，让他在重拾尊严的同时，感受到教师的信任、关怀和爱护。这样，便会激发起学生内心的斗志，使他获得正视不足、发掘潜能和提升自己的勇气。

当学生感到高兴时，用力地为他鼓掌，并告诉他，老师能感受到他的高兴、激动和自豪，正在分享着他的快乐和幸福，同时也让他明白，有老师在，他总是最快乐的。这样，快乐会永远伴随在他的左右。

当学生感到悲伤时，用心地为他鼓掌，告诉他，老师能感受到他的失落、不满和委屈，正在分担着他们的烦恼和忧愁，让他明白，有老师在，他并不是孤独的。这样，学生便会很快走出失落，快乐面对学习和生活。

3. 敢于为学生的批评鼓掌

在课堂上，面对尚未成年的学生，教师应表现出宽大的胸怀。经常倾听学生的批评，为学生的批评鼓掌，不仅可以显示出教师的大度和亲和力，而且可以及时纠正错误的教育方法，提高教学水平。另一方面，如果教师为学生的批评鼓掌，学生的主人翁意识便会不断增强，自主学习的热情便会不断高涨，这样就可以更好地发掘学生的学习潜能，促使学生的身心全面健康地发展。

4. 鼓掌要适度

教师要多鼓励学生，保护他们学习的积极性、主动性，这种符合学生身心发展规律的做法，已经被广大教师认同并在实践中广泛应用。但凡事都需要有度，鼓励手段并非每用皆灵，或用得越多越好，如果让学生感到表扬来得容易，反而会不珍惜。因此，教师应在更高的层次上理解激励手段的作用，并更娴熟地掌握鼓掌技巧。

一声赞美，立即会令人信心百倍；一句嘲讽，足以叫人信心全无。所以说，最残酷的伤害是对一个人的自信心的伤害，最大的帮助是给人以能支撑起人生自信风帆的掌声。

鼓掌是打开学生健康心灵的钥匙，可以带给学生诸多快乐，提升他们的自信，它是一种随时随地都可取用而又永远用不完的动力资源，因此，教师在教学中要更多地给学生鼓掌，为他们加油、喝彩。

皱眉

——引发学生思考，促进学生醒悟与探究

下午放学前，马老师让学生以书面形式给她提些意见。

第二天，意见出来了。50 个学生，50 张纸条，却只有一句相同的话："老师，请您别皱眉！"

"皱眉，"马老师的心里一阵思量，"好像没有吧？"

课后，几个胆大的学生找马老师，说："老师，您也许没有注意，每次跟您打招呼时，您总是喜欢皱眉，您皱着的眉头好像在批评我们似的。""还有上课我们回答问题的时候，您皱着的眉头好像是说我们答得不合您的心意似的。""我爸说对别人皱眉是一种不礼貌的行为。"……不过，学生们并没有怪罪马老师，有位学生说："老师，其实您皱眉头也没什么，我们知道这是您的习惯，我们已经习惯了。"

"皱眉头可是我的习惯动作，这应该没什么大不了的吧？"马老师心里久久不能平静，"可是，我没有想到，一个简单的习惯性动作会让学生的心里产生如此多的想法，以后我得注意自己的行为啊。"

在教学中，对自己的一些习惯性的小动作、小表情，教师可能不会留意到，但在学生眼里，这些细小的动作、表情都会被放大。教师是学生灵魂的工程师，在学生面前，教师的一举一动都会很醒目，因此，教师应该注意自己的一言一行，避免自己的某个不经意的细微表情、动作对学生的心灵造成伤害。

教师皱眉头，也许大部分学生都不会喜欢，认为这是老师对自己的发言表示不耐烦，或者是在否定自己的回答，或者是在批评自己，或者是瞧不起自己。

实际上，皱眉也是一种教育，恰当、合适、尊重学生的皱眉，往往会引

发学生的深思，激发学生自主探索的激情。由于一些教师对皱眉这种教育方式的错误理解和错误运用，才造成了学生对教师皱眉的否定和惧怕。

在教学中，教师的一举一动、一言一行都是教育资源，其能否发挥作用，关键在于教师的运用是否合适。皱眉这种教育资源是否能发挥引发学生思考的作用，也要看教师是否懂得正确地运用它。

（一）用自己的思考，带动学生思考

在教学实践中，李老师深深懂得思考对于教学的重大意义。李老师本人就是个非常喜欢思考问题的人，也是一位懂得如何把自己的思考特色融入教学中，为学生创造出一种新的思维方式、一种全新的教学方法的智慧型教师。李老师运用思考式教学法，通过看似漫无边际实则有章法可循的思考，让学生学习到了知识。

有一次，李老师应邀去某校讲学。课堂上，李老师出了一道非常简单的数学题：在一条河边的甲地有个仓库着火了。住在仓库同侧的乙地的居民们马上提着水桶去河边取水，奔向甲地灭火。请问，居民们怎么走，路途最近，花费时间最短？

题目刚写完，台下的学生就笑了，有的说："我们已经是高中生了，您怎么还用这种小儿科的题目来考我们？"

看着学生们满不在乎的样子，李老师皱了皱眉头，笑着说："题目虽然简单，但是大家不一定就能完全做对。"

看到李老师这样"轻视"自己，学生们没有回答，而是飞快地画图、连线，结果给出了一个十分一致的答案：先找到甲地在河对岸的对称点，然后用线连接乙，连线与河在丙交汇。由乙到丙再到甲的线路就是居民去灭火的最佳路线。

看着学生们给出的答案，李老师又皱了皱眉头，但还是笑着说："难道大家就只有这一个答案吗？"

教室里没有声音。

过了一会儿，有只手慢慢地举了起来。

李老师一看，惊喜道："不错！终于有了不同的意见！我就是喜欢爱思考的学生！同学，不要怕！只管把自己的意思说出来，没准你的意见会起到抛

砖引玉的作用呢！”

在李老师的鼓励下，举手的男生说：“老师，我觉得如果提着空水桶，居民会跑得比较快，可是如果提着装满水的桶，速度就慢多了。所以，我觉得由丙到甲的这段路应该更短点。”

“呵呵！说得有道理！同学，你的思路很好，很独特！不知道大家还有没有更好的方法？”李老师扬起了眉头，用充满希望的目光扫视了一下全班学生。

李老师的话音刚落，教室里就炸开了锅。学生们的思维被那个男生和李老师的话激活了，议论声、争辩声充满了整个教室。

“老师，如果由甲到丙的路不好走，居民就不能从丙走直线到甲地。”

“其实，这道题根本没有答案，因为里边有太多不确定的因素了。”

“没错！如果乙地去河边的路上有座山的话，就麻烦了。”

“现在看来，这道题没有办法解答了。”

……

听到学生们的议论，李老师笑了。等到大家都不说话了，李老师说：“同学们，现在我总结一下。这道题确实有一个参考答案，就是刚开始大家得到的‘共同答案’。但是，我认为这道题是没有标准答案的，因为最佳的路线应该根据实际情况确定。假如实际情况不允许，不论我们画出多么准确的图纸都无济于事。”

“啊?!”同学们睁大了眼睛，不相信地看着李老师。

李老师又皱了皱眉头，笑着说：“难道不是吗？在生活中，我们是不是发现理论有时候与实际情况不符呢？生活中存在的数学问题虽然与我们书本上的数学问题有很大联系，但是如果按照我们的解法去做，却很可能做不出来。”

学生们听了，不由得点了点头。

李老师继续说：“之所以出现这种‘误差’，是因为我们书本上的数学问题是由实际生活中的问题演化来的，进行了技术处理，变得更简单了；而我们再运用回去的时候，自然必须与实际情况挂钩才可以。所以同学们，我们在学习的时候，不能只看答案，而应该多思考一下。尤其是实际运用我们学到的理论知识时，更应该思考思考再思考。”

听了李老师的话，学生们纷纷点头。从此，学生们将思考这一好习惯带到了学习中。

反思拓展

“学而不思则罔。”一味地读书而不思考，只能被书本牵着鼻子走，只能被书本所累。

在平时的学习中，学生们已经习惯了教师的提示，习惯了一个问题只有一个标准答案，而没有想过自己去思考，没有想过所谓的标准答案只是一个参考，如果应用于实际的话，标准答案也会存在误差。出现这种现象，难道是在平时的教育中，教师没有讲过“做作业要独立思考”或者“理论应该联系实际”之类的话吗？不，教师讲过，学生也听过。原因就是：学生没有养成思考的习惯，或者说教师没有注意培养学生的思考习惯。

案例中，李老师很注意在教学中运用皱眉这一教学行为，向学生们表达思考的重要意义，引发学生的思考激情。

（二）皱眉提问，驱动学生自主思考

如何调用已学知识，紧紧抓住新知与旧知之间的联系，促进学生迁移、扩展，这是每一位教师在讲授新知识时都需要考虑的一个重要问题。狄老师的做法是：用问题驱动学生自主思考。

在教授“比的基本性质”第二课时时，狄老师巧妙地运用了问题教学法。这一课时的主要教学目标有二：一是教学比的基本性质，二是利用比的基本性质把一些比化成最简单的整数比。学习本课时的基础，除了上一课时的教学内容以外，还有以前所学的除法中的商不变性质以及分数的基本性质。

课堂上，狄老师通过提问让学生回忆前一天所学的知识。

“请大家回忆一下，昨天我们学习了哪些知识，你都掌握了吗?”

“昨天我们初步认识了比——两个数相除也可以用比来表示。”

“比的前项除以后项所得的商就是比值。”

“比与除法、分数之间有联系，比的前项相当于被除数，相当于分子；比号相当于除号，相当于分数线；比的后项相当于除数，相当于分母，所以，比的后项也不能为 0。”

狄老师满意地笑了，说："不错！同学们回答得很准确，你们真棒！"

"这里有两道题很是麻烦，谁能回答上来呢？"狄老师故意皱起了眉头，在黑板上出示了两道题：

(1) 300÷60=30÷（ ）=（ ）÷600

(2) 3/4=（ ）/16=6/（ ）=（ ）÷（ ）

学生们想到了以前所学的除法的商不变性质和分数的基本性质，他们很快就说出了答案。

"同学们真聪明，"狄老师皱了皱眉头，若有所思地说，"比与除法、分数之间有着密切的联系，看到商不变性质和分数的基本性质，你有什么大胆的想法？"

一个学生大胆地站起来，说："比是不是也有个什么性质？"

"你能猜猜比的这个性质大概是什么吗？"狄老师用鼓励的目光看着他。

该生说："比的前项和后项都乘以或除以相同的数，比值不变。还有就是，'0'除外。"

狄老师高兴地说："你能用实例来验证这个性质吗？请你在黑板上写下来。"同时，狄老师也要求大家在练习纸上试一试。

学生们验证后，狄老师让他们打开课本，仔细阅读比的基本性质的基本内容。学生们结合自己的验证，加深了对比的认识。

"同学们都认识了比的基本性质，那么利用这个性质可以解决什么数学问题呢？"狄老师又皱了一下眉头，启发学生思考。

学生们窃窃私语，大部分学生都说可以和利用分数的基本性质一样进行"约分"。听到这里，狄老师鼓起了掌，说："同学们很会利用啊！不错，利用比的基本性质可以将一些复杂的比化成最简单的整数比。"在说到"最简单的整数比"时，狄老师说得很慢，并皱了皱眉头。

狄老师问道："你们是怎样理解'最简单的整数比'的？"

"它的前项和后项应该互质。"

"前项和后项要是整数，而且只有公因数1。"

"回答得很好。"狄老师为他们竖起了大拇指，"下面就请同学们尝试做一下这几道题吧，然后小组讨论一下。"

学生们边做边讨论着。

"把整数比化成最简单的整数比，只要前项和后项都除以他们的最大公约数就可以了。”

“把小数比化成最简单的整数比，要同时乘以相同的倍数，尽可能化成整数比，再化成最简单的整数比。”

“必须化成整数比，再化成最简单的整数比。”

“把分数比化成最简单的整数比，要同时乘以分母的最小公倍数，化成整数比，再化成最简单的整数比。”

……

最后，狄老师在黑板上总结出了化简比的一般方法：

（1）整数比：比的前后项都除以它们的最大公约数→最简单的整数比。

（2）小数比：比的前后项都乘相同的数→整数比→最简单的整数比。

（3）分数比：比的前后项都乘它们分母的最小公倍数→整数比→最简单的整数比。

反思拓展

简单的回忆复习，为学生学习新课奠定坚实的基础；实例练习，让学生进一步回忆，使“旧知”逐步逼近“新知”；依据联系大胆猜想，引出新知“比的基本性质”并论证强化；经过讨论，过渡到对比的基本性质的应用；讨论与总结，让学生熟练应用，等待新知：整堂课，狄老师紧紧抓住新旧知识间的联系，以一个又一个问题，以一次又一次轻皱眉头，促使学生主动去思考。

这种以问题驱动的教学，变学生被动地听讲为主动地探索，主动地思考，主动地发现，主动地应用，学生在一次又一次的回答中，掌握旧知、运用新知，最终形成较为科学的认知结构，学会了解决问题的方法，提高了学习能力。可见，狄老师提供了一条可以深入思考和研究的教学新思路。

朱熹说：“学贵有疑，小疑则小进，大疑则大进。”问题是贯穿课堂始终的，利用好问题，会使课堂教学更加具有韵味。如何提出和利用问题，需要每位教师去精心思考。狄老师在教学中对皱眉这一肢体语言的成功运用，充分证明了皱眉确实是引发学生思考的重要媒介之一。

（三）让皱眉发挥作用的策略

每个学生都希望看到教师对自己赞不绝口，却不希望看到教师对自己皱眉头。实际上，只要每一种教学姿态包含着关心和爱，并且让学生真实地体会到它，他们就不会对这些行为反感，而会细心聆听教师的指点和引导。如果学生对教师皱眉头感到反感，这就提醒教师更要重视正确、有效地使用这一教学行为。

1. 尊重每一个学生

有的教师经常对对答如流的学生眉开眼笑，而对那些答不出来的学生，虽然没有大声训斥或讽刺挖苦，却往往紧皱眉头，冷若冰霜。因此，前一部分学生积极性很高，几乎垄断了课堂发言权，而后一部分学生则情绪低落，自尊心受到严重伤害，甚至连抬头看人的勇气也丧失了。

教师的这种皱眉是一种不平等的皱眉，它虽然是一种极细微的表情，但给幼小的心灵留下的影响是不能低估的。有的学生就说："我们不怕老师批评，就怕老师皱眉。"

自尊心是每一个学生都有的，它往往又是进取向上的动力。在学校里，如果受到教师恰如其分的表扬、真诚的信任和应有的尊重，学生就会得到精神上的满足，产生奋发向上的力量。反之，教师如果用简单粗暴的态度，或用讽刺嘲笑的口吻，或用轻视怀疑的行为对待他们，他们就会逐渐变得不自信，甚至厌学、逃课。

2. 不要紧皱眉头

"老师请不要太严肃，我害怕。"这是一个学生在《我心中的老师》结尾处写的一句话。严师并不一定出高徒。如果一个教师在教学中总是紧皱眉头，冷若冰霜，学生就会处于一种恐惧的气氛中，整堂课都战战兢兢的。试想，以这样的心态去听课，学生怎么能有心情学习，又何谈自主思考呢？

教师皱眉，目的是引发学生思考，并不是要让学生害怕。所以，教师大可不必紧皱着眉头，显得那么严肃，只要轻轻皱一下就可以了，以引起学生注意，启发学生思考。在皱眉时，教师还可以加一些鼓励性或提示性的语言，或先皱眉再笑一笑。

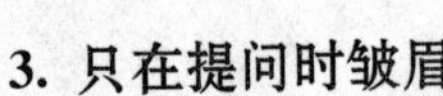

3. 只在提问时皱眉

皱眉应在提问学生，需要学生思考时运用。如果无论遇到什么情况都皱眉，就会让学生产生误解。事实上，学生反感教师皱眉，就是因为教师不知道在什么时候运用这一肢体语言。

爱因斯坦说：“如果一个人掌握了他的学科的基本理论，并且学会了独立地思考和工作，他必定会找到自己的道路。”但从目前的教育教学实践来看，学生在学习素质方面普遍存在着很多问题，其中最严重的问题是不会学习，没有养成思考的习惯，这既严重影响了教学，也直接影响了他们的学习生活。

实际上，有效地使用教学肢体语言就是培养学生良好思考习惯的方法。在需要学生思考的时候，轻轻皱一皱眉头，就可以起到与传统教学不一样的效果，教师应正确地、恰当地在教学中运用它。

侧首倾听

——做学生的知心朋友，构建和谐的师生关系

倾听是一种无声的评价，是对学生的一种支持。它会使学生感受到老师尊重他的意见，在乎他的见解，使学生增强自信心，拉近师生关系。尤其是犯了错误的学生，当他们看到老师正在聆听自己的发言，关注自己内心的想法时，更会感受到巨大的鼓励和鞭策。

在课堂上，学生也有自己独特的思想，这些思想虽然可能只是些零碎的、简单的、幼稚的观念和看法，但却构成了他们发展的现实基础。学生不是思想的容器——只等待着教师向里面灌注思想，他们渴望教师能够认真对待自己的观点和看法。

安东尼·罗宾说："沟通需要良好的倾听。"倾听朋友的喜悦，让你快乐翻倍；倾听别人的意见，让你获得成长；倾听一个人的孤独，让你反省自己。一个优秀的教师要善于倾听学生话语背后的某种思想和观念的萌芽，并尽量认可它们的价值和意义，这样学生就容易与教师建立更深的交往关系——思想上的交往。这时，教师容更易走进学生的心灵，更能及时了解学生的思想动向，师生之间的沟通也会更容易，从而促进教学质量的提高。

教师只要学会认真倾听，就能进入每个学生心中的精彩世界。每一位教师都应把学生作为一个鲜活的生命来接纳，多给学生一个解释的机会，认真倾听学生的心声。只有这样，才能让学生更自由地描绘出他们的内心世界，也才能让教师有的放矢地进行教育工作。

倾听的方式有很多，教师首先应学会侧首倾听，即头转向侧面，耳朵尽量挨近学生，真诚地、耐心地听学生倾诉。

（一）培养学生主动学习的习惯，从侧首倾听开始

谈到教学，说起学生，肖老师说："在课堂上，我总是尽量让学生先动手，让学生先说话，让学生先总结；让学生能够主动提问，具有主动探索的意识。"如今，根据肖老师的做法总结出来的"三先两主"的教学方式，已经成为学校所有教师的教学追求。

肖老师认为，数学不仅要教给学生知识，还要让学生有数学意识，让他们能在生活中运用数学，有热爱数学的态度和学习数学的方法。另外，要从学生的已有经验出发，让抽象的数学变得与学生的生活密切相关。为此，肖老师在课堂上只是一个旁观者、一个倾听者。

让学生动手，是肖老师在数学课上常用的教学方式。她会在学习完"米和厘米"以后，让学生分组在教室内测量所有可测量的物品，如书本、书桌和椅子等，而自己只是在一旁观看、倾听。通过这种动手实践，学生对所学内容有了正确、直观的认识，也把所学知识应用到了现实中。肖老师说这可以使教和学更有针对性。

让学生先说话也是肖老师课堂的一个特点。肖老师认为，这种说是让学生清晰地、有条理地表达自己的思考过程，也即让学生自己去发现问题、探索问题。在肖老师的班上，以学生姓氏命名的学习与解题方法就有 20 多种，如"赵氏速算法""牛氏学习法"等。

在课堂上，肖老师经常鼓励学生主动提问。无论学生问什么问题，提出什么想法，肖老师总是以自己招牌式的笑容，仔细侧首倾听。肖老师说："我往往容易受到学生的感动，有时他们提出的问题会让我大吃一惊，有时也会让我得到启发。"

作为一名小学低年级教师，促进学生的身心健康发展是最重要的。就是在这样的教学过程中，肖老师抱着对学生的理解与爱护，以倾听学生心声为行动准则，赢得了全校教师和学生的尊重。

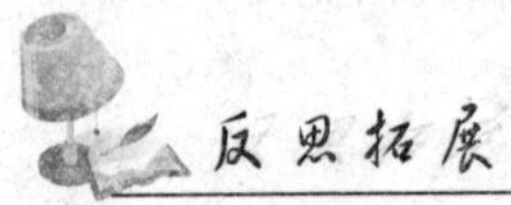

反思拓展

真正的教育是从心与心的对话开始的，而心与心的对话又是从真诚的倾

听开始的。从肖老师的“三先两主”的教学方式中，可以看出她是一位非常懂得倾听学生心声的老师。无论是让学生先动手先说话，还是鼓励学生提问题，肖老师都是一位倾听者，学生从中感受到了尊重，因此都愿意与肖老师真心沟通，从而主动学习。

倾听是一种真诚的谦虚，是一种积极的赏识，是一种热情的期待，是一种无言的爱。肖老师用自己的侧首倾听实现了与学生心与心的沟通，也促进了教学质量的提高，广大教师应从中受到启发。

（二）借助倾听，发现学生的闪光点

在教学中，成老师常把多听多想当成打开学生心扉的钥匙。

小文是班上的淘气大王，他聪明好动，调皮捣蛋，喜欢攻击周围的同学，给同学取绰号。上课时，他喜欢讲话，几句俏皮话就能逗得大家哄堂大笑；他时不时离开座位到饮水机旁喝水，到图书箱取书。为了看连环画，他能把作业搁上整整一天。如果有老师问他为什么不好好听课，他就会理直气壮地说：“这节课信息量太少。”“这个单词我早就会了！”“整天写，真没劲。”总之，他是一个令人伤透脑筋的“问题学生”。

然而，有一件事让成老师知道了小文的心声，也让成老师改变了小文。

冬日的阳光正柔和地照在教室的窗户上，午间谈话开始了。成老师说：“同学们，今天我们讨论的主题是‘什么是最宝贵的’。”

“身体最宝贵，身体不好了，什么事也不能做了。”小诺马上回答。

娜娜接着说：“读书最宝贵。你不读书，什么知识也没有。”

“时间最宝贵。”小斯站起来说，“时间过去了就不再回来了。”

学生们争先恐后地发表着自己的看法。

“自由最宝贵！”不等成老师点名，小文就大声喊了起来。成老师有些诧异。

“小文说自由最宝贵，就是想整天玩。”

“对，他就是想玩，作业也不做。”

“上课时他总是说话，总是走来走去的。”

教室里的气氛顿时紧张起来了，同学们的矛头直指小文。

小文一副委屈的样子，眼里含着泪水，望着成老师，嘴里不停地轻声说：

"不是的，不是的。"

"此刻，他正需要老师的帮助与保护。"成老师想。

成老师心肠一软，微笑着说："小文，为什么自由最可贵呢？请你谈谈自己的想法吧，我和同学们都想听听呢。"然后，成老师便侧首倾听小文的解释。

小文一定是从成老师的目光中看出了鼓励，他站起来，说："有一只小山羊，因为想去草地上晒太阳，吃青草，它冒着被狼吃掉的危险也要走出羊圈……"

因为激动，小文的脸涨红了，声音有些颤抖。也许是想证明自己的观点，他又补充说："羊就是为了寻找自由才这样的。这个故事，我在一本书上看到的。"

成老师心无旁骛地侧首倾听着，她惊讶于小文对自由的理解。之后，她激动地说："小文爱读书，会思考，我们应该用掌声鼓励他。"

下午，成老师约小文在学校的休闲广场上聊天。成老师告诉小文，她不但欣赏他对自由的解释，更欣赏他的爱读书。

在谈话中，成老师问："小文，听说你不想在三中读书了，是什么原因呢？说来给老师听听。"

小文看了看成老师，怯生生地说："三中太不自由了，什么都要排队，还要天天夜自修，电视也看不爽快……"他终于向成老师敞开了心扉。

成老师静静地倾听着。针对小文的种种想法，成老师也谈了自己对自由的理解，并告诉他现在的主要任务是什么，遵守学校的规范有什么好处，分析了同学们在讨论会上为什么误解他、批评他，还严肃地指出他平时因为太自由，忘却了责任。

小文听后，红着脸蛋儿点了点头，表示接受意见。

从此，小文改变了很多。在课堂上，他不再随意离开座位、随意讲话了，尽管他还不能完全控制住自己；看连环画依然是他的爱好，不过，他已不会因此不做作业了，他的阅读面也越来越广泛，还学会了做读书卡。他不仅能在课堂上大胆发表自己的意见，更能在课后与成老师愉快地沟通和交流。

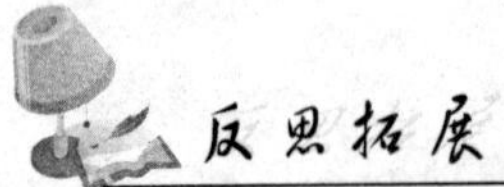

反思拓展

案例中，成老师善于借助倾听发现学生的长处，为学生才华的涌露和锋芒的显现创设了一个理想的心理环境，达到了理想的交流效果。

学生年龄虽小，但也是一个个有感情、有灵性的人。他们有同成人一样的情感，他们懂得快乐与痛苦、羞愧与恐惧，他们有强烈的自尊心和荣誉感，他们同样希望和老师进行心与心之间的对话和交流。成老师宽厚地聆听小文的心语，尽力驱散他积聚在心底的不满，使小文在真正自由和谐的环境中快乐地倾诉、学习、生活与成长。

（三）让侧首倾听发挥作用的策略

也许教师知道自己要做一名听众，在课堂上应把更多的时间留给学生，但具体到教学中，当学生还不能正确表达时，有的教师常常不给他时间，更不会给他鼓励，当有学生创造性地发表自己的意见时，有的教师又往往视作胡言乱语，不客气地打断他的讲话……这样的现象在教学中仍有不少，打消了学生自主学习的兴趣，严重影响了教学效果。所以，教师要上好课，让学生爱上课，首先要尊重学生，懂得侧首倾听学生。

1. 端正姿态

倾听学生说话时，教师要端正姿态，充分尊重学生的人格，耐心倾听，千万别随意打断他们的话题，不要害怕他们的议论出格，更不要目空一切地抢先发表自己的见解。尤其当学差生或犯错误的学生说话时，教师更要放弃偏见，为他们创设一个平和的环境，让他们自由地说，尽情地说。

2. 倾听每一个问题

在教学中，经常会有学生请老师答疑解惑。这时，教师不要性急，要耐心倾听学生不懂的地方，即使有些问题特别简单，也要让学生说完后再给予细致解答，切忌用“这么简单的问题都不懂”这类语言来评价学生。

教师应该知道，简单与复杂是相对的，不会时觉得复杂，会了就觉得简单。教师觉得简单的问题，学生不一定就会。所以，不论学生提出什么简单的问题，教师都要心平气和地耐心倾听。

3. 在倾听中鼓励

在倾听的过程中，教师不仅要集中注意力用心听，还要在适当的时候用表情或者简短的语言不断鼓励学生，或表示理解，或表示支持，或表示高兴，让学生体会到教师的关注和理解，给学生带来心灵上的温暖。

侧首倾听，是了解学生的有效途径，也是构建和谐的师生关系的重要方法，还是提高教学质量的捷径。要想成为一名优秀的教师，便要在倾听中海纳百川，获取学生及他人的见解，发现自己工作的失误，并及时进行调整。这样，教师便能更多地吸引学生的注意，得到学生的好感，让他们接受自己，真正地“亲其师，信其道”。

微笑

——让学生更喜欢教师的法宝

泰戈尔说："微笑是世上最美丽的语言。当你微笑时，世界爱上了你。"微笑使疲倦的人得到休息，使沮丧的人见到希望，使悲伤的人感受到温暖的阳光。不吝啬微笑的人，必将从微笑中得到更多。

教师是一份极为特殊的职业，更需要发挥微笑的魅力。因为教师每天面对的是一个个憧憬未来的学生，其一言一行对学生都有潜移默化的教育作用。微笑是师生情感的润滑剂，对教学活动的正常进行与发展有着很好的促进作用。其作用主要体现在以下四个方面：

1. 把宽松带给学生

教师随和的微笑，带给学生的是一种亲切感。教师微笑着面对学生，微笑着向学生问好，会在课堂教学伊始就让学生切实感受到一种宽松而不压抑、合群而不高居、参与而不旁观、引导而不灌输的课堂教学氛围。

2. 把信任带给学生

教师带着微笑来到课堂，就是带着信任来到课堂。教师把微笑带给学生，学生的心灵就会充满自信。

3. 把民主带给学生

微笑着引导，微笑着启发，微笑着提问，微笑着合作，微笑着讨论——教的微笑，学的微笑，教师共同微笑着开展课堂的教与学。

微笑可以使课堂不再是一味的传教，不再是满堂的灌输，不再是教师的独角戏，而是一场师生默契配合的表演。微笑，是师与生共同参与的教学互动。

4. 把勇气带给学生

一丝微笑，一脸柔和，满堂宽松。微笑是一种无声的启示，具有润物细无声的效果，是师生心与心的默契。教师的微笑可以开启学生的智慧之门，让学生的思维之路不断延伸，使学生敢疑敢问，创新灵感不断涌现。

只有心中装着学生的教师才会有甜美的、会心的、善意的微笑，只有真正尊重学生的地位，尊重学生的人格，尊重学生的潜能，教师的微笑才会在教学中起到微妙的作用，赢得学生的喜欢。

(一) 让微笑绽放成一支课堂花朵

课堂上，于老师常利用微笑进行教学，鼓励学生积极主动学习。下面是于老师讲授《庐山的云雾》时的教学片段：

于老师带着微笑走上讲台，拿起一只粉笔写下“庐山”两字，说：“请同学们看看老师写的这两个字，认识吗?”

“认识。庐山!”学生们声音洪亮整齐，没有一丝羞怯感。

“同学们，庐山在我国江西省的北部，紧靠长江。毛主席的诗句‘一山飞峙大江边，跃上葱茏四百旋’，写的就是庐山。庐山是世界文化名山，将来有机会你们都要去看一看。”于老师停顿了一下，微微一笑，继续说，“现在，我在‘庐山’的后面加三个字。”

在黑板上写了“的云雾”三个字后，于老师微笑着问道：“课文的题目就是‘庐山的云雾’。读这个题目，你们猜猜课文会重点写什么?”

学生们争先恐后地抢着回答说：“那还用说，肯定是云雾啦!”

于老师并没有给出正面回答，依然微笑着说：“读题目要动脑筋，好多文章的题目会告诉我们要写什么。读了这个题目，我们看出作者重点要写它的云雾。现在你脑袋瓜里面还会有什么问题?”

得到于老师的启发鼓舞，学生再次抢着回答。

学生A说：“为什么要写庐山的云雾?”

学生B高声喊道：“写庐山的云雾有什么稀奇的?”

学生C也积极响应：“庐山的云雾是什么样的?”

……

于老师始终微笑着，用鼓励、赞许的目光看着学生，然后在黑板上摘录下学生的意见：“为什么要写”“稀奇”“什么样”……

在学生默读课文的时候，于老师微笑着环视全体学生，相机板书幽谷、变化无常、腾云驾雾、飘飘欲仙、千姿百态、弥漫、瞬息万变、一泻千里等重点词。

等学生默读完课文后，于老师微笑着，故作神秘地说："这些词语的意思我懂，我现在就可以告诉你们，你们是希望我现在告诉你们，还是希望自己读书，联系课文去理解？"

受到于老师的激励，学生们齐声响亮地答道："我愿意联系课文理解！"

于老师听了，脸上挂起了灿烂的笑容，说："你们是学习的主人。——大家同意吗？"

"同意！"

于老师满意地微笑着说："请同学们朗读课文。第一，把课文读得正确流畅，能读出感情来最好。同时，一边读一边思考你们刚才提的问题和黑板上的词语的意思。这些词语的意思一读书就懂，不需要老师讲。"

学生们很开心地读起书来，读得很认真。于老师巡视着指导，不断地用微笑给学生以鼓励。

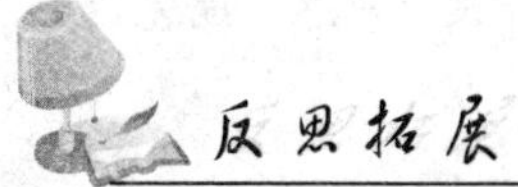

反思拓展

不难看出，于老师已经将微笑教学发挥到了极致。他不仅用微笑赢得了学生的喜欢，更用微笑引导了学生学习，给人以艺术的享受和启迪。

从于老师身上可以看出，无论从哪方面来说，微笑作为一种积极的表情，在课堂上发挥着巨大的作用。现在的很多教师，面对考试压力，面对不良情绪，很可能会不经意地失去笑容，以致学生那天真而渴求的眼睛得不到教师的微笑的滋养。教师的微笑传递着爱的情感，教师一定不要忘记在教学中常对学生笑一笑。

（二）微笑教育，轻松解开学生的心结

苏老师班上转来一位男生，开始时他学习很认真，成绩也不错。但一段时间后，苏老师发现他开始有些异常：上课走神，最近几次单元测验成绩也极差。其他老师对他也很有意见，都跟苏老师反映了。

苏老师找该男生谈了几次话，但效果不佳。为此，苏老师进行了反思：平时自己找问题学生到办公室谈话，虽说不能百分百让他们改正，至少效果都还不错，但对这个男生怎么就一点效果也没有呢？他虽然也是低着头不断答应着自己会改正，可是走出办公室，他就把自己的话当成了耳边风，难道自己采取的方式不对？

一天，体育课上，别的学生都在兴致高昂地活动，只有该男生一人坐在一边，眼睛直直地盯着地面，一副若有所思的样子。苏老师看到后，灵机一动，心想：或许是自己太过教条的大道理不能打开他的心扉，只有亲近他，他才会跟自己掏心窝。于是，苏老师换上一副微笑的表情，走到他的身边坐下来。

该男生一抬头，看见了苏老师，他有些惊讶，但见苏老师脸上挂着笑容，就安心地低下了头。

苏老师用一只手轻轻地搭在他的肩膀上，笑着说："怎么，还在为考试的事情难过吗？没关系，老师相信你这次只是意外，你会努力的，是吧！"那男生的嘴角抽动了一下，没有说什么。

苏老师伸出一只手，说："来，我们可以像朋友一样谈谈吗？"说完，他微笑地看着那男生，一脸真诚。

看到苏老师脸上的微笑，该男生显露出不好意思的神情："老……老师，你不怪我吗？"

苏老师抓起他的手握在自己的手里，笑着说："我为什么要怪你呀？"

他吁了一口气，好像下了很大的决心，对苏老师说："老师，对不起，我最近老跟高年级的同学往游戏厅跑……"

"嗯，我知道！"苏老师依然面带微笑地看着他。

他惊奇地望着苏老师，从苏老师始终微笑着的脸上似乎看到了什么，他的肩膀微微地耸动着。他让自己平静了一下，之后如释重负地说："其实，我并不喜欢往那里跑，那里太吵了，可是……我……我就是要气他们！"

"他们？"苏老师假装不知道。

"我爸妈。最近爸爸工作不顺利，回家老绷着脸，妈妈又不断唠叨，就吵个不停。我也难免遭殃。"

"是啊，这样说来确实该气气他们！"苏老师假装生气地说。那男生看着苏老师的样子，终于忍不住"扑哧"一声笑了出来。

他站了起来，看着苏老师说："老师，我不应该再给爸妈添烦恼……谢谢你，老师！"苏老师笑着盯着他，赞赏地点头。

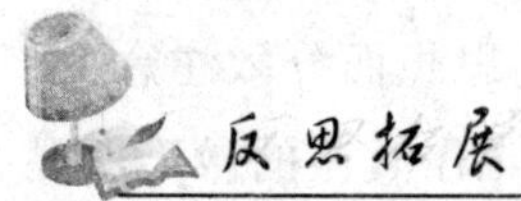

反思拓展

学生正处在成长期，犯些小错是难免的。作为教师，要理解学生，相信他们也会理解自己的良苦用心。当教师以微笑的姿态对待学生时，他们会诚恳地向教师承认错误。

如果教师用严厉的批评来教育学生，从表面上看学生可能会低下头，会认错，但他们的内心如何呢？批评有着很大的隐患，即学生可能会产生逆反心理，甚至会对教师所教的科目失去兴趣。一旦出现这种情况，学生在课堂上的表现也就不再积极，成绩自然就会下降，教育教学也就失去了效果。相反，如果教师总是微笑着面对学生，微笑着对待他们的错误，学生一定会被教师的包容感动，一定会从内心深处感激教师，这是教育教学中的一种"良性循环"。

微笑能以柔克刚，起到"滴水穿石"的作用。对一些惹是生非的学生，教师不妨改变一下教育方式，不要急于找他们"磨嘴皮"，也不要急于采取"围、追、堵、截"的办法，更不要请出"各路诸侯"来助战，而是要冷静地观察，耐心地等待。当发现这类学生有闪光点时，教师要恰到好处地表扬他们，恰如其分地向他们提出希望，并始终以亲切的微笑面对他们。在微笑力量的感召下，问题学生粗野的"刚性"将被"柔化"，"乱窝里也将开出大红花"。

（三）让微笑发挥作用的策略

实践证明，以师生良好的情感为基础的教学活动，可以唤起学生的学习兴趣，即当学生感到教师很亲切时，会更乐于思考，更乐于交流思想。如果教师死守三尺讲台，一手捧书，一手捏粉笔，面容呆板，学生的学习兴趣就不会太高；如果教师以亲切的目光注视学生，面带微笑地和学生交流，则会让学生因喜欢教师的微笑而喜欢上他的课。

1. 不同课堂情境下的微笑

课堂上，教师可以尝试着在不同情境下给学生送去不同的微笑。

（1）在学生注意力分散时，用微笑去暗示、提醒。在课堂上，学生可能会因为窗外的一些事物或脑中突然闪现的跟课堂无关的思想而分散注意力。这时，批评可能只会使学生产生逆反心理，如果教师能给予真诚的微笑，提示学生应该注意听讲，学生自己就会感觉到不好意思，并感激教师的善意，从而主动将注意力集中到课堂上。

（2）在学生回答问题胆怯、畏缩时，用微笑去鼓励、支持。有些学生天生胆小，站起来回答问题可能会吓得哆嗦，本来会的问题也可能忘了怎么作答。此时，教师如果用微笑不断鼓舞他，并示意其他同学不要出声或笑话他，或许该学生就会慢慢积聚起勇气，变得胆大起来。

（3）当学生犯错误时，用微笑给予宽容、信任。在学生犯错时，给予学生微笑，更能打开学生的心扉，让他认识到错误，进而诚心地纠正错误。

（4）在学生有进步时，用微笑给予赞许、表扬。一个微笑的赞许，有时候可能比无数遍的表扬更有用，更能让学生感受到教师的真心。

2. 课余交谈时的微笑

一个真正爱学生的教师，应该是一个经常和学生在一起的教师，一个被学生当作朋友的教师。在平时的交往中，教师的微笑有一种特殊的魅力，能将师生紧紧地相连，让学生尊重教师，爱戴教师，和教师成为无话不谈的好朋友。

3. 在学生勇于表现时的微笑

这里的勇于表现，指的是学生在感到困惑不解或者是有奇思妙想的时候，能勇敢地站起来提问或者发言。面对这种情况，有的教师会作出机智的反应，巧妙地解答或者避开学生的话题，有的教师则会面红耳赤，命令学生坐下去或者指责学生是无理取闹。后者的做法是错误的，学生勇于发问和发表自己独特的见解，正是他们信任教师、有了问题意识的表现，怎么能随意阻止和扼杀呢？

遇到这种情况，教师应该面带微笑，简明扼要地予以解答，并迅速回到教学中。如果问题太奇特，被学生问住了，教师也应带着赞许、鼓励的微笑，告诉学生问得好或说得好，老师一定会给出完美的答复。课后，教师再通过查阅相关资料，给予学生补答。这样，教师的微笑和肯定，不仅能给学生勇气和力量，更能使他们对课程充满兴趣，于无形中增加他们的学习欲望。

在课堂教学中，微笑是阳光，是春风，是雨露，温暖、滋润着每一个学生的心。微笑可以活跃课堂气氛，可以在教与学之间架起一座情感交流的桥梁，可以促进教师与学生心灵的交融。带着微笑走进课堂，把微笑留在课堂上，教师将更能赢得学生的喜欢，享受到教学的乐趣。

环视

——让每个学生都感受到关注

上课铃响后，教师面对整个教室，环视全体学生，有组织教学的作用；在课堂上，教师不时环视整个教室，既是维持课堂秩序、督促学生主动学习的一种有效手段，也是尊重学生的一种表示。

环视能使每个学生意识到教师在关注着自己，从而全神贯注地听讲，能使教师及时获得反馈信息，验证教学效果，以便采取相应措施。

在环视的过程中，教师通常运用的目光有三种：信任的目光，希望的目光和鼓励的目光。

1. 信任的目光

在教学过程中，当教师提出一个有难度的问题后，可能会遇到这样的情况：一些成绩处于中下游的学生认为自己做不出来，就不去做，不去想，这时教师可以运用信任的目光环视学生，以鼓励他们积极开动脑筋，深入思考问题，争取找到正确答案。

在学生回答问题的过程中，可能会有一些学生表述不清楚或因为紧张而说不下去，这时，教师可以投去信任的目光，暗示学生“你行的，大胆说，说错了没关系”，让学生感受到教师对他的信任，从而鼓足勇气说下去。

2. 希望的目光

在课堂中，教师可能会碰到这样的问题：当提出一个需要学生“跳一跳”才能“够得着”的问题时，学生一般很难一语中的。这时，教师用希望的目光环视学生，学生便能受到鼓励，继续深入思考下去。

3. 鼓励的目光

使课堂教学成功的因素有许多种，但是任何人都不能否认这样一点：教师在全班学生情绪普遍紧张时，通过环视用目光给学生以鼓励，促使学生稳定情绪、树立信心，是教学获得成功的良好开端。

讲课时，教师不时地用眼睛环视整个教室，可以调动全体学生的参与感；对于个别听讲不认真的学生，教师通过环视也可提醒他们注意听讲。反之，如果教师在整堂课中没有环视行为，便不能有效调动全班学生的学习情绪，还会让学生觉得教师呆板、不热情。因此，环视在教学活动中是非常重要的，教师要经常环视学生，以聚拢学生的注意力。

（一）利用环视，激发学生的自主意识

在教学中，张老师常常用环视鼓励学生积极主动地参与教学，做课堂的真正主人。下面是张老师教学“因数和倍数”时的一个片段：

介绍完因数、倍数的概念后，张老师让学生自主寻找36的所有因数。

“对照自己找出的36的因数，你想对刚才那位同学说点什么？”张老师用信任的目光看着一位学生，“大胆说吧，他会感谢你的。”

“我觉得他是一对一对找的，这样比较快。”

“你是从哪里看出来的？”张老师用期待的目光看着他。

“因为1×36=36，所以他先写了1和36，又因为4×9=36，所以他接着写了4和9。但是他漏找了两个因数，3和12。”

为了调动大家的智慧，张老师环视全体学生，用希望的目光看着大家。

有一位学生看到张老师的目光后，心领神会，便站起来说：“我觉得他写得很乱，这样很容易遗漏。”

“能具体说说吗？”

“我从1开始想起，1×36=36，1和36是36的因数；2×18=36，2和18也是36的因数；3×12=36，3和12也是36的因数；4×9=36，4和9也是36的因数；6×6=36，6也36的因数。所以，36的因数有1，36，2，18，3，12，4，9，6。”

张老师给了该生一个赞许的目光，并环视全班同学说：“对于他的方法，谁有什么补充或提问的？”

“6×6=36，为什么只写一个6？”

“我觉得写两个6重复，写一个就行了。”

张老师满意地说：“问得好，答得也好。两个因数一样时，通常只需要写

一个就行了，这是数学上的规定。”

“我觉得最后要将这9个因数从小到大排一排，看起来会更顺一些。”

“大家觉得呢?”张老师环视全体学生。

学生们各有各的看法。

张老师尊重每一位学生的看法，也很肯定他们的写法，张老师说：“写法不是最重要的，关键的是思考方法要有理。老师觉得，怎样更符合你的思考习惯，你就怎样写。”

“还有什么需要补充的吗?”张老师仍不放弃鼓励学生。

“我用的是除法。”又一位学生站了起来。

张老师感到很惊喜，鼓励他说：“能把你的作业纸展示给大家看一下吗?”

于是，该生便把自己方法展示出来。展示如此：36÷1=36，36÷2=18，36÷3=12，36÷4=9，36÷6=6。

“下面，请同学们比较一下这两种方法，谁来评价?”张老师再次环视全体同学。

学生们踊跃发言。

有的说：“虽然方法不同，但思考起来有很多共同的地方。”

有的说：“乘法和除法正好相反，但结果一样。”

有的说：“用的都是乘法口诀。”

最后，张老师评价说：“两种方法，一乘一除，相得益彰，非常好!”

教室里响起了一片掌声。

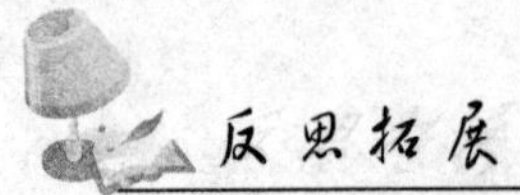

反思拓展

这堂课上，张老师充分信任学生，设计了交互式的、动态的评价策略。他不断环视学生，给予学生鼓励、希望、信任和赞许，使学生始终能够把注意力聚焦在解决问题的过程和方法上，既拓展了学生的思路，加强了师生、生生之间的联系，又使学生自主实现了方法的优化。可以说，张老师为学生搭建了一个交流思想、展示自我的舞台，激起了学生主动参与学习、不断创新的欲望。

（二）环视学生，与学生进行心灵沟通

小学生自制能力差，听课时往往坚持不了多长时间便开始自顾自地做起小动作来。对于这一点，教师除了艺术化地调节课堂教学的结构和节奏外，也可以借助眼神来提醒学生集中注意力。赖老师便是一位善于用眼神与学生交流的老师，他在讲课中常常用环视的方法与学生沟通。

教学中，赖老师经常用自己敏锐的目光环视学生、洞察学生，迅速捕捉学生的眼神，不失时机地调整自己的教学步骤。赖老师说，当学生对教师讲授的知识不理解、不明白时，他们的眼睛会流露出茫然和疑惑；当学生懂得教师讲的内容、有所得的时候，他们的眼睛会炯炯有神。

讲《狐狸和乌鸦》这篇课文，赖老师问起该如何理解乌鸦对狐狸的两次“亲切”的表示“不做声”时，注意到学生们的眼睛睁得大大的。从学生的眼神中，赖老师知道这个问题对学生来说还有一定的难度，就迅速调转话题，唤起他们的生活经验，从而引出乌鸦当时的心态，水到渠成地解决了问题。

在教学中，总有些学生走神、说话和玩耍。对此，若是立刻予以口头制止，全体学生的注意力就会发生转移，教学进程也会被打断，导致教学效果大打折扣。对此，赖老师常常借助于抑扬顿挫的语调唤起全体同学的注意，或是环视全场，用眼神提醒该学生老师在注意他（她），请他（她）专心听课。

个别学生扰乱教学秩序时，赖老师同样会用目光环视教室，并有意紧盯扰乱课堂秩序的学生，表示不满和责备。赖老师说，这种在意某一学生却又不是集中关注某一学生的眼神的作用，绝对是直截了当的语言警告所不能比拟的，因为稍有经验的教师都知道，引起全班学生的关注，使肇事学生成为教育中心，更易使学生从中产生“成就感”。

赖老师用自己的目光化解着学生眼中的无奈与无助，使他们眼中充满着微笑和幸福。

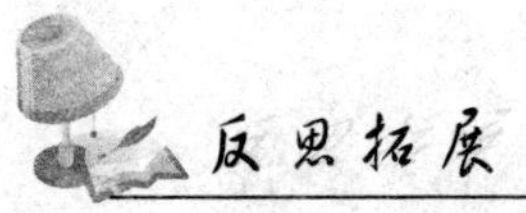

反思拓展

通过环视，赖老师可以从学生接受知识时的眼神中获得反馈信息，从而

及时采取相应措施；通过环视，赖老师用带有凝视和责备的目光让开小差的学生得到警醒：利用环视，赖老师的目光与学生的目光达到了心与心的沟通。

由此可知，教师环视全体学生并不是形式上的、空洞无物的环视，而是有目的的教育，是真诚的提示。这种目光交流要建立在教师与学生真心沟通的基础上。当教师真正做到能和学生心有灵犀时，教师的眼神就代表着对学生的一种期待，一种要求，学生也能理解和体会到教师的内心和用意。

(三) 让目光环视发挥作用的策略

教师在教学中采取环视的方法可以了解学生的心理状态，控制好整个课堂。教师要特别注意自己的目光和学生目光的“对流”，以更好地发挥讲课才能，真正使自己的眼神变成课堂气氛和学生情绪的“控制中枢”。

1. 重要节点处的环视

环视非常重要，教师尤其要重视环视的以下运用，即课前环视、提问时环视、维持秩序时环视和反馈效果时环视。

(1) 课前环视

就是教师在正式讲课之前，环视全体学生几秒钟，提醒学生要安静，马上开始上课。

(2) 提问时环视

教师在教学中提出问题后，应环视全体学生，目的是要求所有学生积极思考，鼓励学生踊跃回答问题。

(3) 维持秩序时环视

在教学中，如果遇到有些学生违纪，又没有时间一一提醒，教师可以采取环视的方法维持秩序。

(4) 反馈效果时环视

教学中的反馈信息对教师及时调整教学策略非常重要。在教学中，每讲解完一个知识点，教师都应该环视全体学生，从学生的眼神中读出他们对新知识的掌握程度，不失时机地调整自己的教学。

2. 环视各个方位

教师环视时不一定要看清楚每一位学生，但要照顾到教室的各个方位，使每一位学生都感觉到教师在关注他，在鼓励他。有的教师提出问题后只盯住几个尖子生，无形中冷落了其他学生，影响了他们思考、学习的积极性，同时也助长了一些学生的侥幸心理，以为老师不会提问他，从而懒于思考。这显然与现代教育面向全体、大面积提高教育质量的要求背道而驰。

3. 遵循一定的线路

教师环视时要注意遵循一定的线路，不能杂乱无章，也不能过于频繁。否则，会使学生觉得老师的讲课内容不真实，或者以为老师上课不庄重，不诚实，不投入。

4. 合理把握环视速度

教师的环视要合理把握速度。一般来说，讲课前的环视不可过慢，否则会耽误太长时间；讲课过程中的环视可适当放慢，也可根据需要让目光在个别学生身上作短暂停留，但时间不宜过长。

达·芬奇说："眼睛是心灵的窗户。"从一个人的眼睛里，可以看出其内心的疑惑、好恶、鼓励和赞许等。通过目光能够传递各种各样的复杂的心理，甚至于用语言也难以表达的丰富多彩的思想感情。

教师在课堂上用好眼睛，对于辅助教学、提高教育教学效果非常重要。在教学中，教师的环视可以使全体学生都感到教师在关注自己，调动他们的参与感，个别不认真听讲的学生，也会因此认真听讲和学习。所以，在教学中，教师要有洞察秋毫的目光，要有高瞻远瞩的目光，要有心领神会的目光，要随时环视全体学生。

关怀眼神

——送给学生一个温暖的太阳

有人说："三流的教师用惩罚，二流的教师用语言，一流的教师用眼神。"眼睛是心灵的窗口，是传递爱的舞台。在教学过程中，每个学生都很想得到教师的关心和爱护，教师应当毫不吝啬地用眼神去关爱他们。

用关怀的眼神对待学生，学生会感到教师善良、和蔼可亲、平易近人。久而久之，无论怎样调皮的学生都会被感化。很多时候，一个不经意的关怀的眼神便会使学生不胜感激甚至终生难忘。

在教学中，无论对优秀的学生还是学习困难的学生，教师都要用一种关怀的眼光去对待他们。这样，学生便会从教师的目光中感受到温暖，也同样会用关怀的眼光去对待他人，去体验帮助他人所带来的快乐，学会团结和友爱。

爱是会传递的，而关怀就是光源——给人温暖的太阳。

（一）关怀的眼神，让学生变得大胆

每次在全国各地上公开课时，于老师总会以充满关怀的话语和眼神，藏教育于润物细无声中。下面是他在某校与学生的课前谈话。

上课了，于老师精神抖擞地走上讲台，向学生招手，说："三年级的同学——小朋友久等了！"学生们感到很惊奇。

接着，于老师把自己的名字写在黑板上，微笑着对大家说："这是我的名字，怎么称呼我呀？"

学生们很懂礼貌，齐声说："于老师。"

于老师很满意地说："真有礼貌。你们是三年级几班的？"

学生们都说是1班的。

“都是1班的，有没有混进来的?”于老师故作怀疑状。

学生们感觉于老师很幽默，很亲切，便笑了起来。

于老师诚恳地问：“我从老远的江苏过来，欢迎我吗?”

学生们都积极回答着：“欢迎。”

于老师紧接问：“那谁能说一句欢迎的话，代表大家说一句欢迎我的话?”

平时很少被老师问到这样的话，再加上怕自己说不好，所以无人发言。

这时，于老师表现出失落的样子，但又满怀期望地说：“既然欢迎了就说一句欢迎的话，不举手我就着急了。”

稍等片刻后，一个学生举起了手。

“两个，三个，太少了。如果不欢迎，我就要走了，Bye—bye。欢迎不欢迎? 欢迎就说一句欢迎的话。”于老师仍在期待，用关怀的眼神看着大家。

终于，举手的学生慢慢多了起来。于老师叫起一名学生，让他来说。

该生站起来，支支吾吾地说着：“于老师，欢迎您。”

于老师仍以关怀的眼神，引导着他：“欢迎我什么呀?”

他慢慢地说：“为我们上课。”

于老师继续鼓励着说：“请你把这句话连起来说。”

他似有领悟，高兴地说：“于老师，欢迎您为我们上课。”

这时，台下立刻响起了一片掌声。

于老师点着头说：“嗯，这句话好多了。要大胆，不要怕，不会就向别人学习。”

受到于老师鼓舞，一名女学生站起大声说：“欢迎您，于老师，您为我们上课。”

于老师很是惊喜，赞扬她说： “就这么倒一下，换了顺序，这就是创造哦!”

紧接着，于老师问大家：“谁在欢迎前加一个词，怎么欢迎? 加一个什么词，我听了更高兴，更激动。”

又一名学生大胆地站起来，说：“热烈欢迎于老师为我们上课。”

于老师非常高兴，说：“听见没有，热烈欢迎，欢迎的程度表达出来了。高兴不高兴? 掌声送给他。”

台下立刻响起一片掌声。

于老师又问："我从老远的江苏来的，这句话再加个什么词，我听了最高兴?"

学生异口同声地说："热烈欢迎于老师从江苏远道而来为我们上课。"

于老师为学生们的精彩表现热烈鼓掌，还和一些学生握手、拥抱。此时，教室里其乐融融。学生们已经和于老师不再陌生，都在热切地期待着于老师讲课。

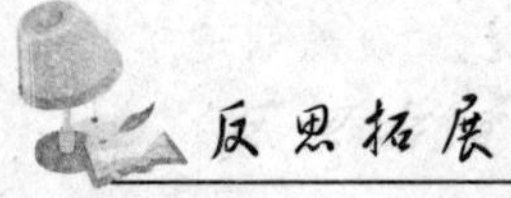

虽然这只是一个课前谈话，但是却让人感受到了于老师对学生的百般呵护。面对陌生的学生，面对无人发言的课堂，于老师耐心地等待着，不厌其烦地积极启发、指导学生，还不忘记调节气氛，缓和学生心里的紧张，可见他的定力之不一般。能做到这些，就是因为于老师对学生、对教育事业充满着深深的爱。

于老师说："心中藏着爱意和善意，有着民主和尊重，它一定会自然地流露。这种流露，便是一种非常简洁的教学风格，一种令人陶醉的教学艺术。"

（二）只有位置平等，关怀眼神才有效

在日常教学中，马老师发现，有很多成绩较差的学生上课基本不抬头，尤其是在教师提问的时候。对此，马老师常在教学过程中注意与学生互动交流，并始终用积极的、支持的关怀目光看着他们。

有一个叫文轩的学生，虽然他平时学习很努力，但是成绩仍很一般，毫无起色，因此，他感到很自卑，上课时总是低着头，不敢直视老师，生怕老师提问。一次，马老师提了一个很简单的问题，希望成绩差的学生能够回答。这时，马老师便把关怀的目光投向了文轩，但是他的头一直低着。马老师知道文轩肯定能回答上来，便走下讲台，走向文轩，用鼓励的目光看着他，轻轻地说："这个问题，你肯定能回答上来，你来说说吧。说错了也没什么大不了的。"在马老师的一再鼓励下，文轩终于站了起来，正确地回答了问题。马老师立刻给予他赞赏的目光，并表扬了他。

此后，马老师经常在上课时用关怀的目光看着文轩，当发现他有疑惑时，便找时间走下讲台帮他解答疑惑。同时，马老师经常找他谈话，帮助他调整学习方法。

渐渐地，文轩在上课时不再低着头，敢看老师了，也敢回答问题了，学习成绩也有了提高。

在教学中，师生间的目光交流是很重要的。通过目光交流，师生可以缩短心理上的距离。要注意的是，进行目光交流，师生必须处于平等的位置上，教师必须把自已的位置降下来，让学生知道教师所做的一切都是为了他们，这样学生就会有一种认同感、沟通欲和归属感，从而使师生达成默契。如果只是高高在上地问候学生，学生便会认为教师的目光带着怜悯，是瞧不起他。

案例中，马老师走下讲台、走近学生，便是让自已与学生处于平等的地位，因此学生从教师的目光中看到了平等、鼓励和理解，从而自信了起来，愿意积极改变自已。

（三）运用关怀眼神的教学策略

一个学生的成长，既需要家长深深的爱，也需要教师的爱。教师的爱是理性的关爱，平淡的关怀，旨在引导学生的心灵快乐成长。在教学过程中，教师给予学生的关怀，体现在引导学生学会正确地进行自我评价、培养自信上；体现在教师送给学生一丝温暖，教会他们如何感恩、关爱他人上；体现在给学生一个机会，引导他们在实践中历练才干上；体现在给学生搭建一个舞台，让他们在尽显才艺中羽翼渐丰上。那么，教师如何正确运用关怀的眼神呢？

1. 克服“目中无人”

这里的“目中无人”并不是教师瞧不起学生的意思，它直接反映为教师上课时眼睛不看学生，不观察学生的学习情况，或是只看讲稿，或是看着窗外，或是看着教室的后面。“目中无人”的教学不容易对学生产生吸引力。

很难设想，一节课上，师生双方的思维处于高度活跃的状态，却不存在来自双方的视觉交流。就一般情况而言，教学过程刚开始，教师的注意就处于一种分配状态，这时他固然要注意教学内容，但更重要的还是注意学生的学习情况，他必须对学生的一举一动——哪怕是眼角眉梢的颤动或细微情感的流露，都保持较高的洞察力，以不断调整自己的教学活动。

从社会心理学的角度上看，"目中无人"的教学表情包含着拒绝他人的含义。在交往中，眼睛对视或者视线相遇，表示两人都在积极地关注对方，都是以积极的态度在与对方交流。

"目中无人"的教学虽然不包含有瞧不起学生的意味，但客观上忽视了学生，教师要努力克服"目中无人"的行为。

2. 采用多种关怀目光

在教学中，教师应采用不同的关怀目光与学生交流。

对回答问题的学生，教师切忌投以怀疑和审问的目光，而应报以信任的目光和亲切的微笑。这样，可以在相当程度上减轻学生的紧张，使其充满信心，大胆回答。当学生答题不畅时，教师应用期待、专注的目光，使学生用心思索，力求回答准确，而不能显得不耐烦。如果学生的回答跑题了，教师的目光应带着安抚和惋惜，而不是取笑、指责，让学生下不了台。

在课堂讨论时，出现分歧是难免的，这时，从教师眼里反映出来的态度应是民主的、开放的，以推动学生积极思维，大胆阐述自己的见解。对于教师的讲解，学生有权提出不同的意见。对此，教师切忌以烦躁、敌视或不以为然的目光看待学生，而应报以高兴、宽容的目光，以培养学生大胆质疑的习惯和能力。

无论何种情形，不管什么目光，教师的眼里流露出的都应是爱的情怀。

3. 信任学生

学生的世界观、人生观的可塑性很强，经过正确的教育，他们都能成为有用之人。即使有了过错，只要引导得法，他们也能改正错误。因此，教师关怀的目光应对学生充满信任，相信他们能改变自己，相信他们能够成功。

要做到信任学生，教师就要设身处地地走近学生，换位思考，尊重他们，信任他们，长其善，救其失，多发掘他们身上的"闪光点"，然后及时"加温"，比如通过一次坦诚亲切的交谈、一次家访、一个亲昵的关爱动作，或一个信任的目光等，晓之以理，动之以情，促使学生的消极情绪转化为积极情绪。只有在宽松和谐的气氛中，师生才会缩小心灵距离。

4. 一视同仁

运用关怀的目光，要一视同仁。学生对教师的期望很高，他们看重教师对自己的态度，都希望得到教师的关爱。作为一名教师，既要给予优生关怀眼神，也要给予差生关怀眼神，以使每个学生都感受到教师带给他们的温暖。

当教师经常用关怀的目光与学生交流时，往往会缩短师生间的心理距离，学生会感觉到教师对自己的肯定，从而更加集中注意力，与教师密切合作。可见，关怀的眼神对学生来说非常重要。它虽说不上伟大，却是无私的；虽谈不上细致入微，却是关爱备至；虽不是激情澎湃，却能激起美丽的浪花。这种关怀眼神，看似平平淡淡，却能让学生快乐地成长，让他们幸福一生。

直视

——锁定注意力，防止学生开小差

一般情况下，教师在课堂中不能长时间直视某位学生，否则，学生会认为自己出了什么问题，因而不能专心听讲，但是，对精力不集中、做小动作或窃窃私语的学生，教师可以直视他几秒钟，待双方目光接触以后再移开，这样既可以起到告诫学生的作用，又可以保护学生的自尊心。

学生上课时思想走神、开小差是正常现象，教师如果视而不见，必然影响这些学生甚至其他学生的学习效果。如果处理不当，则会影响师生关系的融洽、和谐，浪费教学时间，同样会影响教学效果。因此，遇到上课开小差的学生，教师应采用正确的方法进行处理，以收到较好的效果，减少负面影响。

用直视来制止学生开小差，不失为一种好方法。讲课时，如果遇到一些学生目光呆滞、神情恍惚、若有所思或小声说话等，教师可以突然停止讲课，向这些学生投去严肃、关切、疑问、期待的直视目光，几秒钟左右，他们一般会回过神来，集中注意力听讲。

（一）时时给予直视，逐步凝聚学生的心神

当学生在课堂上开小差时，孙老师就会用慈祥的目光直视学生一会儿，学生看到孙老师的目光后，便会感到不好意思，于是马上集中精力投入学习。在教授《应该听谁的》时，孙老师又遇到了一个开小差的学生。

上课后，孙老师播放动画片《骑驴》，同时简单地叙述着动画片的内容。有个学生好像还沉浸在上课前的玩耍中，目光呆滞地望着孙老师。根据经验，孙老师一眼便看出这个学生走神了，于是他渐渐把说话的声音降低，用柔和

而慈祥的目光直视着那个学生。看到孙老师注视着自己，那个学生马上回过神来，专心地看动画片、听老师讲故事。

故事讲完了，孙老师请大家闭上眼睛回想一下动画片中的情节，然后和同桌讨论：关于爷爷和孙子骑驴这件事，故事中的人有哪几种说法？爷爷应该听谁的？

之后，学生们开始读课文，然后与同桌讨论孙老师提出的问题。

在这期间，孙老师又直视了一会儿那个开小差的学生，眼中流露出对他的信任。开小差的学生好像从孙老师的目光中看到了鼓励，积极地倾听同桌的意见，也谈论着自己的看法。

"同学们，你们交流得真好，我听到了好多说法呢。有同意不能都骑的吗？请举手。同意让爷爷骑的在哪里？……同意让孙子骑的？……有支持菜农说法的吗？……没有举过手的同学是什么意见？"孙老师环视着全体同学，然后又直视了一会儿那个开小差的学生。

只见那个学生站起来，自信地说道："我对这几种说法都不同意，我有自己的想法。我认为应该让爷爷牵出两头驴，一人骑一头，这样两个人都不会累。"

"你的想法很独特，我非常高兴你敢于说出自己的想法。"孙老师为他竖起了拇指，"其他没举手的同学也有不同的想法，对吗？好，一会儿一定要说给大家听听。大家看，我们的意见也不一样，那老爷爷该听谁的？这样，我们意见相同的人组成一组来交流，不管你有想什么办法，一定要把自己的想法说清楚，大家认真听后互相补充，然后，每个小组可以选择自己的方式汇报给大家听，好吗？"

"好！"

孙老师开始举牌分组，说："同意爷爷骑的小组坐这里交流，孙子组（大家笑）——对不起，同学们，看，说话着急就会出现口误，所以要想好再说。那么，同意让孙子骑的小组一会儿就可以聚在这里交流……"

于是，学生们又交流起来。

分开小组后，那个开小差的学生正好和自己要好的朋友分在一起。由于这时感觉有点累，自制力又差一些，他们两个就偷偷玩起了打手游戏。

看到那个学生又开小差了，孙老师便假装咳嗽了一下，然后又用慈祥的目光注视着他们。知道自己错了，他们马上和其他学生认真交流了起来。

过了一会儿，孙老师让大家停下来，说："下面是各小组汇报时间。哪个小组会说得又清楚又明白呢？我们注意听。哪组先来？"

首先，同意让孙子骑的小组派了两名代表到前面汇报。

组员1说："我们小组的意见是同意让小孙子骑驴，因为小孩子正是长身体的时候，走远路会累坏的。再说了，孙子太小，在下面走也跟不上驴的速度啊，被落下太远，丢了怎么办？"

组员2补充说："还有，让孙子在下面走，万一驴在跑时把孙子踢伤了就坏了。老爷爷心疼孙子，怎么舍得让他在地下走呢？"

"你们代表的是整个小组的意见，对吗？"孙老师问道。

"是的。"

"你认为他们汇报得怎么样？"孙老师把开小差的学生叫起来。

"他们说得很清楚，我听懂了。"

"能说说他们想让谁骑驴吗？"

"他们小组同意让小孙子骑驴。"

"你听得很认真。"孙老师赞许道。

得到孙老师的表扬，那个学生继续说："他们在前面汇报时没有紧张，说话很流利。"

"你观察得很仔细。他们能为孩子着想，找到的这些理由还真有道理呢，表现不错。"孙老师再次表扬了他。

然后，同意让爷爷骑驴的小组、支持不能都骑的小组和支持不骑太笨的小组依次派了代表到前面汇报。

接下来，那个学生再没有开小差，而是认真地听其他学生发表意见。

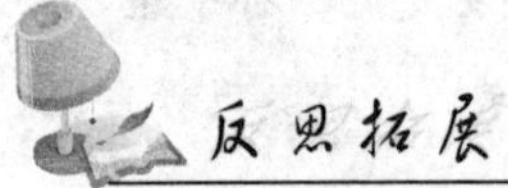

反思拓展

在课堂上，每当进行集体性活动时，有的学生由于自控能力差，便会趁老师不注意开小差。在这种情况下，如果教师停下来批评学生，不仅会影响正常的教学计划，而且会伤害学生的自尊心，因为其他学生都在注意他。所以，教师最好采取一种"不声不响"的提示批评法。案例中，孙老师用慈祥的直视目光给学生以提示、信任和鼓励的做法，很好地起到了防止学生开小差的效果。

另外，孙老师直视开小差的学生不止一次，因为他知道学生自控的时间一般不会很长，只要有机会他们还会犯同样的错误。

（二）让学生感受直视中的真情

《小音乐家扬科》是一篇以音乐为主题的课文，具有强大的情感感染力。在教学中，方老师以情感为力量，引导学生与小主人公一起感受生活的快乐和苦楚。

在简略介绍完课文背景之后，方老师播放了作曲家施特劳斯的《春天的歌》。

“你们从乐曲中听到了什么？”方老师问道。

“听到鸟的叫声很好听。”

“听到啄木鸟的声音，它在吃虫子。”

“还有蝉儿的叫声。”

“还有小溪在流着，有水声。”

……

在学生回答完问题后，方老师用轻松的语气介绍说：“这首乐曲是奥地利音乐家施特劳斯的作品，音乐家在春天里穿过田野，来到树林，听到了鸟儿的歌声，溪水的奔流，春风轻拂下树叶沙沙的声响，看到了春天里美丽的景色，这一切使他创作了这首动听的乐曲。课文中的小扬科是个有音乐才华的孩子，他像音乐家一样，无论走到哪儿总能听到美妙的声响。小扬科听到了哪些乐声？请同学们找出有关段落读一读，朗读时，请大家带着听音乐的心情来读，特别要把象声词读得像一些。”

接着，学生一边读，方老师一边板书。在板书的时候，方老师时不时回过头来，温柔地直视一些不专心读书的学生。当这些学生看到方老师正看着自己时，便很快集中起精神来了。

“树林里有各种各样的声响，扬科听见了，他觉得就像乐曲一样，使他入迷，陶醉。扬科还听见了什么声音？”方老师叫大家停下来问道。

“鸟叫声：啾啾。”

“小虫声音：唧唧，吱吱，嗡嗡。”

“青蛙叫：呱呱。”

“啄木鸟：笃笃。”

“你们想想，这么多动听的声响，在爱好音乐的扬科听来，是多么美妙的大自然旋律啊！”方老师的高兴中带着忧伤，直视着一些学生说，“扬科是个爱音乐的孩子，但他和你们不同，他生活在万恶的资本主义社会，他的音乐天才受到了扼杀和打击，当他听音乐出了神时，他怎样了？”

受到方老师注视的学生意识到自己开了小差，就马上回过神来，感悟着方老师的高兴和忧伤，进而与其他同学齐声答道：“被监工看见了，监工解下腰带，狠狠地打了他一顿，要他永远也忘不了。”

“扬科屈服了吗？”方老师先是自言自语，然后斩钉截铁地说，“没有，扬科对音乐的爱好是阻止不了的，他仍然追求音乐，经常偷偷地听旅店里的奏乐和歌唱。”

方老师满怀渴望地环视全体学生，继续说：“扬科爱好音乐，他多么希望有一把自己的小提琴，他自己做了一把小提琴，虽然不好听，像蚊子哼哼似的，但他还是一直拉着，如果有一把真正的小提琴属于扬科，那么他会怎样？”

受到方老师的鼓舞，学生们积极地回答着。

“他会高兴得跳起来。”

“他会抱着小提琴拉个没完，结果监工又会打他。”

“监工会把他的琴没收。”

“他会到树林去，边听树林的声音边拉出美好的乐曲。”

“大家说得很好。”

“扬科那么喜爱小提琴，非常羡慕主人的小提琴，他多想把它拿在手里，亲自摸一摸啊！一天傍晚发生了那件可怕的事……”方老师一边直视一些即将走神的学生，一边引导着学生们说，“刚才大家看过了这段可怕的事。现在我们再来回顾一下，小扬科来到食具间，那把小提琴就挂在对着门的墙上，这时扬科怎么做的？”

学生们答道：“他望着小提琴，望了很久很久。”

“是呀，小扬科就像走进笼子的小动物一样，害怕极了，但心爱的小提琴使他克服了恐惧，他还是悄悄地向门口移动。大家把下面一段描写扬科动作的词找出来。”

学生们准确地找出了“跪”“抬”“望”三个字。

"跪，表现了扬科很小心，又体现了他对小提琴的喜爱、崇敬。这把小提琴在他看来是那样贵重，就像是——"方老师故意停下来，关怀地直视着两个学生。

两个学生心领神会。一位学生补充道："宝石一样。"另一位学生则说："像是无价之宝。"

"对，所以，他只能抬起头望着小提琴，一时还不敢去碰它。这时候，周围的环境怎样？夜静得可怕，月光偏偏照在他身上。"方老师提示说，"这时扬科是怎么做的？又是怎么想的？"

"他去摸了摸心爱的小提琴。"

"他不知不觉地站起来，轻轻摸着小提琴。"

"回答得很好，课文并没有写他怎样站起来。但是我们可以想象出，扬科太喜欢这把小提琴了，他不知不觉地就站了起来，轻轻地摸着小提琴，这时他怎么想呢？"

"他一定非常高兴。"

"他想，这琴要是拉起来，会有多好听啊！"

"他想象着自己正在拉一支优美的乐曲。"

……

"是的，扬科这时一定沉浸在美好的音乐世界里，所以他才会不小心碰响琴弦。在那样安静的夜里，一声响声会引起什么效果？"

"把人们吵醒了。"

"人们以为贼来了。"

"大家都起来了。"

"这一声琴弦的响声，在扬科听来是多可怕啊！因为这惊醒了人们，所以，院子里一阵闹哄哄的。请大家把表示声响的词找出来。"方老师好像是替小扬科担心似的，用略带焦虑的目光直视着还在讨论的学生。看到方老师在看着自己，这些学生赶快停止讨论，开始找词。

学生们一边找，方老师一边板书：

"谁在那儿"——粗鲁地问

划火柴的声音——仆人

骂声——仆人和惊醒的人们

鞭打声——仆人

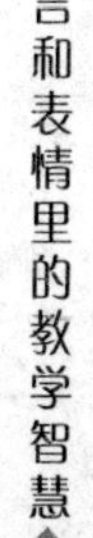

小孩哭声——扬科，还有被惊醒的孩子

吵嚷声——惊醒的人们，管家

狗叫声——狗

方老师又问学生们："请大家想象一下当时食具间的情景是怎样的。"

学生们发挥想象，答道：

"仆人看见扬科站在那儿，立即揪住他。"

"人们以为贼来了，都冲了出来。"

"仆人打了扬科，扬科哭了。"

"一大群人围着扬科，七嘴八舌地责问他。"

……

这时，方老师深有感触地说："是呀，一声琴响引来了这么大的变化，夜的安静被打破了，扬科怎么样了?"

"他闯祸了，怕极了。"

"他在那儿发抖，一句话也说不出。"

"他不知道自己怎么办，呆住了。"

方老师很满意大家的回答，说道："同学们回答得很好，虽然作者并没有写出扬科的样子，但大家完全可以想象出来。作者采用由静到动、由无声到乱哄哄的对比的写法，使我们对当时的情景有了更深的体会。"

"让我们静静沉默一会儿，来看看管家、更夫是怎样对待小杨科的。"

"更夫夹起扬科，像夹一只小猫似的。扬科一句话也没有说，只是瞪着眼睛，像一只被抓住的小鸟。"学生们对更夫充满了仇恨。

"大家想一想，管家处置扬科时有没有问一问到底是怎么回事呢? 没有。有没有给扬科申诉的机会呢? 没有。他只是下令打一顿。在他看来，打一顿只是家常便饭，根本不当一回事。于是小扬科就像小猫一样被夹住，像被抓住的小鸟似的无力挣扎，就这样挨了一顿打，这一顿打怎么打我们从课文里看不出，但是我们可以想象得出打得一定十分狠。因为小扬科被打得起不了床，他快要被打死了。对这样一个善良的孩子，对这样一个有美好心灵和音乐天才的孩子，万恶的旧社会是多么凶残啊!"方老师满怀愤怒地说着，并用期望的目光直视着刚才不注意听讲的学生，让他们和自己一起感受愤怒。

伴随着方老师的愤怒，对这篇文章的学习就此结束。这时学生们仍沉浸在扬科的悲惨遭遇中，于是方老师趁热打铁，开始朗读课文。

朗读课文时，方老师时不时地直视一些学生。她的声音有紧张，有舒缓，有快乐，有悲伤，学生们无不被感染着，尤其是读到最后时，学生们的眼里渐渐涌出了泪水。

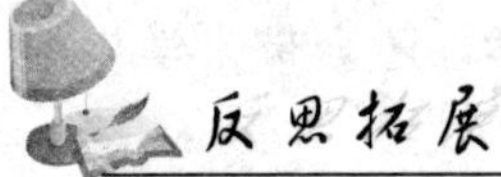

这堂课上，方老师很好地把目光直视与对文章的情感体验融合在了一起，不仅有效地制止了个别学生开小差的行为，而且使学生真正感受到了主人公小扬科的悲惨命运。

直视学生亦要有情，这种情不仅是教师对学生的期望、关怀和鼓励，还应是教师对文章的情感体验的真实外露，这样，学生才能真心接受教师的劝告，才能真心投入学习。

（三）让直视发挥作用的策略

在教学中，直视学生虽然可以起到防止学生开小差的作用，但是教师也要讲究技巧，切不可因为直视方式的不当而影响教学或与学生的交流。教师运用直视防止学生开小差时，要注意做好以下几点：

1. 包含关怀和鼓励成分

学生希望教师的目光是充满关怀和鼓励的，因为它能给学生以自信和力量，增强他们的自尊心和上进心。看到这种目光，他们会马上停止自己开小差的行为，然后迎着这种目光，大胆地表达自己的观点和要求。

在直视学生时，教师千万不要带着责怪和漠视。责怪的目光容易使学生产生逆反心理，会造成学生的抵抗，割裂师生间的友谊，不利于学生健康人格的发展；漠视的目光极易使学生的自尊心受到伤害，使学生产生极大的自卑心理，任何活动都不敢积极参与，甚至对任何事情都缺乏信心和兴趣，沉默寡言，最终导致性格上的孤僻、冷漠和自私。

2. 直视过后要了解原因

学生上课开小差的原因各不相同，有时可能是学生对教师有意见，有时可能是教师的批评不当，有时可能是教师教育方法不当，等等。直视学生只

能暂时制止他们开小差的行为，要想真正防止这种行为，教师还要在课后找他们谈心，了解真实情况，分析原因，从根本上解决问题。

3. 短暂停留

当学生开小差时，教师不可长时间直视他，在他发现教师在注视他后短暂地停留一会儿以示提醒即可。否则，不仅会影响教学，还会带来学生的反抗。

总之，在教学中，教师的直视不仅可以收集学生对教学的反馈信息，也能够制止个别学生的走神和骚动，提醒学生注意听讲。因此，教师要特别注意运用好直视，让它发挥积极的作用。

威严目光

——发出警示，督促学生改正错误

现代教育提倡：不束缚学生，而是解放学生；不压制学生，而是尊重学生；不草率对待学生，而是精心培养学生；不强迫学生服从自己的意志，而是给予他们循循善诱的教导；不苛求学生，而是听取学生的意见。在《孩子们，你们生活得怎样》中，格鲁吉亚儿童心理学家阿莫纳什维利写道："儿童只有通过自己的情感之门，通过共同感受、共同欢乐和自豪的情感，通过认识兴趣去吸取精神财富，他们的精神世界才能得到丰富。强迫他们去丰富自己的精神世界，这无异蓄意把苹果栽到浸透了毒药的土壤里。"

虽然保障学生的自由、给予他们自尊是教师应遵守的原则，但教师也不能过于放纵学生，在他们犯错的时候，也要表现出自己严厉的一面，以更好地教育学生。

（一）突如其来的威严目光，让学生既爱又怕、既敬又畏

在教学过程中，戚老师有一个特点，就是为了制止一些走神、与同学窃窃私语的学生，会突然给予他们一个威严的目光，让他们知错。下面是戚老师讲授《师说》时的一个片段：

"大家都知道，《师说》是韩愈的一篇重要文章，其中的许多教育观点对我们仍有借鉴意义。比如说，他给老师下了一个定义，怎么说来着？"戚老师面向学生问道。

学生齐声答道："师者，所以传道授业解惑也。"

"请一位同学来给我们翻译一下。"正说着，戚老师发现小伟正在忙碌地写着什么。不过，他并没有当面批评小伟，而是提高声音说："谁来翻译

呢?!”同时，他用威严的目光突然注视了一下小伟。

听到老师的声音突然变大了，小伟马上抬起头来，发现老师正威严地看着自己。他意识到自己错了，马上放下了手中的笔。

看到小伟不再写东西了，戚老师的目光马上变得和蔼起来，并微笑着请小伟站起来，问道：“‘师者，所以传道授业解惑也。’这句话，你是怎么理解的呢？请大胆地说，不要怕错。”

小伟说：“老师，是用来传授道理、教授学业、解释疑难问题的。”

“翻译得很好！简简单单六个字，传道、授业、解惑，就道出了教师的职责。”戚老师夸奖着小伟，并给他投去赞许的目光。这时，小伟更加感激戚老师，决心再不在课堂上做小动作、犯错误了。

戚老师接着说：“同学们求学许多年了，也遇到了不少老师。请你回忆一下，并结合自身的体会来谈谈，你觉得韩愈给老师下的这个定义怎么样？或者说，你认为如今老师的职责范围是缩小了还是扩大了?”

生：“我觉得韩愈给老师下的这个定义还是比较具有概括性和代表性的。老师就是传道、授业、解惑的嘛。”

生：“我觉得如今老师的职责范围是远远扩大了，我感觉老师们真的很辛苦，他们不仅背负着教授我们学业的任务，还承担着照料我们生活的责任。”

生：“我觉得古代的老师似乎很严肃，大概所谓的‘师道尊严’吧，现在的老师和蔼多了，我喜欢现在的老师。”

……

在其他学生回答问题时，又有一两位学生在做小动作。这时，戚老师又以突如其来的威严目光注视着他们，然后鼓励他们回答问题。这样，犯错的学生很快便满怀感激地开始认真听讲了。

反思拓展

教师适度的个人威严是开展课堂教学活动的必要前提。这就需要教师把握一定的惩戒尺度，因人而异地采取恰当的方法，告诉学生要专心听课。

案例中，面对上课时不专心听讲的学生，戚老师以突如其来的威严目光警示学生，接着，他又以和蔼的态度叫他们回答问题，这就会使得学生心存感激。

（二）目光威严，给犯错学生以威慑

多年来，在体育教学中，王老师为人师表，以身作则，从学生的基础抓起，以准确的示范、精辟的讲解、教学形式的多样化，在学生中树立了较高的威信。除了这些，王老师还常以威严的目光审视每一位学生。

王老师教的是小学低年级的学生。他们的基础不一，身体素质也不同，这个年龄段的学生又处于发育的关键期。因此，王老师秉着“学习第一步，基础要打牢”的原则，严格要求学生，努力使学生打好基础、锻炼好身体，并养成良好的纪律意识、锻炼意识。

每当上课钟声一响，王老师便站在操场上，以威严的目光迎接学生队伍，严肃地接受学生的每一次报告，并进行整理队伍、提出要求和集中注意力等常规活动。

王老师深知在诸多学科中，体育课在纪律方面的要求更加严格，因此，从开始上课他便严格要求学生，以让学生清楚纪律的重要性。

上课时，难免有一些学生缺乏自我控制能力，出现违反纪律、滋扰其他同学的行为。对此，王老师总是目光中带着威严，而口中带着慈祥，对学生进行教育。

一次，在练习齐步走时，个别学生由于精神分散，不但做的动作不正确，还干扰了其他同学。此时，王老师威严地紧盯着那几个学生，模仿他们左顾右盼的动作，嘴里说：“如此走路，能不碰上人吗?”他严肃中带着幽默，使得学生们在一笑之余，领悟到了集中精神的必要性。

又一次，在篮球比赛时，两个学生在抢球时有些碰撞，马上你一言我一语吵了起来。王老师看到后，马上用威严的目光看着那两个学生，并把他们从赛场叫到跟前，问道：“吵架对吗?”两个学生都说不对。“既然是错误的，就别说谁先谁后，一个人能吵起来吗?”王老师果断地说，“你们两个都有错，能改吗?”两个学生互相承认了错误，言归于好，又一起去打篮球了。

王老师就是以这样的目光来警示学生的，加上他幽默的话语、果断的处事方式，学生们并不害怕他，而是懂得王老师是真正为他们好的，因此他们都按照王老师的要求，自觉地严格要求自己。

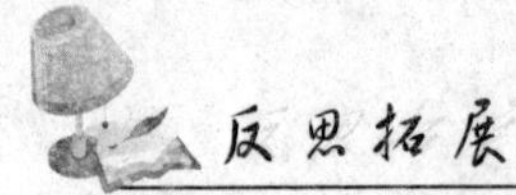

从王老师的教学方式来看，教育学生要刚柔相济，刚则威严，柔则慈爱。只有一刚一柔，相辅相成，学生才会既敬畏老师，又能自觉地主动参与教学活动。

(三）让威严目光发挥作用的策略

在词典里，威严有三层意思：严厉，严肃；权势；尊严。提到“严厉”“严肃”这两个形容词，人们自然会想到父母的教育，既严厉，又充满慈爱。实际上，给学生的威严目光也是着重于从第一层意思来讲的，即教师威严的目光背后，深藏着对学生的爱。不过，能够真正懂得并正确运用这种目光的教师不是很多，因此教师有必要学习一下威严目光的使用技巧。

1. 盯住眼睛上方

心理学家研究发现，如果把目光投向对方的假想的第三只眼睛（额头正中的眼睛）与其他两只眼睛所组成的三角区域内，会让对方感觉到你的威严，使谈话气氛变得十分庄重，对方会有一种压迫感。

在教学中，如果有学生调皮或不专心听课，教师可以尝试用这种方法盯着他，给予他警示。

2. 威严不是斥责

威严的目光只是对学生提出警示，希望学生认识到自己的错误，并自觉停止犯错的行为，并不是对学生提出严厉指责，强迫学生改正，更不是对学生表示轻蔑和憎恨。否则，即使学生停止了自己的行为，也是因为惧怕而停止的，是被动的。这样的话，学生表面上不犯错了，但是心里仍然在犯着错，甚至更严重。

3. 适可而止

在教学中，有的教师整堂课都神色严肃，始终以威严的目光俯视学生；有的教师在学生开小差时紧紧盯着学生不放，直到引来全班学生对他的敌视；有的教师不仅用威严的目光注视学生，嘴上还训斥学生；等等。在这样的教学气氛中，学生诚惶诚恐，战战兢兢，只能被动听从教师，服从教师。

教师需要威严，但不能没有节制地使用威严。教师的威严要适可而止，例如：目光只是在学生身上作短暂停留，在注视学生时要通过语言和其他行为辅助表达等。

劳夫·爱默生说："人的眼睛和舌头说的话一样，不要字典，却能从眼睛的语言中了解一切。"在教学过程中，教师运用好眼神，对于课堂教学有很大的帮助。鼓励、赞美的眼神表示对学生的肯定，庄重、威严的眼神表示对学生的警示，它们都有一个共同点，就是饱含教师对学生的爱，目的都是促使学生积极进取、努力向上。

惊喜表情

——鼓励学生积极主动地参与学习

在纽约的一个叫大沙头的贫民窟里生活着一群黑人孩子。他们调皮捣蛋、旷课斗殴，甚至砸烂教室的玻璃。为了教育他们，校长想出了一个办法：每天在课堂上都为孩子们看手相，并预测他们的未来。

一天，当班上表现最差、最不听话的学生走到讲台上时，校长握着他的手，惊喜地说："你的手指修长，我就知道你将来要成为纽约州州长。"这个学生听后大吃一惊，表情复杂。但他记下了校长的话，并且相信了他。

从那一天起，"纽约州州长"就像一条绳子一样约束着这个学生。他的身上不再沾满泥土，他的举止不再缺乏教养。他开始挺直腰杆走路，刻苦努力，发奋学习。在以后 40 多年的时间里，他没有一天不按州长的身份要求自己。51 岁那年，他真的成为了纽约州州长。这个人就是纽约的第 53 任州长，也是美国历史上第一位黑人州长，他的名字叫罗杰·罗尔斯。

鼓励是催人奋进的号角，是激人奋发的良药。"如果一个孩子生活在批评中，他就学会了谴责；如果一个孩子生活在敌视中，他就学会了好斗；如果一个孩子生活在恐惧中，他就忧心忡忡；如果一个孩子生活在鼓励中，他就学会了自信；如果一个孩子生活在认可中，他就学会了自爱。如果一个孩子生活在受欢迎的环境中，他就学会了钟爱别人；如果一个孩子生活在友爱中，他便会觉得生活的美好。"当教师惊喜地对学生表示认可、肯定并予以鼓励的时候，学生也会带给教师一个又一个惊喜。

教师惊喜的表情，如睁大双眼、眉毛上扬、嘴巴大张、大声说"好"、手舞足蹈等，往往具有特殊的鼓励效果。在教学中，教师要善于利用自己的惊喜表情去鼓励学生。

(一) 用惊喜的表情唤醒学生的主体意识

在教学中，赵老师非常善于用惊喜的表情激励学生，使学生积极主动地参与各种教学活动。下面是赵老师教授《荷叶圆圆》时的片段。

一上课，赵老师便展开双臂，向学生作拥抱状，热情地说："我很想和大家交朋友，希望咱们成为学习上的好伙伴。大家愿意吗?"

学生们高兴地回答："愿意。"

赵老师说："今天我就叫大家小朋友，大家喊我大朋友或者老朋友，好吗?"

学生们积极响应。

赵老师大声说："那咱们上课。小朋友们好!"

学生们叫着："大（老）朋友，您好!"

赵老师夸奖学生聪明，并要求学生伸出手指，和他一起写课题。

当准备板书时，赵老师紧皱眉头，说："哎，'荷叶'的'荷'字怎么写的，大朋友忘了。谁能告诉我?"

这时，一位学生坐在座位回答说："哎呀，大朋友，这很简单，上面是个草字头，下面是我的姓。"

赵老师惊喜地问他："有创意的小朋友，请问你贵姓呀?"

该生站起来，说："我姓何呀。"

赵老师故意模仿该生的腔调，说："'我姓何呀'的'何'字怎么写的呀?"

该生回答："左边是个单人旁，右边加上'可以'的'可'呀。"

听着他俩的对话，学生们都笑了。

赵老师请该生坐下后，便开始板书课题，在写"叶"字时，他还强调竖为"悬针"，要写直。

写完课题，赵老师请学生们做一个游戏，要求他们把自己做的大荷叶拿出来，戴在头上。

当学生们纷纷拿出荷叶戴在头上时，赵老师惊喜地说："哇，小朋友们都像小鱼儿一样，把荷叶当成自己的凉伞了！大朋友也有凉伞呢，你们看!"

说着，赵老师也拿出一片荷叶，先戴在头上，然后铺在地上，走上荷叶。

他联系课文内容边演边讲："我是一颗小水珠，荷叶是我的大摇篮。我躺在荷叶上，眨着亮晶晶的大眼睛。"

学生们对赵老师的表演非常惊奇，纷纷举手想试试。

这时，赵老师提示说："要想表演好，就要把课文读好，最好能够记住课文中的句子。"

接着，赵老师又说："大朋友要仔细看你们的表情，听你们的声音，哪些小朋友的表情好，读得又好，大朋友就请他到台上来表演。"

于是，学生们开始反复读课文。

过了一会儿，赵老师让学生们停止朗读，问道："小朋友们，课文向我们介绍了小水珠、小蜻蜓等好几个小伙伴，你喜欢哪一个呢？你喜欢哪个小伙伴，就读写哪个小伙伴的那一段课文。待会儿你就给大家介绍你喜欢的这个小伙伴。不过，不管读哪一段，都要先读读课文的第一句话。开始吧。"

一个学生站了起来，读着："荷叶圆圆的，绿绿的。小水珠说：'荷叶是我的摇篮。'小水珠躺在荷叶上，眨着亮晶晶的眼睛。"

该生读完后，赵老师夸他读得正确、流利，但也提出了疑问："大家注意到没有，刚才大朋友表演的时候，脸上还带着什么呀？"

学生们回答："表情。"

于是，赵老师便请一位女学生加上表情再读一遍。该女生读得非常棒，大家一起为她鼓掌。

下面是介绍小蜻蜓，一位学生站起来，读着："荷叶圆圆的，绿绿的。小蜻蜓说：'荷叶是我的停机坪。'小蜻蜓立在荷叶上，展开柔嫩的翅膀。"该生读完后，赵老师指出读"翅膀"的"翅"字时要翘舌。

轮到介绍小青蛙了，赵老师特别强调学生们要注意朗读的学生的表情。

"荷叶圆圆的，绿绿的。小青蛙说：'荷叶是我的歌台。'小青蛙蹲在荷叶上，呱呱地放声歌唱。"朗读的学生有表情地读着。最后结束时，该生还"呱，呱，呱"地叫着，引来一片笑声和掌声。

赵老师惊喜地说："哇，创造性的朗读！很好！"赵老师要求学生说出该生读的好在那里。有的学生说："他把小青蛙的声音说出来了。"有的学生说："他的声音很粗，'呱，呱，呱'，真像一只大青蛙。"有的学生说："他的表情好，显得很神气，"呱，呱，呱"，就像一个大歌星！"

最后要介绍小鱼儿了，许多学生站起来抢着要朗读。这时，赵老师抚摸着一个比较调皮、好动的学生的头，让他来读。

没想到，这个学生和别的学生不一样，不在座位上读，而是大大方方地走上讲台读："荷叶圆圆的，绿绿的。小鱼儿说：'荷叶是我的凉伞。'小鱼儿在荷叶下笑嘻嘻地游来游去，捧起一朵朵很美很美的水花。"他一边读着，还一边大幅度地挥动着手臂，弄出"哗——哗——"的声音。

赵老师非常赞赏该生的举动，惊喜地说："嗬——主动上台，好潇洒呀！"不过，赵老师也幽默地说出了他的不足："你这'哗——哗——'的两朵水花太大，可不像小鱼儿，倒像一条大鲨鱼！你能把大鲨鱼变成小鱼儿吗?"赵老师精彩的点评，赢来了学生们的一阵笑声。

按照赵老师的要求，他手掌轻柔地翻动着，模仿着小鱼儿的动作。这时，赵老师再一次让学生们说出他读的好在哪里。这次，大多数学生说他的动作不错。

赵老师再次面露惊喜之色："同学们的领悟力真高！"

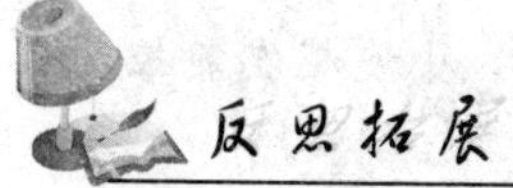

反思拓展

案例中，赵老师惊喜的表情和激励性的语言融为一体，使课堂内始终洋溢着积极、轻松和快乐的气氛。在这种氛围中，学生受赵老师的情绪、语言和惊喜表情的鼓舞，没有任何恐惧和紧张，能够大胆放松自己的心灵，积极参与到教学活动中来，真正成为了课堂的主人。这样的教学方式，无疑会取得很好的效果。

在有些教学活动中，虽然学生也参与教学活动，但常常是被动地参与，这种参与没有体现出学生的主体性，反而会强化学生的消极性、被动性和依赖性，扼杀学生的创造性。只有主动参与，才是学生积极性、主动性和创造性发展的根本途径。学生正在成长之中，他们（特别是小学生）仅仅是一个潜在的发展主体，不会自发地变成现实的发展主体，要使学生由潜在的发展主体变成现实的发展主体，就必须有教育的力量，给他们以适当而又必要的外在激励。

使用惊喜的表情，可以给教学带来意想不到的效果，教师在以后的教学中应大胆利用，使它成为自己的一种自觉的教学行为，以唤醒学生的主体意识，充分调动学生参与的积极性、主动性，以实现自身潜能的深层开发。

（二）惊喜的魅力——让“调皮王”不再调皮

小波是出了名的“调皮王”，他从小就非常好动。他不能控制自己，上课经常情不自禁地讲话，还搞恶作剧。他很喜欢招惹别人，一旦别人和他有矛盾，他就会很激动，甚至会大打出手。随着年龄的增长，他又增添了新的一些不好的习惯，比如报复心重，只要别人告他状，老师批评了他，他就会以各种形式进行报复。

这天语文课上，小波又不认真听讲，而是在画画。见此情景，韩老师并没有生气，而是看着他的画，张大嘴，睁大眼睛，惊喜地说：“你的画真漂亮。如果你坚持画，长大肯定会成为一名画家。”小波以为老师要批评他，没想到老师却表扬了他，因此很受震动，于是认真听起课来了。

看到小波开始认真听讲了，韩老师又非常惊喜地说：“小波同学真自觉，请为他鼓掌。”全班响起了一片掌声。得到大家的鼓励，小波越发能控制自己，从而认真听讲了。

此后，韩老师每次发现小波的点滴进步都要及时、热情地给予表扬，使他产生自豪感。同时，在课后，韩老师经常找小波谈心，激励他继续努力，并给他指明努力的方向，如学会和同学友好相处、认真完成作业等。

反思拓展

韩老师用真诚的惊喜表情，让一个多动的学生有了积极向上的转变，这使我们深深感悟到：找准教育学生的切入口，对学生适时地进行鼓励是必要的，也是非常重要的。

面露惊喜的鼓励是一种精神催化剂，它能够极大地激发学生的自信心，让他们拥有积极向上的强大内动力。在教学过程中，教师面露惊喜之色是行之有效的教育手段，对后进生显得尤其重要。因此，教师要善于发现每个学生的优点，尤其要根据他们的兴趣、特长和爱好给予他们惊喜的表情，以此激发他们的求知欲望。

（三）让惊喜表情发挥作用的策略

教育不仅在于传授知识，还在于激励、唤醒和鼓舞学生，发掘他们的潜能。据研究，一个没有受过鼓励的人仅能发挥其能力的20%～30%，而当他受过鼓励后，则能发挥出60%～120%的能力。可见，鼓励至关重要，对任何学生都要不断给予鼓励，促使他们更好地发展。在教学中，用惊喜表情来鼓励学生有极大的作用，教师应掌握一些运用惊喜表情鼓励学生的技巧。

1. 给予学生“自我扩大”的喜悦

如果夸奖一位司机车开得很好，他不一定会感到高兴，因为这种话他听得太多了，而如果夸奖他高尔夫球打得好，他可能会感到非常高兴。为什么？就是因为意外。心理学研究认为，这是一种“自我扩大”的喜悦，这种夸奖很容易使人产生自信。所以，教师在给学生惊喜表情的时候，应该特别注意发现学生自己都没有感觉到的优点，这样更能提高他的自信心，使他在各方面都取得优异的成绩。

2. 注意学生的年龄段

运用惊喜的表情时要注意学生的年龄，教师要留意哪一种表情更适合学生。例如，对年龄很小的学生，在口头表扬的同时给他一个吻、一个拥抱或者其他的身体接触，效果就很好；而大一点的学生喜欢含蓄式的表扬，可以心领神会地向他眨眨眼睛，或者高高竖起大拇指等。

3. 惊喜表情要适度、适量

丁丁是个四年级的男孩，他的成绩在班上总是倒数前几名，老师、同学都认为他是个差生。经测试，他的智商并不低，于是专家建议他的父母少责备他、多表扬他。这一措施确实收到了积极效果，丁丁学习的主动性增强了，成绩也提高了。遗憾的是，丁丁的父母在尝到表扬孩子的甜头后走向了另一个极端——在家时，丁丁无时无刻不在受着表扬，既听不到批评，也听不到任何忠告或指点。

案例中这种过度的表扬带来的最大危害是，孩子被表扬冲昏了头脑，甚至会因过度自负而不能正确地评价自己。当在学校里听不到老师和同学的表扬时，他会产生比以前更强烈的失落感，一蹶不振，甚至会发展到厌学、逃学。

教育专家指出，表扬不足会使学生自卑，但仅仅为增强其自信而不断作出过高的评价，会将心理尚未成熟的学生诱入自视过高的幻想中，甚至会让他们设定完全不切实际的人生目标。因此，教师不能一味地用惊喜表情鼓励学生，还要在鼓励的同时给学生一些指点和忠告。

在教学中，教师的表情直接影响着学生的学习。如果教师无精打采、昏昏欲睡，肯定不会带给学生学习的乐趣。课堂应该是乐园，应该充满着爱的鼓励。在教学中，教师的心境应该是愉快的、乐观的、积极的、进取的、热情的、真挚的和满怀信心的，这样，教师的惊喜表情才能激发学生学习的乐趣，让他们从教师的惊喜表情中获得认知动力。

下篇

藏在学生肢体语言和表情里的教学契机

搔头

——藏在迷惑不解里的教学契机

搔头是一个常见的肢体动作，有着自己独特的内涵。课堂上，如果教师能及时发现学生的搔头动作并予以破译，对于教师的教和学生的学都大有益处。

教学中，学生如果突然连续做几下搔头动作，往往表示他对教师此刻的讲解有疑虑之处，需要教师尽快解释，或者在接下来的教学中加以注意。

那么，是哪些因素导致学生搔头呢?

1. 教学节奏快

教学节奏应尽可能与学生的听课节奏保持一致，因为教师的教是为了学生的学，而不只是为了完成教学任务。可是，一些教师在教学中却往往忽略这一点，尤其是在教学任务比较繁重之时，会为了进度而采用快节奏的教学方式。

在一些课程中，教学内容比较多，知识点有难度，或者受学生实际情况的限制，需要教师放慢速度。此时，如果教师讲得过快，就很容易出现多数学生搔头不解的情况。

2. 面对容易混淆的知识点时

对于一些相似、相近、相反等易混淆的知识点，学生容易出现迷惑不解的情况。如果此时教师的教学方式、方法再稍有欠缺，不能让学生尽快理解，学生也很容易陷入迷惑状态。

3. 学生的自身原因

一些学生因基础较差、上课走神等，也容易对教师所讲的知识点、问题产生不解。

4. 教学方法有待改进

在教学实践中，或是由于经验不足，或是由于判断不当，一些教师难免会选择不恰当的教学方式，而这往往会影响教学效果，给学生学习、理解、掌握和运用知识带来不便，甚至还会让学生越听越迷惑。

（一）启发式教学帮助学生消除迷惑

在上"圆的认识"一课时，杨老师在上课之初就直截了当地问："同学们，你们见到的车轮都是什么形状的啊？"

学生们异口同声地回答："圆形的。"

"为什么车轮是圆形的呢？"杨老师微笑着问。

"老师，如果车轮不是圆形的，那就有可能走不快。"

"车轮如果不是圆形而是正方形或者三角形的话，走起来就会不停地上下颠簸，而且车子也会走得不稳。"

"那为什么圆形车轮会转得很稳呢？"杨老师继续问。

学生一听，搔了搔头，他们虽然都知道车轮应该是圆形的，但是却从来没有想过为什么是圆形的。

看到学生迷惑不解的样子，杨老师决定抓住这个契机启发他们，让他们自己去寻找答案："你们能不能根据实际的车轮想一想它的奥秘呢？"

听到老师的话，学生马上动起手来。有的拿起提前准备好的小车轮观察起来，还用尺子和手比划着；有的拿着绳或者尺子量起来；有的则在翻课本，想从教材中找到答案。

杨老师看到小明在测量车轮的辐条，心里非常高兴。因为小明平时学习不好，很讨厌数学，今天他却能用如此聪明的办法来认识车轮。

"小明，你真聪明！"杨老师立刻抓住机会鼓励他。

老师真诚的夸奖给了小明无穷的力量。他立刻站起来大声说："老师，我发现每根辐条的长度都一样。"

"为什么是一样长的呢？"杨老师用鼓励的眼神看着小明，笑着问。

小明顿时愣住了，搔了搔头，没说话。

这时，有学生举起了手："车轴与轮子的距离相等，就保证了车与地面的距离始终不变，所以车子行走时就稳了。"

看到有学生说出了正确答案，杨老师一边示意小明坐下，一边引出本节课的主题："正像你们所说的，每根辐条的长度是一样的，即轴与轮子间的距离相等，这样就使轮子转动起来时始终能和地面保持相等的距离。那么，轴到轮子上的距离是圆的什么呢？圆还有哪些特性呢？这也就是我们这节课要学习的内容——圆的认识。"

反思拓展

我国现代教育家叶圣陶先生提出了"教师之为教，不在全盘授予，而在相机诱导"这一新主张。

学生在学习过程中遇到困难时，杨老师没有直接把答案给他们，而是抓住这一教学契机，进行了一番启发、一番引导，让学生自己通过动手操作和思考找到了答案。因为答案是学生自己探索出来的，因此他们的记忆更深刻，运用起来更熟练。

授人以鱼，不若授人以渔。当学生在课堂上遇到困难时，教师可以通过循循善诱的启发，让学生自己去探索，自己去找答案。

（二）紧抓学生的迷惑，适时调整教学进程

王老师在给学生复习完上节课的"24时计时法"后，本想讲新内容，却在不经意的一瞥中，看到一个女生搔了几下头，跟同桌嘟囔了一句什么。

王老师放下刚拿起的教案，扫视了一下全班学生，又看到另几个学生也做了搔头的动作，脸上出现了迷惑不解的表情。于是，他转身在黑板上出了一道练习题。（见下表）

行驶方向	站名	到达时间	出发时间
↓	南京		8：35
	镇江	9：30	9：45
	常州	10：50	

"这是从南京到常州的一列火车的运行时刻表。这列火车从南京到常州行驶了138公里。请问这列火车一共行驶了几个小时，平均每小时行了多少公

里？刚才，我看大家对‘24 时计时法’还有点不明白，现在再给大家巩固一下。大家用几分钟解一下这道题。”

看着这道数学题，学生又开始搔头了。

看到学生迷惑不解的样子，王老师知道，他们并没有完全理解“24 时计时法”，于是说：“同学们，大家自己判断一下，列车共运行了 2 小时 15 分，这个时间对吗？”

学生 1 说：“不对。因为下面的问题就不能计算了。”

学生 2 说：“我也认为不对。因为我觉得计算出来的时间应该是整小时数才对。”

这时，学生 3 对学生 2 的话提出了异议：“你错了！时间不一定应是整小时数的。”

刚坐下去的学生 2 一听到异议，马上站起来反驳道：“我说的是这道题目经过的时间一定是个整小时数。”

此时，学生 4 站起来声援学生 2 道：“我赞成×××的意见。因为计算‘平均每小时行多少千米’时，时间一定要是整数才可以。可是这道题现在却出现了分钟，所以一定是题目错了。”

王老师大概了解了学生的迷惑之处：绝大部分学生都认为自己计算出的“2 小时 15 分”这个时间是不对的，但是也有个别学生表示这个时间也应该算对。

“老师，我算的是约数，大约 2 个小时。”

“我的也是估算的 2 个小时。”

王老师说：“你们的答案没有错，这辆火车从南京到常州的运行时间真的是 2 小时。但是，在这里需要说明的是，做数学题时不仅需要判断，还需要我们进一步地证实，用事实去检验我们的判断是否正确。那我们怎样才能检验出列车从南京到常州是不是运行了 2 个小时呢？”

“老师，我知道了！列车到镇江以后还停留了 15 分钟呢！这段时间不能包括在它的运行时间里。”

“是的，老师。刚才我们就是这里算错了，才计算出它运行了 2 小时 15 分钟。”

“没错！老师，我也是这样认为的。”许多学生都附和着。

“看来，你们真的已经会做这道题了，也真的掌握了‘24 时计时法’了。

好的，现在我再听听你们的思路，看看还有没有不会的。”

“你们两个分别说一下自己的思路。”王老师指着最初搔头的女生和她的同桌说。

“老师，我是这样算的，先算从南京到常州经过的时间是 2 小时 15 分，再算列车在镇江停留的时间是 15 分钟，然后它们再相减，就得到了 2 小时，最后用路程 138 公里除以 2 小时，就是列车平均每小时行的公里数。”那个女生首先回答。

“我后面算的和她的一样，就是前面计算时间时不一样。我先算的是从南京到镇江用的时间——55 分钟，再算的从镇江到常州用的时间——65 分钟，然后把它们加起来，就得出了 2 小时。”

“那你们认为自己这样计算有问题吗?”王老师问。

“没有！绝对没有问题。”

“好！看来同学们确实完全掌握了‘24 时计时法’。好的，现在我们开始讲新课。”

就这样，通过捕捉学生的面部表情，王老师知道了他们的困惑，并帮助他们进行了理解、分析，解决了这些困惑。

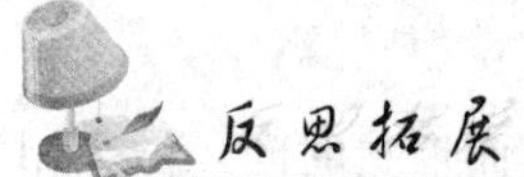

反思拓展

课堂教学有着生成性和不确定性，哪位教师都不能保证教学会完全依照自己的计划进行。这就需要教师相机而动，根据课堂情况，选择是按照计划进行教学，还是按照突发状况适时地调整教学。

很明显，王老师的很多学生并没有完全理解“24 时计时法”，而是处于半理解的状态。如果忽视学生的不理解，继续按照自己的设计往下讲，势必会影响之后的教学。知晓这一点的王老师决定先把眼前这块“硬骨头”拿下再按照计划讲课。在解答新问题的过程中，他又发现了学生的不少问题。王老师一步步地引导学生，在一番抽丝剥茧之后，学生终于彻底理解了“24 时计时法”，从而无负担地开始了新的学习。

在课堂上发现学生有迷惑不解之处时，教师一定要适时地调整教学进程，先帮助学生解决困惑，再让学生学习新知。

(三) 不让学生迷惑不解的策略

学生学习时如果有困惑没有及时解决，很容易引发学习的恶性循环，导致他们不懂的地方越来越多。为此，教师有责任有义务去发现、消除学生的迷惑。搔头在心理语言中有迷惑不解之意，教师就不妨从这个小动作找起，发现学生的困惑，帮助学生释疑解难。

那么，教师可以怎么做呢?

1. 钻研教材，做好万全准备

本节课要教给学生什么知识，教学的重点、难点是什么，采用哪种教学方法更有利于学生接受，以大多数学生的学习水平做参照的话，应如何控制教学速度，对于这些问题，教师都要做到心中有数。

教师要认真钻研教材，全面掌握学生情况，这样才能设计出适合学生的教案，要考虑问题的层次性和学生的差异性，让不同水平的学生得到不同层次的参与，得到各自的发展。

2. 给学生规定预习任务

要想在课堂上学得好、学得快、学得轻松，就必须让学生注重预习。预习的总任务是事先感知教材，为学习新知扫清障碍。

教师最好对学生的预习进行指导，以免学生因盲目而浪费时间，做无用功。具体的预习任务，要根据不同科目、不同内容来确定。

通常，教师要指导学生从以下方面进行预习：

(1) 巩固复习旧知识，查清理解新知识，并将不能理解的知识当作重点记下来，以在课堂上有目的地听讲。

(2) 初步理解新课的基本内容，思考其在自己原有的知识结构上向前跨进了多远。

(3) 找出重点、难点和自己感到费解的地方，当作重点进行标记。

(4) 尝试着用不同的方法把本课后面的练习做一做，实在不会做的可以标记下来，等上课时注意听讲或提出。

如此，学生在学习新知识时就能有的放矢，轻松地学到更多更重要的知识，减少或避免迷惑不解状况的出现。

3. 认真观察，仔细辨别

课堂上学生的小动作有很多，而每个小动作所要传达的意思也有多种。教师不能见到学生特殊的小动作就调整教学进程，询问学生是否有疑难问题。

这需要教师在课前就做好相应的准备，比如哪个知识点比较抽象、难懂，讲课时就予以注意：是一个学生有迷惑还是众多学生有迷惑，是因有迷惑才搔头还是因为其他原因，然后再具体情况具体对待。

关注学生的课堂反馈，是教师在课堂上应着重做的工作。教师有必要从学生搔头这样的细节抓起，进行分析、研究，为提高教学水平、增进教学效益努力。为此，教师需要紧盯学生的每一个肢体动作，灵活地进行教学，让教学更好地为学生服务。

眉毛上扬

——藏在不相信里的教学契机

眉毛上扬是一个比较细微的动作，然而，它却蕴含着丰富的教学价值。

通常，如果学生不相信教师的话，或者对教师所讲内容表示质疑时，往往会不经意地扬扬眉毛。如果教师迅速抓住这一契机，并采取相应的措施，就可以及时消除学生的怀疑，在学生心中树立威信，让学生对教师或教师所讲内容产生信任感，进而认真听课、学习。

那么，是什么导致学生不相信教师或教师所讲内容的呢？

1. 教师自身的问题

一些教师受自身水平限制，不能让学生产生信任感。比如，对学生提出的问题，教师不能很好地予以回答等。

2. 学生自身的问题

一些学生自己对知识的记忆有误，因此对教师的讲解产生怀疑。

3. 故意示错

一些教师为了让学生的记忆更深刻，可能会故意制造一些错误，让学生去分辨、去思考。

（一）故意制造疑惑，引导学生思考

在教授《荷塘月色》这篇散文时，一个学生向宋老师提问："老师，第三自然段在文章中起什么作用呢？"

宋老师心想，如果回答"这一段点明出游的原因，写出了作者的内心"，学生肯定不会提出什么异议，但是这样做并不能让学生真正理解这一自然段的作用。于是，他没有直接回答学生的问题，而是说："朱自清先生用优美的

语言、和谐的韵律为我们描绘了荷塘月色的美景，使人陶醉，让人流连忘返。但是，美中不足的是，老师发现朱自清先生的这篇文章有一处败笔。”

此言一出，全班哗然，有好几个学生的眉毛使劲往上扬了扬，因为这实在太不可思议了。朱自清这么一位大作家的文章，怎么会有败笔？再说了，选入高中课本的文章怎么可能有败笔？宋老师何出此言？

看到学生那一脸不相信的表情，宋老师不禁暗喜，刚才的问题激发了学生的质疑心理，而这正中他的下怀。

此时，学生都竖起耳朵听宋老师继续说。

宋老师不慌不忙地说：“为什么那么说呢？因为老师发现文章的第三自然段完全是多余的，如果由第二自然段去荷塘直接写到第四自然段欣赏荷塘的美景，文章就简洁多了，大家认为怎么样？”

“不怎么样。”虽然学生异口同声地回答了，但课堂上还是出现了小小的骚动。一些学生还是眉毛上扬，一脸不相信地看着老师。

宋老师知道学生太迷信课本了，于是顺势罗列了三条理由：“我们说话要讲证据，不要迷信。我为自己的观点找了三条理由：（1）删掉第三段后全文更简洁；（2）第三段有些话不知所云，比如‘我爱热闹，也爱冷静；爱群居，也爱独处’，句意相互矛盾，删掉就明了多了；（3）可能有同学说这一段表现了主题，但我认为作者‘不宁静’的心境在第一段已经说明了，这里是重复。综上所述，老师觉得第三段可以删掉。”

教室里突然安静下来了，虽然还有一些学生仍然眉头上扬地看着老师，但很快就低下头翻书去了。大家都知道即便不相信老师的话，也只能靠证据去反驳。

过了一会儿，一个学生站起来说：“老师，我认为第三段不能删。因为第三段的第一句‘路上只我一个人，背着手踱着’是必要的说明，否则荷塘人很多，作者就不能思考了。还有最后一句‘我且受用这无边的荷香月色好了’是过渡句，引出第四段，删掉后文章就不连贯了。”

虽然该生只是从字面上来解释第三自然段的，但这也说明她动了脑筋，只是还需要往下引导：“你说的也有点道理，不过老师可以将头尾两句加在第二自然段中去。”

该生虽然没有新的论据驳倒宋老师，却仍然坚持自己的观点。

而其他学生仍然是一副不相信的样子，有的窃窃私语，有的翻找资料，有的互相讨论。

“老师，我觉得第三段的话不矛盾，”又一学生站起来发表自己的见解，“‘我爱热闹，也爱冷静；爱群居，也爱独处’实际上是强调‘冷静’和‘独处’，人心烦的时候总是喜欢静一静的，后面说‘这是独处的妙处’可以证明。这里作者其实是想说‘我爱热闹，更爱冷静；我爱群居，更爱独处’。”

这段话才说完，全班学生就给予了热烈的掌声。

“你的话的确入情入理，老师无法辩解，看来这两句话并不矛盾。但老师还有其他两条理由，有没有同学再说说？”

宋老师的话音刚落，教室里就热闹了。大家好像找到了突破口，七嘴八舌地议论开了。

一学生说：“我觉得第三自然段表明了作者感情转化的过程。开始是不宁静，第四段是宁静，这中间总得有个变化过程吧，否则就太突然了，让人难以接受。因此作者用一段内心独白来转化自己的感情，也向读者表明自己的内心世界，还详细说出到荷塘去游览的原因。”

听完该生的观点后，其他学生或表示赞许，或还在思考，或小声说自己的理由。

“第三段与后面照应嘛。”又一学生突然在座位上冒了一句。他平时不太发言，难得说出自己的见解。宋老师一听，立刻请他站起来说。

“我觉得第三自然段的内心独白与后面《采莲赋》《西洲曲》的内容互相照应。”这个学生说。

其他学生一头雾水，不明白他在说什么。宋老师也不解，追问道：“能具体说说吗?”

“第三自然段说‘像今晚上，一个人在这苍茫的月下，什么都可以想，什么都可以不想，便觉得是个自由的人’，而《采莲赋》和《西洲曲》两段就是作者在今晚的月下联想到的内容。没有第三段，后面两段就变得很突然了。作者心里不宁静，看看荷塘就好了，为什么要想到这些？正因为‘什么都可以想’才会产生联想。再说这里‘自由的人’与后面《采莲赋》《西洲曲》描绘的自由的意境吻合，也与作者追求自由的思想一致。”

“很好!”宋老师之前确实没考虑到会有这种理解，“这位同学不鸣则矣，一鸣惊人呀，他的见解非常独到，也很合理。大家给他一点鼓励吧!”

于是，如雷的掌声顿时响起。

看到这种方法已经有了不错的效果，宋老师回到最初的问题："刚才几位同学提出了几点理由，把老师的三点理由都一一驳倒了，其他同学如果还有好的见解，我们课后再交流。现在老师终于知道朱先生写第三段可谓用心良苦，这一段不但不是败笔，而且是牵引主题的核心之笔，用得巧妙，用得深刻。"说到这里，他对刚才提问的学生说，"这下，你应该明白第三自然段在文章中所起的作用了吧！"

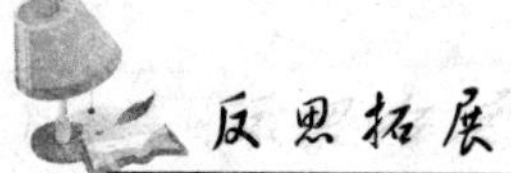

反思拓展

行事过于顺利，往往不会给人留下深刻的印象。学习也是如此，如果问题过于简单，学生不用想就能回答出来，这节课就难以给学生留下深刻的印象。可是，如果在课堂上给学生制造点障碍，让学生产生质疑心理，并引导他们自己去探索解决问题之道的话，情况就不一样了。

对于一个用一句话就能回答出来的问题，宋老师换了一种更好的，更有利于让学生学习、理解和记忆的方法回答学生，这个回答引起了学生的不相信。在宋老师举出各种理由佐证自己时，学生提出了反对意见。宋老师果断抓住机会予以引导，让学生逐条有理有据地列举出自己的证据和理由，而这些都需要学生认真读课文、全面思考才能找出来。

在教学实践中，教师可以像宋老师一样，给学生人为地制造一点疑虑，并在学生怀疑时予以引导，让学生顺着教师预先设计好的思路走，让他们在消除疑虑的过程中牢固地掌握知识。

（二）故意示错，消除学生的深层质疑

汤老师是个很特别的老师。为了让学生的记忆更深刻、思考更深入，她经常故意在课堂上"犯错"，通过观察学生的反应进行教学。

瞧！在教《枫桥夜泊》时，汤老师就故意犯了一连串的"错误"。在学生们摇头晃脑读诗的过程中，她把这首诗写在了黑板上。她故意写错了几个字："乌""啼""枫""渔""寺"。

月落乌蹄霜满天，
江风鱼火对愁眠。
姑苏城外寒山峙，
夜半钟声到客船。

写完片刻，学生就叽叽喳喳地喊了起来：

"老师，您的乌写错了。"

"老师，啼也错了。"

"还有……"

课堂沸腾起来了，学生们一一指出了老师的"错误"，其中有几个学生眉头上扬着，好像在说：今天老师怎么成了"错别字大王"了呢？这不像老师的风格啊？

可是，汤老师的脸上并没有丝毫的不好意思，反倒对学生的过激反应表现出了疑惑，她问道："同学们，怎么了？有什么问题么？请举手回答。"

"老师，诗中讲的是乌鸦在啼叫，是'乌'不是鸟，你多写了一个点。"

"没错！"全班学生一致肯定地回答。

"'啼'是叫的意思，与口有关，所以应该是口字部，而不是足字部的。"

"江枫指的是江边的枫树，并不是风，它是一种植物，应该是木字旁。"

"'鱼火'的鱼应是三点水的。因为'渔火'指的是渔船上的灯火，这里的'渔'有捕鱼的意思。"

……

学生纷纷指正错误，同时说出了出错的原因。

看着学生脸上洋溢着的胜利的笑容，汤老师心中窃喜。在接下来体会诗的意境时，她决定故伎重演。

利用学生诵读体会的时间，汤老师发挥自己的绘画特长，在黑板上画了体现古诗意境的景象，并且故意遗漏、错画了部分地方。

谁知，刚画完，汤老师就发现一些学生的眉毛又开始上扬了，她不由得暗自高兴起来。

一位学生没等老师叫就站出来发难了："老师，我有疑问。我发现您的画有错误。诗的题目为'枫桥夜泊'，说明作者的船停泊在有桥有枫树的地方，所以我认为应在这幅画中补上一座桥。"其他学生一致肯定这位同学的看法，于是汤老师根据学生的要求补上了一座桥。

“呀，我有一个重大的发现!”突然，一个男生猛地站了起来，惊得大家立刻投去异样的目光。

看到这么多人望着自己，这名男生顿时有些害羞了，直接愣在那里，不知说些什么才好。

“你有什么要说呢？我们都听着呢!”汤老师鼓励道，其他学生也会意地鼓起了掌。

受到鼓励后，该男生自信了起来：“老师，这首诗描绘的是晚上的景色，天色比较暗，再说乌鸦是黑色的，很难看到。而且，诗中只提到乌鸦的叫声，这是作者看到的还是躺在船上听到的呢？所以我觉得您画的不太好。”

班里立刻响起了赞许的掌声。

“是呀，画上乌鸦可不是老师的‘故意’，这个学生真了不起，他不但领会了诗的意境，而且学会了联系生活实际解决问题。好！你太棒了，老师怎么就没考虑到这点呢？谢谢你！看来，老师的这幅画真的有不少问题呀，大家再仔细找找看。”汤老师由衷地夸奖。

“说的就是呢！老师您怎么了，今天怎么犯那么多错误?”一个学生眉毛上扬，不相信地看着老师。

面对学生的质疑，汤老师不置可否地笑了：“老师犯错没关系。只要大家不迷信老师，并且找出其中的错误就好了。那样，我们才能学到更多的知识。”

汤老师的话音未落，学生们就重重地点了点头，一个个神情专注，眼睛里似乎都闪着智慧的火花。

“老师，我觉得寒山寺可以不画。作者在诗中提到该寺在城外，而且只是听到钟声，不一定能看到。”

“‘月落’说明月亮已经开始落下或正在落下，所以，老师，你的月亮不能画得太高。要画的话，应画在树梢下。”

“老师，你的船不能全靠在岸边，因为诗中讲到‘渔火对愁眠’，那可能是部分渔民在捕鱼，可能还正在操作呢！船是行进的，或泊在河中。”

……

课堂上，大部分学生都积极参与教学活动，而且每个人的思维都很活跃。

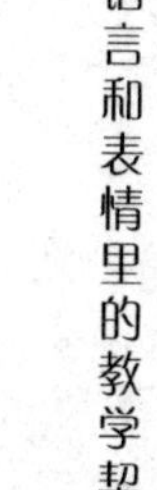

反思拓展

一边讲课一边观察学生的肢体语言，尤其是像眉毛上扬这种可以忽略不计的小动作，对一些教师来说会比较困难。但是，教师可以通过设计一些容易引起学生质疑的问题，引导学生去质疑教师，进而消除学生的深层疑虑。这种方式的教学，不仅比较容易操作及捕捉学生的表情变化，而且会收到不错的效果。

朱熹说："读书无疑者须教有疑，有疑者须教无疑，到这里方是长进。"教师故意"犯错"，很容易引起学生的疑问，并促使他们积极思考。再者，学生会认为每个教师、每个人都可能犯错，自己应该不盲从不轻信，深入地反思、思考，进而真正区分出对错、是非来，获得学习能力上的提升。

汤老师故意犯错，给学生制造契机，让他们对教师质疑，取得了很好的教学效果，不仅让学生体会到了学习的成就感，还在一定程度上激活了学生的思维，这才有了课堂上"不能画乌鸦""月亮要画在树梢下""可以不画寺庙"等精彩的反馈，另外，学生的怀疑精神也得到了培养。

所以，当教师觉得不易捕捉学生对知识的疑惑之处时，可以设计一个"示错"教学，在"示错"之后，紧盯学生的表现，抓住学生的表情变化，相机而动，做出更有利于学生学习的教学调整。

（三）有效利用学生的不相信的策略

教师极有必要帮助学生培养质疑精神，让他们不迷信教师、权威，有独立思考的能力，所以，当教师发现学生有不相信的表现时，一定要及时捕捉，加以利用，让学生的不相信为教学提供服务。

那么，教师如何利用学生的不相信心理呢？

1. 进行反思，提高教学水平

当因自身能力不足而引起学生的质疑，而且不能给学生一个明确的解释时，教师不要对学生的眉毛上扬等表示质疑的小动作视而不见，而应予以承认，并进行深入反思，全力提高自身的综合素质、教学水平，用自己的实力去打败学生的质疑，在学生面前树立更好的形象。

此外，教师可以趁机发动全体学生思考、探索，共同把问题解决了。这不仅可以锻炼、培养学生的能力，还可以体现教师的管理能力，让学生觉得教师是民主的、胸怀宽广的，从而不再计较老师的失误，在以后的学习中更加配合老师。

2. 补足学生知识的短板

当学生对教师所教的知识表示怀疑之时，教师不要轻视，也不要大发雷霆，而应该抓住时机，耐心地询问学生质疑的原因，或许因此就能找到学生在知识上的短板。而且，这短板不一定是一个学生的，可能是很多学生共有的。找到学生的短板并予以补足，学生就会收获很多，并且会对老师的宽容表示感激，从而“亲其师，信其道”，在以后的学习中认真听课。

3. 培养师生的信任感

一些时候，学生对教师或教师所教知识表示怀疑，是因为信任感的缺失。教师对学生过于严厉、苛刻，教师说谎、不宽容等表现，都能引起学生的不相信。

对此，教师应予以重视，并在学生有眉毛上扬等表示不相信的肢体动作时进行反思，适时改变自己或学生，让学生的学习重新建立在对教师的信任上。

细节决定成败。学生的细微动作也可以决定一堂课的成败。教师应做个有心人，从学生的细微动作抓起，全力找寻其中蕴含的教学契机，让教师的教和学生的学都能变得更好。

眯眼

——藏在反感、厌恶里的教学契机

一些学生一上某些课就眯着眼，不认真听讲。明眼人一看就知道，他们对这堂课或这位教师有反感、厌恶的心理。任何一种轻视学习的表现，都会给学生的正常发展造成障碍，都需要教师及时发现，尽快采取措施。那么，是什么原因导致学生有上述表现的呢?

1. 学生自身的因素

学生自身的智力和非智力因素，可能导致其对某些学习内容有反感、厌恶的情绪，因而影响对该科目的正常学习。

(1) 与智力发展有关

美国发展心理学家加德纳在“多元智力理论”中指出：人的智力是多元的，每个人至少有7种智力，即言语—语言智力、逻辑—数理智力、视觉—空间智力、音乐—节奏智力、身体—动觉智力、交往—交流智力和自知—自省智力。

他认为，这7种智力在现实生活中以不同方式、不同程序组合在一起，使得每一个人的智力各具特点，各有优劣。例如，如果某个学生在逻辑—数理智力方面发展得比较强，他就会比较偏爱数学、物理或化学等理化科目，而对语文、外语等学科比较反感。

(2) 兴趣差异

兴趣是学习的动力。一些学生学习时以自己的兴趣为主，乐于把大部分精力投入自己喜欢的学科中，在上这些科目时就神采奕奕；而对不喜欢的课程，则会在上课时无精打采，或眯着眼听课，或干脆闭着眼听。

(3) 达不到期望值

一些学生学习某个科目时比较吃力，总是无法达到理想的成绩，久而久之，就会对该科目产生厌恶、反感心理，因此一上该科目的课就无心学习。

2. 教师因素

有些教师在平时对学生过于严厉，或者在处理与学生的关系时措施不当，让学生对他产生了误会，学生因此反感、厌恶教师，一上该教师的课，就会出现眯缝着眼不认真听、不想听的情况。

另外，有些学生会因为教师的更换而表现出此种现象，喜欢先前的教师的讲课风格或者先前的教师对他很好等，都很容易造成学生眯着眼不认真听现任教师的课的表现。

3. 学校因素

考试时为了在地区获得好名次，一些学校故意把学习分为主次两个部分，还会对主科投入大量教学精力，而对副科不予重视。学校的这种“教学指挥棒”会对学生的学习产生不良的导向作用，使学生有意识地对这些科目表现出轻视、反感的行为，甚至干脆弃之不顾。

学生对某些科目或内容产生厌恶、反感的心理，将是一个学习恶性循环的开始。教师有必要抓住这一教学契机对学生进行全面的教育，引导学生正确地对待学习，以避免学生在学习上“瘸腿走路”。

（一）由易到难，循序渐进，让学生逐步爱上学习

高一文理分科时，小茜选择了文科班。之所以这样选择，并不是因她的文科学得好或她更喜欢文科，而是因为她对数理化有一种说不出的反感。

一次，检查作业时，教数学的张老师发现只有小茜没交。

次日上课，张老师没有点名，但对全班学生强调了做作业的重要性：“同学们，我们写作业的目的，是想通过作业来检查老师的教学质量和效果，同时也了解一下你们对知识的理解和掌握程度。尤其是数学作业，对一个文科生来说在高考中是非常重要的，如果这门功课落下，是很难在短时间内补起来的。”

张老师边说边用眼神提醒小茜，可小茜此时却在眯缝着眼听课，一副不认真的样子。

尽管如此，第三天小茜还是把作业交了上来。

可是打开一看，张老师哭笑不得，这哪是作业呀，还不如不写呢！字又

大又乱，密密麻麻地写了一大页，一看就知道这是在思维混乱、条理不清的情况下乱写的。

张老师的第一感觉就是：这学生对数学没多少好感。

每次上课，张老师都能看到一个眯着眼学习的小茜，即便给她回答简单问题的机会，她也都是答非所问。很显然，她一直不在学习状态。因为担心这样下去会伤及小茜的自尊心，张老师放弃了这种帮助方法，只是讲完课留下练习后就去她身边看看，予以个别指点。

尽管张老师下了一番工夫，小茜的数学作业还是一团糟。

这天上课，张老师发现小茜好像认真学习了，她不再在写作业时也眯着眼，而是埋头认真学习了，张老师不由得暗自高兴。可是，她巡视时却发现小茜写的居然是地理作业。

对小茜的这些表现，张老师头疼不已，只好向其他教师了解情况，得知小茜的其他科目也不怎么好时，张老师觉得肩上的担子更重了。

张老师私下收集了小茜以前的学习记录，经过仔细分析后，她决定找机会和小茜谈谈，以了解小茜对数学的兴趣、认识和感受。

“小茜，老师觉得你好像很讨厌学数学，我经常看到你眯着眼，一副不想学的样子。”张老师开门见山地问。

“我以前数学就不好，对数学几乎没多大兴趣，就算是学，也是硬着头皮为了考试学的，结果越这样数学越差劲，就很讨厌数学了。后来，分到文科班后，感觉您比较容易亲近，我对您比较信任，就对数学抱了一丝希望，可是，高二的解析几何非常抽象，难以理解，我就又讨厌数学了。”小茜低着头诉说道。

张老师明白了，是长期的挫败感让小茜厌恶数学的。

张老师问：“既然你当初对我那么信任，现在怎么又不相信了呢?”

小茜怯怯地回答：“我对您的信任没变，只是越来越差的数学成绩让我对数学充满了反感。”

“那你用在数学上的时间多吗? 你对它真的下工夫了吗?”张老师问。

“下工夫了。几乎两个晚自习我都在做数学题，有时一道题就花费一个晚自习，可是，时间浪费了，题还是没做出来。我能不厌恶数学吗?”小茜一脸沮丧。

张老师看出了问题所在，是小茜在难题上耗费了过多时间，而且徒劳无功，时间一长，她就对数学产生了恐惧心理。

想到这里，张老师安慰道："其实不会做也很正常，你看那些学习好的同学不也经常遇到不会做的题，更何况原来基础就不太好的你呢？现在我建议，以后做数学作业，会做的就做，遇到难题就先放下，只要发现问题就行。对你来说，现在最重要的是调整心态，相信自己，这才是解决问题的关键。只要你坚持住，老师肯定能把你教会的。"

"我努力看看。"

通过与张老师的谈话，小茜开始改变了，上数学课时她不再眯着眼听课了，还积极回答她有把握的问题。只要看到她举手，张老师都会把机会给她，对她的正确回答，也会不失时机地给予鼓励。这样，小茜的问题似乎多了起来，每天找张老师的次数也多了。对于那些她不会做的题，张老师都会抽出自己的休息时间，耐心、认真地给她一一解答。

一个学期下来，小茜的成绩已经上升到中等水平，而学习热情越来越高。

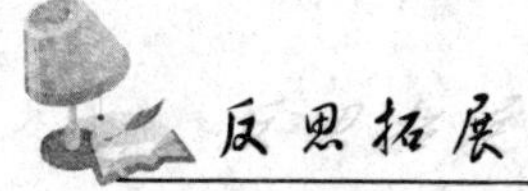

反思拓展

每个人都喜欢做自己拿手的事情。如果一些事情做起来困难重重，总是让人产生挫败感，人们不自觉地就会产生反感、厌恶的情绪。学习亦是如此。如果在学习中体会不到成功的快乐，学生自然会失去信心和兴趣，产生厌恶、反感、排斥。

小茜就是因为在学习数学时屡次遇到困难、屡次解决不了才失去自信，进而厌恶数学的。在分科后，小茜一次次地体会着学习数学的艰难、痛苦，因为不敢继续面对数学上的挫折，不能继续承受失败的痛苦，她再一次选择了放弃。

通过交谈，张老师深切感受到小茜虽然厌恶数学，但却喜欢她这个数学老师。抓住这个契机，张老师帮助小茜慢慢调整心态，牢牢掌握最基础的知识，在确保她已完全掌握了简单的题目后，再适当提高题目难度，一步步地减少小茜对数学的厌恶感。终于，在体会到学习数学的成功后，小茜一点点地找到了学习数学的兴趣和信心。

对于厌恶学习，尤其是厌恶某一学科的学生，教师要及时发现，及时关注，循序渐进地帮助他们，让他们逐步找回自信。

(二)多管齐下，在培养兴趣上做文章

吴老师在巡班检查时，发现学生小轶每次上语文课都时而眯着眼，时而抬头看天花板，一节课下来，认真看老师或黑板的时间没有几分钟。

以这种学习态度，怎么可能把语文学好？果然，几次考试下来，小轶的语文成绩都不好。

吴老师找小轶谈话："小轶，你其他科目的成绩不错，为什么语文成绩总不理想呢？"

"我也不知道为什么。"小轶怯生生地回答。

"是不是对语文不太感兴趣？"

"是的。我语文一直最差，考不到高分，不知道该怎样学，总感觉语文很乏味，有一段时间我都放弃学习语文了，背、默几乎处在停滞状态，连老师都对我失望了。"

为了找出小轶语文成绩差的原因，吴老师问："每次考试，语文老师都会告诉我你的答题情况，你的阅读理解逊色了点，得分不高，同时写作也稍稍欠缺。老师想知道，你每次看到自己的语文成绩时有什么想法？"

"我做语文试卷时每次都怕阅读理解发生障碍，怕吃不透文章主题，所以做题时总找不到感觉。现在，每次成绩出来后我都很遗憾。而且中考要有总分观念，不能偏任何一科，尤其是语文，可是我现在一点儿都不想学语文。"小轶无奈地说。

"那你课后会花多长时间在语文上？"

小轶不好意思地把头低下了，轻轻地说："几……几乎不花时间。除了作业，最多读、背一些硬性材料，如古诗文等。平时，我在比较喜欢的数学、英语上花的时间较多，而很少去看语文书、作文书或其他书。"

了解到小轶因学不好语文，担心考试考不好，进而对语文感到乏味后，吴老师采取措施，帮助小轶增强学习兴趣，并教给他学习语文的方法。

每周二、周五下午的自习课，吴老师都会抽一些时间给小轶讲激励人上进的童话故事、寓言故事或其他感人的故事等，还引导他分析故事中的人物、情节。

每次吴老师讲故事时，小轶都听得很开心，甚至会说"吴老师再讲一

个”。吴老师抓住这个契机，说：“从下周的故事课开始，把老师讲故事改为由你自己讲故事给大家听，故事内容也可以扩大，比如增添些幽默笑话等。好不好?”

此时，小轶也感觉到听故事以不能满足自己的需要了，想到老师讲的故事简单又动听，自己也想尝试一下。在下周的课堂上，小轶给大家讲了个笑话，但是却没把大家逗乐，这让小轶很郁闷。

课后，吴老师说：“你的笑话其实很有意思，如果能讲得再生动些，语言再丰富些，效果会更好!”

小轶急切地问道：“那我怎样才能提高呢?”

吴老师建议道：“每天花一两个小时阅读一些课外著作，尤其是文学著作，并把一些好的语句、语段摘抄下来，或尝试写一些短文，然后晚上睡觉时多回忆，多想想，就会提高的。”

“好的。”

为了把故事讲得更生动、更有趣、更有意义，小轶开始大量阅读课外读物，积蓄阅读知识。起初，他只是为了讲出更好听的故事才去阅读的，慢慢地，他感受到了阅读的乐趣，如果哪天没有读书，他就觉得心里空荡荡的。就这样，小轶对阅读产生了浓厚兴趣，阅读水平也有了很大提高。

这天，吴老师又去巡班，发现小轶已经不像以往那样上课眯着眼，而是紧紧地盯着老师，老师提问了，他还把手举得很高。语文老师看到后很惊讶，就叫小轶回答。他回答得很棒，把问题分析得非常透彻，讲得也很有条理性。

为了进一步帮助小轶，吴老师告诉他：“为了增强对语文的学习兴趣，你可以每周写一篇短文，做几篇阅读理解，以提高写作水平。只要你加强练习，主动学习，语文成绩很快会提高的。我和语文老师都等着那一天呢!”

听到赞许的小轶逐渐找回了学习语文的快乐与信心，学习兴趣越来越浓厚。语文课上，他勇于质疑，不管回答得对还是错，他都愿意发表自己的见解，而语文老师也会给予恰当的点评，或鼓励他，或指点他。

课下，小轶不再将全部时间放在其他科目上了，而是经常到图书馆去借一些与阅读、写作相关的书籍，或自己买些有关语文学习的参考书读，他还学会了主动整理陌生的词语、精彩的语段，甚至愿意多做些语文习题和练习卷了。

渐渐的，小轶的语文成绩提升了，语文老师经常对吴老师说：“你们班的小轶语文进步得真快啊，上课表现很积极，也勇于发言了，课后还经常问问题，阅读分析得清晰、透彻、有条理，作文写得也很生动呢！”

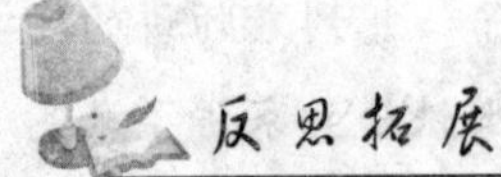

反思拓展

对症下药是解决问题的最佳方法。学生厌恶学习，肯定有自身的原因，教师在发现学生有眯着眼听课等行为时，应及时给予高度关注，并想办法探知内情，及时把握学生的心理脉搏，作出诊断，然后开出适当的药方。

很明显，小铁对语文的厌恶并不是发自内心的，而是长期没有成功感导致的。既然如此，吴老师就激发他的兴趣，教给他正确的方法，一点点地帮助他找到了学习的兴趣和动力。

对于厌恶学习的学生，教师需要及时寻找症结，多管齐下，让学生尽快体验到进步的喜悦。这样，学生就会信心大增，继续按照教师的预定轨道前进。

（三）让学生不再厌恶学习的策略

对某一科目或某一教师的反感、厌恶，对学生的发展很不利，会让学生在知识上产生缺陷，在学习上出现“跛腿”现象，还会让学生因成绩较差而产生低人一等的感觉。这就要求教师尽快消除学生对学习或教师的反感情绪，让他们重新获得学习兴趣。

1. 让学生调整心态，树立信心

一些学生认为自己天赋较差、基础薄弱，对某些学科失去了学习的信心。这种心态不但让学生产生了心理偏科，还加剧了他们对未知事物的恐惧与畏缩的心态，于是他们就采取了厌恶、反感该科目或该知识点的方法来逃避学习。

当教师发现学生有这样的心理时，首先不能急躁，不要盲目地批评学生，因为这会加重学生内心的阴影，让他们更讨厌学习。教师需要在辨明原因、分清情况的前提下，因势利导地实施激励教育，尽力转变学生的不良心态，激发他们的自信，让他们在面对成绩差或不喜欢的科目时，自我鼓励、自我激励，提醒自己一定能行。

从一点一滴做起，学生很快就能重拾自信，成为一个各科成绩均衡的学生。

2. 循序渐进，磨练学生的耐心与毅力

对于自己不擅长或者学习起来有难度的学科，学生往往不愿投入太多时间。如果教师一开始就让学生在这些科目上投入大量时间，必然会加剧他们的厌恶和反感。因此，教师不要操之过急，要循序渐进地消除学生的反感与厌恶。

比如，教师可以让学生今天只花一刻钟或半个小时来学习某一科的某一小节或某一知识点，只要学生在这一刻钟或半小时内踏踏实实地听课，把要学的知识点学会就可以了。之后，当学生有了进步时，再一点点地延长时间。这样学生就会逐渐培养起学习兴趣来了。

教师还可以让学生将不喜欢的科目或知识点穿插在喜欢的科目或知识点之间来学习，一开始时间同样不要太长，以免学生产生枯燥无味的感受。

3. 帮学生找出差中之差

学生会因为一些知识点比较难学而厌恶甚至放弃某个科目，导致对整个科目的学习和探究停滞不前。教师不要因此以为学生很笨，而应努力寻找到这个科目中引起该学生厌恶的某一点或两点，然后帮助学生克服畏难、反感情绪，对他们进行一次或多次的强化训练。当学生攻克这些难题后，就会提高对这些科目的兴趣，也能获得自信。

4. 培养师生感情

有些学生会因对自己的批评、误解乃至问自己答不上来的问题而对教师产生反感、厌恶或是痛恨，进而对教师所教的科目产生抵触心理，不愿意投入更多的精力来学习，甚至还会放弃对此科目的学习。

为了让学生学好自己所教的学科，教师应积极培养与学生的情感。当学习较差的学生获得成功、情绪比较高涨时，教师应及时鼓励学生并提出下一个目标，以让他们做到“胜不骄”；当他们在学习上遇到挫折、情绪比较低落时，教师则应及时与他们交谈，帮助他们分析原因，提出相应的对策，并给予他们鼓舞与激励，从而激发他们的斗志。

当教师给予学生真正的尊重、信任、关爱和鼓励时，学生就会把教师当成知心朋友，愿意敞开心扉，接近教师，愿意听从教师的教育和指导。

5. 加强学法指导

一些学生厌恶学习，可能是因为学习方法不对，效率不高。针对这种情况，教师要与学生一起认真探讨，让他们掌握科学、有效的学习方法，从而减轻学习负担，增强自信心，提高学习效率。

6. 提高课堂教学艺术

学习中总会有一些枯燥无味的内容，它们不仅很难引起学生的兴趣，甚至会让学生产生厌烦，教师要根据教材和学生的特点，采用灵活多样的教学方法，激发学生的好奇心和求知欲，点燃学生智慧的火花，而不要采用单调死板、照本宣科、满堂灌的教学方式，让学生觉得贫乏无味，把学习当成负担。所以，教师要努力提高教学艺术，采用先进的教学手段、科学的教学方法来激发学生的学习兴趣。

在平时的教学中，教师应抓住一切机会，教育学生树立正确的学习观，正确对待所有的学习，包括自己擅长的科目、不擅长的科目，并适时地给予引导、鼓励，让学生对学习的偏见问题最终得到解决。

咬嘴唇

——藏在焦虑里的教学契机

中小学生是一个特殊的群体，他们正处于身心的发展期，心理和身体都尚不成熟，另一方面，繁重的学习、家长和教师过高的期望，却压得他们喘不过气来。久而久之，他们就会对学习产生焦虑情绪。于是，一到课堂上，一些学生就紧张，最典型的表现就是一遇到不会的知识或者回答不出问题时就咬嘴唇。

教师必须尽快帮助学生消除焦虑心理，让他们轻松地面对学习。

那么，引起学生焦虑心理的原因有哪些呢？

1. 不科学的教学评价

多年来，考试成绩一直是评价学生的唯一标准，即便在素质教育日益占据重要地位的当今，考试成绩仍然占有不可忽视的位置。在这种评价体系下，成绩好的学生才是好学生，能考上重点学校的学生才是人才，而学生的特长和个性则被忽视或排斥。

这种评价体系，必然导致以“分数高低论英雄”的学习标准。一些学生为了取得好的学习成绩而变得焦虑起来。

2. 过重的学习负担

当前，学生的学习负担比较重。为了考上理想的学校，他们不得不去写过量的作业，参加频繁的考试，完成过高的学习要求。这必然会导致一部分人因无法完成学习任务而产生学习负担。

为了让这些学生提高成绩，教师、家长甚至学生自己难免会加大学习量，使作业越来越多，这些学生不得不整天泡在作业堆里。

这样的最终结果就是，一到学习时间，学生就紧张焦虑，尤其是遇到自己解决不了的问题时，他们就更加恐惧不安了。

3. 教师和教学法的影响

不同的教师和教学法也能引发学生的学习焦虑。一些教师上课板着脸，不苟言笑，遇到学生违反纪律或是答错问题就大发雷霆，当众训斥，这很容易使学生产生焦虑甚至抵触情绪。还有一些教师一见学生出错就给予纠正，而过于苛刻的纠错会使学生感到紧张不安。

引起学生学习焦虑的原因有很多，不管是哪种原因引起的，教师都要加以注意，及时抓住每一个教学契机，把学生从焦虑中解脱出来，让他们轻松学习，快乐学习。

（一）用鼓励缓解学生的焦虑情绪

某教师在一堂公开课上教学古诗《草》。

开场白后，老师微笑着问："以前，小朋友们学过《春晓》这首古诗，还记得吗？谁能把这首诗背给老师和同学们听听？"

不少学生都举起了手，可是坐在第二排的一个男生却在咬嘴唇。

不对呀！这首诗很早就学过了，他怎么可能不会呢？肯定有问题。想到这里，老师就把他叫了起来，结果他支吾了半天也没背完。

"老师知道你会背，只是想把机会留给其他人。好吧！既然这样，老师就遂了你的心愿。谁来背？"

一个男生站起来熟练地背完了。

"好！学了这么长时间了，还背得这么流利，而且很有感情，真不错。刚才那位同学，你也能这样背出来，对不对？"

那位学生又站了起来，可是一直咬着嘴唇不说话。

"老师相信你可以的，你就别摆架子啦！大家掌声欢迎他给我们背一遍。"老师依然微笑着看着他。

又咬了两下嘴唇后，他终于张嘴背了，虽然有点慢，但却完全正确。

"哇！很棒！老师就说你会背。故意把机会让给别人的嘛！一会儿老师还提问你，你可不要再把机会让给其他小朋友咯。"说着，老师又给了那位学生一个赞赏的眼神。

看着老师，那位学生也微微一笑，然后才坐下。

"好！现在，老师再带领大家学习1000多年前的唐朝大诗人白居易写的

《草》。谁先来给大家读一读呢?”环视一下教室后，老师发现那位学生又在咬嘴唇。

“刚才那位同学，你可以读吗?还是想先把机会让给其他同学，再自己读呢?”

那位学生咬着嘴唇站了起来，没有说话。

“好!再让你当一次雷锋。老师再找一个学生读。”

老师随手指了一位学生读，这位学生读得不错。读完后，老师自己又读了一遍，然后把目光投向了此时依然在咬嘴唇的学生。

“小雷锋，这次轮到你读了。你不会拒绝老师吧?”老师微笑着问。

那位学生顿了顿，咬了两下嘴唇后，轻轻地读了一遍。

“读得非常好，发音很准确!唯一的遗憾就是你早饭没吃饱，所以现在没力气，声音有点小。你可以再大声读一遍吗?不会要叫大家鼓掌你才会读得很大声吧?要真是这样，老师就带着大家给你鼓掌!”

“老师，不是的。我再重新读。”

“好的!我们认真听着呢!”

那位学生先咬了两下嘴唇才大声地读了起来。这次读得相当好。

“好!真棒!都读出感情来了，比老师读得都好!下面谁愿意拜他为师，学着他的样子，再给大家读一遍。”

好多学生都举起了手，读的过程中，有两个学生发音不准。

“好几个学生都读了，他们读得怎么样呢?小老师，你来点评一下。”老师微笑着说。

那位学生这次居然不咬嘴唇了，站起来就说:“大家读得都不错，不过有两位同学的发音不准。野火烧不尽的最后一个字读 jìn 而不是 jìng。”

“没错!你听得很认真，点评得很到位，真是一位负责任的好老师。”说着，老师对他竖起了大拇指，“虽然老师刚认识你，但老师觉得你在班上一定表现得非常优秀，经常得到老师的夸奖。继续保持下去吧!老师相信你会成为更优秀的学生的。”说着，老师又微笑着重重地向他点了一下头，然后开始正式讲课。

那堂课，那位学生听得很认真，而且积极回答了老师的好几个问题。

反思拓展

实践证明，自信心强的学生焦虑感低，而不易受外界影响，更能自如地发挥自己的水平。因此，教师应千方百计地在教学中培养学生的自信心，让他们发现自己的潜能，并坚信自己是能学好的。

培养学生的自信，首先要对学生寄予合理的期望。较低的期望可能会挫伤学生的自尊心和自信心，而过高的期望又会给学生造成压力，使他们时刻为学习担忧。所以，在教学过程中，教师要对不同学生寄予不同的、适合其智力水平和心理特点的期待，让他相信“我能行”。其次，教师要给学生提供体验成功的机会。教师在课堂上应积极鼓励学生参加各种活动，并根据问题的难易程度进行分层次提问，随时适度地给予学生表扬和激励，帮助他们逐步建立自信。

（二）维护学生自尊，让学生不再焦虑

盈盈是个成绩比较差的女生，因此，她经常受到同学们的嘲笑，以至于每次上课她都特别焦虑，动不动就咬嘴唇，有时候还能咬出血来。

这天，美术老师安排大家制作藏书票后，就在教室中巡视，以便随时对学生进行个别辅导。

此时，盈盈虽然也在认真地刻，却依然使劲咬着嘴唇。美术老师走过去想制止她。当看到盈盈那么认真地刻东西，画面却是一团糟时，老师就生气了，问她：“你刻的是什么？老师怎么一点都看不懂啊！”

老师的语气很不好，但盈盈没做任何辩解，依然咬着嘴唇默不作声地刻。

美术老师又径直去其他同学处辅导了，居然忘记了自己是来叫盈盈不要咬嘴唇的。

可是，才走出去不久她就后悔了：我本来是想叫她不要那么焦虑，好好刻就好了，怎么却那么粗暴、简单呢？

片刻之后，老师又回到盈盈面前，重新拿起她的刻版，揣摩起上面的图案来。她翻看刻版后面时，看到了这样一句话：“不就是日落嘛！”这就好像

是对老师刚才的话提出的无声抗议。

这个图案越看越有意思，老师也越来越为自己刚才的态度感到愧疚，于是就道歉说："盈盈，对不起。老师刚才确实没理解你要表现的意图，但你的作品没有藏书票的标志，况且倒影表现得还不够精彩。如果再用圆口刀刻几下倒影，把波光粼粼的水面表现出来，可能会更棒一些。不过，忘记刻藏书票的标志也不要紧，你可以安排在其他地方。"

事实上，老师最初看到版上的图案，以为是个亮着光的灯泡，可是左看右看都不像，于是就发火了。

说话间，盈盈的眼泪轻轻地流淌了下来。虽然她的作品在老师眼里不像其他同学的那么漂亮，可是在她自己看来，却是付出努力才刻出来的劳动成果啊！或许，她自己也曾为它而得意，老师却认为"一团糟"，不尊重她的劳动成果，不经意间伤害了她的自尊心。

想到这里，老师深为自责，就立刻拿起她的作品，面向全班学生说："刚开始看盈盈的作品，老师没有理解她所表现的含义，错怪了她。但是，现在认真看她完成后的作品，老师觉得画面意境很美，构思也富有新意。老师很喜欢。"

在表扬她的同时，老师看了她一眼，只见她微笑着很害羞地低下了头，已经不再咬嘴唇了。

老师又走过去附在盈盈的耳边，悄悄地说："你这次刻得很好，以后也一定会更好，所以，就不要再为学习的事情焦虑了。看嘴唇都咬青了，老师会心疼的。"

听了老师的话，盈盈点了点头，轻松了许多。

老师的一番话帮盈盈重新树立起了自尊。在一周后举办的学生优秀藏书票展中，老师把她的作品放在了醒目位置，结果受到了大家的好评。

盈盈在创作畅想中写道："我的藏书票得到了老师的青睐，我真的很高兴，希望以后做得更好。老师说我一定会更好的，所以我也要相信我会做得更好。因为这次藏书票的事情告诉我，只要我用心，就能做好每一件事。瞧！我用心刻的藏书票，不是得到了老师的欣赏么？"

后来，所有老师都说盈盈变了，上课放轻松了许多，也不再咬嘴唇了。

反思拓展

教学实践中，学生在回答问题时难免出错。当学生出错时，为了保护学生的自尊，教师应创造有效的纠错途径，让学生能更加自由、自信地表达自己的思想和感觉，而不是揪住学生的错误，上纲上线，进行人格定性。换句话说，当教师纠错时，态度不粗鲁、不过分，学生就会感到轻松，易于接受，也不会产生焦虑不安的心理。

此外，对于那些性格内向、沉默少语的学生，教师更要注意维护他们的自尊，不能生硬地指出错误，而应留一个缓冲的余地，或者通过课后个别谈心，或者以书面形式予以指正。当他们有好的表现时，教师更不要吝啬表扬，让他们体验到成就感，找回自尊与自信。

因为学习成绩不好，自感自尊受伤的盈盈一上课就焦虑地咬嘴唇。在受到教师莫名的“批评”后，她咬得更凶了。可是，她没有停止努力，而是依然认真地刻藏书票。老师及时发现了自己的错误，重新看了盈盈的作品，看到了好的一面，并及时向盈盈道歉了，让盈盈重新拾起了自尊。

所以，教学中，教师要注意抓住学生咬嘴唇的契机，通过维护学生自尊，给学生重新树立学习的勇气与信心。

（三）让学生不再焦虑的策略

焦虑是一种情感现象。在学习过程中，适度的焦虑对学生的学习具有启动功能和定向调节功能，能够产生积极的作用，但过度的焦虑则会对学生的学习产生不可低估的消极作用。所以，当教师发现学生在课堂上有经常咬嘴唇这种焦虑表现时，一定加以注意、引导，尽快缓解学生的学习焦虑情绪。

1. 营造轻松的课堂氛围

当前教学强调“以学生为中心”，让学生发挥主观能动性，而达到这一目标的基本前提，就是营造良好的学习气氛，消除学生的恐慌、不安、焦虑和枯燥感，激发学生的参与意愿，让他们积极投入课堂。

良好的课堂气氛是缓解学生心理焦虑的有效途径。教师要注意从言语、行为和神态方面表现出对学生的尊重和关怀，努力营造一个良好、轻松、愉悦、民主、自由的学习氛围；教师可以根据教学需要插入一些舒缓的音乐，做一些轻松的与教学相关的游戏，或用幽默的点评，使学生感受到学习的轻松、有趣，以此缓解学生的紧张、焦虑情绪。

2. 建立融洽的师生关系

师生关系是教学中最主要的人际关系。在一些课堂中，教师处于居高临下的位置，在这种情况下，面对教师的提问，学生极容易产生焦虑心理，尤其是学习基础不好的学生。

“亲其师，信其道。”如果学生对教师产生恐惧、敬而远之的心理，势必会影响正常的学习，所以，教师要着力于建立良好的师生关系，通过用满腔的爱换取学生的亲近和信任。对于那些学习基础差、对学习失去信心甚至逃课的学生，教师要想办法予以鼓励、尊重、信任，把他们拉回课堂；对于那些犯错或答不出题来的学生，要多鼓励、少责备，用谦和的话语代替命令的口吻，把学生看成平等的个体……这些对建立融洽的师生关系都相当重要。

师生关系融洽了，距离拉近了，学生的焦虑感降低了，上课时自然会积极参与课堂活动，以最佳的精神状态投入学习。

3. 运用适当策略减少学生答题时的焦虑

许多学生是在回答问题时出现咬嘴唇这种焦虑现象的，可能是因为他们怕如果自己不会回答或是答不对，老师或其他同学会嘲笑他们。

对此，教师应采取适当的策略，减少学生的焦虑。

首先，教师不要用批评的目光，而要用激励的目光看学生。当学生不能及时准确地回答出来时，教师最好不要总是站在他身边，因为一旦学生感受到老师的注意力完全集中在自己身上，就会产生更大的紧张和不安。此时，教师可以转回讲台，面向全体学生，让大家一起回答，以减轻该学生的焦虑情绪，同时再给予该学生一定的鼓励，争取让他下次回答正确。

其次，在一堂课中尽量让更多学生、而不要只叫一位或几位学生回答问题。教师应积极地把竞争机制引进教学，让全体学生都有机会尝到学习的快乐。这就需要教师改变过去的“满堂灌”、学生被动接受的单一的教学方式，在教学中安排师生的认知互动、情感互动、实践活动互动，以改善课堂教学中的人际关系。同时，教师还要对学生进行分层要求、分层提问、分层辅导、分层作业、分层考试、分层评价，让不同层次的学生自由选择，共同发展。

第三，教师应避免自身的不良情绪对学生的影响，因为没有一个学生想成为教师的“出气筒”。这需要教师有一颗始终如一的对学生的爱心，在自己心情不好的时候，及时调整情绪，时刻提醒自己：不要把负面情绪转嫁给学生。

当学生出现经常咬嘴唇这种学习焦虑的典型表现时，教师一定要高度注意，并抓住这一教学契机，及时采取措施，鼓励学生，帮助学生，让他们尽快远离焦虑的困扰，进入正常的学习状态。而在平时，教师则要多留意学生，看看他们有无类似的表现，如有，应尽快将其控制住，让学生不再为学习而头疼。

打呵欠

——藏在困乏里的教学契机

课堂上，尤其是在炎热的夏天，即便教师讲得生动有趣，依然能看到学生哈欠连连的现象，有的学生甚至直接进入了梦乡。遇到这种情况，每位教师都会生气、着急，一些教师还会怒火中烧，猛喝一声，将学生叫醒，更有甚者，会让学生马上站起来。虽然这些处理办法对那些日日睡、堂堂睡的学生不失为一种方法，但这也会引起一些负面问题，比如被叫醒的学生会觉得自己在同学面前丢了面子，于是跟教师闹情绪，严重的还会跟教师唱对台戏，直接影响课堂教学的正常进行。

那么，教师到底怎么做会比较好一些呢？最好的方法是，先找出学生打哈欠、睡觉的原因，再采取措施。

1. 能量供给不足

学生的身体正处于发育阶段，如果能量摄入不足的话，就会出现供不应求的情况，使得学生疲倦，他们支撑不住时难免会打哈欠，甚至趴在桌子上睡觉。

2. 身体不适

一些学生上课困乏，是因为身体不适造成的。如果平常表现很好、十分自觉的学生突然上课打哈欠甚至睡觉，就有可能是身体出了问题。还有一些学生是因为药物产生的副作用才睡觉的，比如感冒的学生服用了有促睡作用的感冒药。此时，教师应对他们表示关怀和理解。

3. 作息习惯不好

一些学生上课喜欢睡觉，可能是因为前天晚上睡得晚，比如作息习惯不好，或是为了完成比较多的作业。对此，教师应调查清楚再作处理。

4. 教师的原因

学生上课困乏、打哈欠，除了自身的因素外，还与教师有关，比如不喜欢教师这个人、教师的教学不吸引人、教学环节老旧等，都能让学生对学习产生厌烦，因而精神松懈，想睡觉。

找到原因后，教师才能对症下药，进行有针对性的整改，让学生精神抖擞地学习，实现教与学的高效能。

(一) 用激情赶走困乏

教《难忘的一课》时，在完成了对课文重点的研读后，看到前排有几个学生打了两三个哈欠，窦老师意识到，学了那么多知识，学生有点累了，得想办法给他们吸吸氧，于是就放了一段《思乡曲》。

在悠扬婉转的乐曲中，窦老师动情地说："同学们，让我们来共同朗诵台湾著名诗人余光中先生的《乡愁四韵》吧。"

在窦老师的带领下，师生共同朗诵起这首描写思乡之情的诗："小时候/乡愁是一张小小的邮票/我在这头/母亲在那头/长大后/乡愁是一张窄窄的船票/我在这头/大陆在那头/后来呀/乡愁是一方矮矮的坟墓/我在外头/母亲在里头/而现在/乡愁是一湾浅浅的海峡/我在这头/大陆在那头。"

读完后，乐曲也结束了。望着已沉醉于诗中、不再打哈欠的学生，窦老师激动地说："看得出，此时此刻，大家的心已经沸腾了，还有什么话能表达我们的那份心情呢？只有那一句——"她停顿了一下，望了一眼全班学生，学生们立刻领悟，自豪地大声回答："我是中国人，我爱中国！"声音铿锵有力。

"对，放声朗诵，来表达你此时的心情吧！"窦老师激动地挥了下手臂。

早已被激发出情感的学生再次大声喊道："我是中国人，我爱中国！"声音一遍一遍在教室里响起。

"下面，请大家拿起笔，再写一写这句话，并将这句话永远镌刻在你心灵的深处。"窦老师表情凝重地用红粉笔用力在黑板上写下了这句话。学生们也一个个庄严地、神圣地随着老师写下了这句话，并铭记于心中。

"想读就读吧！"窦老师指着黑板上的这句话，激昂地说道。

"我是中国人，我爱中国！"

"我是中国人，我爱中国!"

……

学生一个个动容地、满怀激情地一遍遍念着这句话。

"很好，语气虽然不同，但感受和认识却是一样的深刻!"窦老师大力夸赞后又充满激情地说，"同学们，通过这堂课，相信你一定记住了'我是中国人，我爱中国'这句话。世界上什么都可以选择，但唯独不能选择自己的母亲、自己的祖国。或许有一天，你身在国外，请你也别忘了今天这堂课，更不能忘了这堂课里你记住的'我是中国人，我爱中国'。我们大家再读这句话吧!"

受到强烈感染的学生又铿锵有力地读起了这句振奋人心的话："我是中国人，我爱中国!"

"读得太好了！同学们，咱们今天上的不是普通的语文课，而是一堂人生感悟课，因此，这也就称得上是——"

学生马上接口："难忘的一课!"

窦老师在课题后加上感叹号，至此，一堂充满激情的课结束。

看到学生精神焕发的样子，窦老师知道，困乏早已在师生充满激情的朗读中被赶到九霄云外去了。

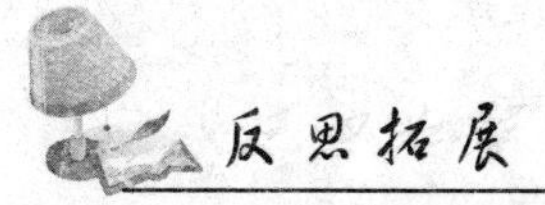

反思拓展

在有些教师的课堂上，常常会看到这样的情景：老师在台上讲得很起劲，台下学生的表情却很冷漠，对老师的讲解几乎没有反应，甚至还耷拉着脑袋，精神不振，昏昏欲睡，哈欠连连。这样死气沉沉的课堂，怎么能让学生学到、学好知识?

这样的课堂，缺乏的是一种激情。教师讲得没有激情，学生听得也索然寡味。

很多时候，教师的情绪决定着课堂气氛，决定着课堂效果，决定着学生的学习兴趣。教师讲课没有激情，学生听课就没有激情，而这样的课堂自然也会缺少活力和生机，会导致学生打哈欠。

德国教育家第斯多惠说："教学的艺术不在于传授的本领，而在于激励、唤醒、鼓舞。”没有激情的课堂怎么能唤醒沉睡的心灵？没有激情的课堂怎么能鼓舞人心呢？只有激情才能产生激情。

在窦桂梅老师的课上，学生之所以群情激昂，就是因为窦老师是位非常富有激情的老师。她像火把一样，让课堂燃烧起来，让学生的情绪处于一种积极的乐学状态。在这种状态中，不管是学生的学还是教师的教，都是充满活力的。

当学生在课堂上哈欠连连、昏昏欲睡时，教师不妨让自己更激情一点，让自己的激情感染学生，赶走学生的瞌睡虫，进而引发学生的求知欲望，引发学生灵动的智慧。

（二）用有趣赶走瞌睡虫

春困秋乏夏打盹，一年四季人都会睡不醒。这不，刚上课几分钟，窦老师就发现角落里的一个男生头不断地抬起来又低下去。咦？难道是困了。窦老师仔细一看，果真如此。这可不行，怎么能才上课就睡觉呢？得想办法让他精神起来。

窦老师这堂课要讲的是《落叶》这篇课文。文中这样写道：

“秋天到了，天气凉了。一片一片的树叶从树枝上落下来。

树叶落到地上，小虫爬过去，躲在里面，把它当作屋子。

树叶落在沟里，蚂蚁爬上去，坐在当中，把它当作船。

树叶落在河里，小鱼游过来，藏在底下，把它当作伞。

树叶落在院子里，燕子飞来看见了，低声说：‘电报来了，催我们赶快到南方去呢。’”

在教这篇意境优美的文章时，窦老师最初打算先带领学生用抑扬顿挫的声音朗诵一遍，然后进行表演教学。但是现在看来，只能把后面的程序提到前面来了。

“咳咳！”窦老师故意大声咳嗽了两下，以警示那位打盹的学生，然后环顾了一下全班，抛出了本节课的第一道题目：“亲爱的同学们，你们说这个季节北京最值得去的地方在哪里？”

有几个学生立即抢着说：“当然是去香山看落叶，看红叶啦！”

“说得好。那么就让我们一起出发，去香山看红叶吧！”说着，她做了一个走的姿势，然后打开了电子课件——那是窦老师已经准备好的香山红叶的图片。

“啊，好美呀！”当看到电子课件中出现漫山遍野的红叶时，学生不由地发出了赞叹之声。

看到学生们都被吸引了，窦老师把话题一转，问：“这一片片的红叶是把香山打扮得很美，但是风呼呼地吹，天气越来越凉，这叶子就会怎么样呢?”说着，窦老师的手做起了下落的动作。

学生看了看老师，全都站起来了——当然也包括刚才打盹的男生，他们随着老师的话，一边用手做着树叶下落的动作，一边说“落……”

看见学生都已经进入了状态，窦老师开始朗诵课文。但她的这种朗诵不是一般的朗诵，而是手舞足蹈的朗诵，当读到“小虫爬过去……”的时候，她就用手做出“爬”的动作。

在老师的感染下，学生们个个也像小演员一样，扮演起爬行的小虫。那个打盹的男生居然爬到了桌子下面，躲在那里，好像是在房子中享受温暖。看到他的样子，窦老师笑了，并竖起了大拇指。

接下来，学生又变成了乘船的小蚂蚁，去河中探险；变成了荷叶下的小鱼，在水中嬉戏；变成了向南方飞去的小燕子，艰难地迁徙。

在这种寓教于乐的表演学习中，全班学生都积极参与。学生们很快就背熟了这篇文章，并掌握了文中动词的用法。

刚下课，那个打盹的男生就不好意思地跑过去对窦老师说：“老师，真不好意思。我可能是昨晚睡得太晚了，所以很想睡觉。不过，您今天的课真有趣。我后来都没心思睡觉了。”

看到学生兴奋的样子，窦老师笑了。

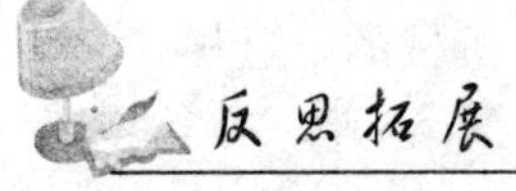

反思拓展

一些语文教师，尤其是小学语文教师，有这样一个不太好的观点，认为语文课文大多数是语言比较生动的小故事，比较容易吸引学生的注意力，因此用不着采用多样的教学方式学生也能开心地学下去。

可事实上，仍然有一部分学生对语文不感兴趣，学着学着就困乏了，就打哈欠。这样来学习，即便学生记得住故事内容，但对语法、词句的运用也很难做到准确无误，尤其是低年级学生，要做到这一点更是难上加难。

面对这样的情景，一些老师可能会束手无策，或者急忙制止打哈欠的学生，唯恐其扰乱课堂秩序，可是如果教师不想办法改进教学，学生难免再回到困乏状态。所以，教师的当务之急是让教学变得有趣，让学生喜欢。

面对打哈欠的学生，窦老师稍作警示，然后通过组织生动活泼的表演教学，把这个难题轻而易举地化解了。

课文中的情景学生并不陌生，但是让他们把那些抽象的动词与实际生活联系起来再准确运用就有难度了。因为这些生活在城市中的学生很少接触大自然，对于落叶后小动物的种种反应都没有细心地观察过。因此，对他们而言，这篇看似生动的文章其实缺乏立体的形象，即生活经验的匮乏反倒让最形象的语文变成了抽象的科目。

窦老师设计的那些形象化的表演，让学生充分了解了“爬”“躲”“坐”“藏”“飞”这五个动词，掌握了这些动词的用法，他们也在这种好玩的表演中背熟了这篇文章。

每个学生都是好动的，都不喜欢像木偶一样被摆在课堂中，更不喜欢老师念一句自己跟着读一句的枯燥学习。为了防止学生上课打哈欠，教师不妨像窦老师一样，把课文当成剧本表演给学生看，或者让学生自己也参与进来，做个小演员，以增加课堂的趣味性。

（三）让学生不再困乏的策略

为了让学生好好听课，一些教师总是要求学生把手背到身后去乖乖地坐好，可实际上，即便坐得很端正，还是有一些学生忍不住打哈欠，无心听课，即便他们张着嘴读课文、睁大眼睛听课，也是被动的、机械的，这样，学生很难学到真知，却更容易产生困乏、倦怠感。

学生在课堂上的每一个反常表现，都是教师调整教学的良好契机，都能帮助教师反思自己，提高自己。因此，不管学生在课堂上有没有打哈欠，教师都应让课堂变得不一样起来，变得让学生愿意全心投入进去，否则学生极有可能听一会儿，睡一会儿，或者干脆直接趴桌子上睡觉。

1. 妙用心理学，激发学生的乐学情绪

魏书生老师认为，要想让学生不觉得学习是件让人厌烦的事情，除了设计一些巧妙的教学环节、教学活动之外，还要善于运用教育心理学组织新颖的课堂教学，比如运用“鼓励机制”。

学生都是喜欢被表扬、被赏识的。教师可以利用这一点，在教学点评中或用语言进行表扬，或投去赞许的目光，或竖大拇指。即便对回答问题时出现错误的学生，教师也不要给予严厉的批评，而应以引导或鼓励为主，激发学生大胆思考的欲望；纠正学生的答题错误时，要注意方式委婉、语气温柔，尽可能保护学生的自尊心，不让学生因答错题而自卑、失落，以致影响之后的听课、学习。

2. 设置竞赛游戏，让学生动起来

争强好胜是人类的天性，比赛能把人的这种天性表现得淋漓尽致。

对于正处在成长期、好胜心强、时时处处喜欢表现自己的学生来讲，比赛是一个展现自我的好机会。在比赛中，学生的身心能得到全部调动，这让他们根本无暇去打哈欠。同时，其他学生争先恐后、跃跃欲试的精神面貌也会激发那些精神不佳的学生的竞争欲望，让他们逼迫自己打起精神去一争高低。所以，教师不妨在课堂上组织一些寓教于乐的竞赛游戏，让学生在比赛中学习，在学习中比赛，让紧张激烈的比赛赶走学生的瞌睡虫。

在教 face，mouth，eye，foot，nose，ear，arm，leg 这些单词时，因为单词比较多，容易混淆，一些学生学着学着就不耐烦了，打起了哈欠。老师一看，急忙调整了教学策略。

“同学们，我们做个游戏好不好。老师先说今天学到的人体单词，说到哪个，大家就做动作指给老师看，然后我从每个学习小组里挑一个同学来比赛。做错了的就淘汰，看谁最后得胜，获胜的这一组，每人得一个五角星。老师先给大家两分钟的准备时间。”说着，老师故意看了看打哈欠的学生。

那位学生一看就知道老师一会儿肯定会叫他，就立刻打起精神来记单词。其他学生也不敢怠慢，因为一会儿做不好会让全小组的学生没面子，而且得了第一，还有红五星拿。

竞赛游戏中，学生表现得比平时都积极，很快就掌握了单词。而经过这一紧张激烈的比赛，谁都没有了困乏感，又开心地投入了下一个教学环节中。

3. 创设生活情境，激发学生的积极情绪

知识来源于生活，贴近生活的情境会让学生产生身临其境之感及知识是有价值的想法。

讲“分子运动论”时，对分子运动规律的抽象知识，学生虽然记住了却还是有点不理解，一些学生甚至打哈欠了。

教师一看，说：“我们知道腌菜时，要隔几天菜才会有咸味，而煮菜时，只要几分钟就咸了。谁能用刚才我们讲的知识解释一下？”

学生都低下头思考。

“老师已经讲过分子运动的速度与温度是有关的！”看学生没有回答，老师给了点提示。

“哦！老师，我知道了。不管是腌菜还是煮菜，菜之所以变咸，都是因为食盐扩散到了菜里。腌菜时，菜缸内的温度较低，盐分子运动得比较慢，所以扩散进行得也较慢，因此要经过较长的时间菜才能变咸；而煮菜时，锅内的温度很高，分子运动得很快，扩散进行得迅速，因此菜很快就变咸了。”

“说得好。明白了分子运动的速度与温度有关这个知识点，我们是不是可以自己解释生活中的好多问题了呢？”

“是！”

创设贴近学生生活的情境，一个重要的目的就是让学生明白知识与生活的密切联系，感受到学习的必要性，进而产生学习的动机和乐学、愿学、好学的积极性。所以，当学生因知识太抽象、太远离生活而困乏时，教师不妨设计一些与知识点相关的生活情境，让学生感受到所学知识与自己的生活并不遥远，从而产生用知识解释生活的兴趣。

4. 设计学生实验，激发学生“动”的欲望

只安静地听教师讲课，很容易昏昏欲睡。教师有必要让学生动起来，手脑并动。

学生实验是学生亲自动手操作的过程，不同于教师的演示实验。学生不再只是观众，而是实验的亲自操作者，可以满足他们跃跃欲试的心理，还会让他们产生知识是自己探索出来的成功感。

研究指出：当学生带有积极的情感去学习时，学习动机就会增强，积极性就会增加，就会尽力克服学习中的困难。

在做“酸的通性”演示实验时，一些学生不知道是因为看不懂还是等得不耐烦了，居然打起了瞌睡。老师做完演示实验后说："下面还有两个小实验——'草酸洗掉衣服上的铁锈痕'和'白醋洗掉热水瓶壁上的水垢'，大家自己做做，看看实验体现了酸的什么性质，一会儿找同学给大家讲讲。"

学生们一听就七手八脚地忙碌了起来，即便没听懂的学生也都主动给同学做帮手。

实验最能激发学生的积极情绪，但教师最好把验证性实验改为探究性实验，让学生自己去探究、去发现，这会更大程度地调动他们的积极性。

学生在上课时睡觉是很常见的事，教师一定不能怒火中烧，鲁莽应对，而应先让自己冷静下来，将其作为改进自己教学的一个良好契机，进而采取正确的态度和方法，帮助学生赶走困乏，赶走瞌睡虫。

东张西望

——藏在走神里的教学契机

上课时东张西望是每个学生都曾有过的行为。学生经常出现这样的走神现象，必然会导致成绩下降。

对于这样的学生，教师一定要给予必要的关注，正确引导他们，提高他们的学习兴趣，让他们尽可能地把精力放到课堂上来。这就需要教师多与他们进行心灵沟通，找到原因，然后对症下药，予以解决。

通常，学生在课堂上东张西望的原因有如下几种：

1. 对学习内容不感兴趣

对自己不喜欢的课，或觉得老师讲的内容乏味无用，学生的注意力就容易分散，因而东张西望，而上那些内容新或者比较有趣的课时，他们就不容易分神，听课效率高。

2. 学习时有困难

一些学生难以理解和掌握教师讲授的内容，就容易东张西望，尤其是在课程进度快、涉及知识面广、信息量大的情况下，如果学习不得法、成绩上不去，学生就更容易在课堂上东张西望了。

3. 心理压力过大

消极心理也是造成学生上课时东张西望的重要原因。一些学生会因为家庭原因（如父母离异或病重）、和其他学生闹矛盾等，在课堂上东张西望、心不在焉。而且，这些问题有可能激化为一些预想不到的突发事件，所以教师不要忽视这个细节，而应及时帮助学生解决。

4. 学生自身性格使然

一些学生比较自卑，总觉得自己处处不如别人，再怎么努力也没用。这些心理上的顾虑，使他们很容易在课堂上东张西望。

在教学实践中，导致学生在课堂上东张西望的原因是多种多样的，教师应当给东张西望的学生以关注、倾听、理解和同情，与他们更好地沟通与交流。同时，在建立起信任的基础上，要对学生进行辅导，解开那些系在学生心上的结，帮助他们重新认识自己，树立信心。经过教师的不懈努力，学生在课堂上东张西望的现象一定会越来越少，在学习上也会取得明显的进步。

（一）教学设计生活化，提升学习兴趣

“排列与组合”的知识，学生理解起来往往比较困难。教材设计的例题是让学生用卡片1、2来摆不同的两位数，看能摆几个；再用1、2、3来摆不同的两位数，看能摆几个；然后是几个练习题。

上课还没一刻钟，老师就看到几个男生开始东张西望了。因为这几个男生平时都比较调皮，老师也没在意。可是，没过一会儿，她又发现另几个学生也开始东张西望了，好像在找什么，甚至有几个学生看向了窗外，而窗外连只小鸟都没有。

突然出现这种大面积的走神情况，老师一下子不知所措了。不过，很快，她就更改了教学设计，想让教学更有趣味一些。

于是，她把“有三个小朋友，见面后每两个人要互相握手，三人一共握几次手?”作为例题，让学生研究三个人实际握手次数的问题，老师又把这三个人抽象成了三幅图像，然后让学生研究这三幅图像代表的人互相打乒乓球需要安排几场比赛，最后又把这三幅图像抽象成了三个点，让学生思考“每两个点之间连一条线段，一共能连几条线段”。

思考过后，学生们恍然大悟，原来表面看来缤纷复杂的很多题目其实质是一样的，就不约而同地说：“原来是一个题啊。”

此时，学生不但较好地掌握了这部分知识，还有了一种良好的情感体验，初步感受到了数学的美感。

紧接着，老师又设计了一个情境：“我们班上的一位同学准备去做客，她准备了两件上衣和两条裙子，她有几种不同的穿法?”

“同学们谁愿意做设计师给她设计出不同的方案啊?”

“我！“我”“我!”好多学生都举起了手，包括刚才走神的那些男生。

起初，学生能找出四种不同的方案，但是缺乏条理性。后来，又有学生

提出了富有条理性的思考方法，并争先恐后地发言，场面非常热烈。

此时，全班学生的思维是活跃的，情感是丰富的，都深深地被当前的情景和数学的美感吸引了。

整个下半节课，没有出现一个东张西望的学生。

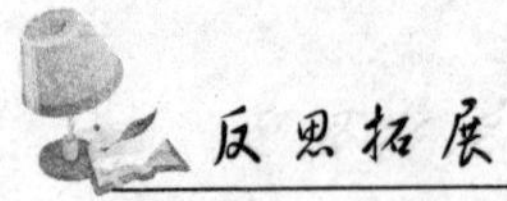

反思拓展

罗素说过："公正而论，数学不仅拥有真理，而且拥有至高无上的美——一种冷峻严肃的美，就像是一尊雕像。"在教学中，教师应责无旁贷地让学生感受、体验这种美。然而，小学生对数学的美不可能有很深刻的理解，而没有这种美的体验，他们又怎么可能对枯燥、乏味的数学课程的每一堂课都感到趣味盎然呢？所以，教师理应让他们通过学习，对数学有一种直观的美的感受。当学生体验到了这种美，就不会对数学有排斥、畏难心理，更不会因此在课堂上东张西望了。

当看到学生一个个因不理解知识而烦躁地东张西望时，案例中的教师及时作了调整，使课堂教学更加贴近生活，那一系列生动的参与环节，使学习情境更加鲜活，更加贴近学生的生活实际，让学生深刻感受到了知识的内在联系，感受到了数学的直观美。这样的教学，学生怎么可能不感兴趣，怎么可能还有时间去东张西望呢？

（二）均衡参与，不给学生东张西望的机会

这天，陶老师在给学生上课。讲课时，他无意中看到英语成绩很好的小龙好几次把头扭向窗外。咦？怎么回事呢？小龙平时上英语课表现都很好的，上课很活跃，发言也很积极，今天是怎么回事呢？

陶老师怎么想都想不通，就用咳嗽声暗示了小龙几次。终于，他收敛了，没再东张西望。

可是，接下来的几堂课，陶老师发现小龙依然会东张西望。无奈之下，陶老师只好找他来办公室谈心。

"小龙，你最近很不舒服吗？怎么上课不能集中精力，总是望别处呢？其

他地方有好玩的吗？”

“没有。”

“那是怎么回事呢？你知道总是这样下去是不行的。你学习一向很好，老师不想因此而耽误了你。和老师说说，咱们一起把问题解决了。”

看老师一脸真诚地关心自己，小龙不好意思地挠挠头说：“我不好好上课，是想引起您的注意。您上课从来都不叫我。如果我东看看西望望的，您就会注意我，叫我回答问题什么的。”

陶老师这才恍然大悟。上课时，他经常用非常夸张的表情和肢体动作来帮助学生学习英语，而且会精心设计很多小游戏来让他们巩固所学知识，对于回答正确或者积极参与表演的学生还会予以奖励，所以在英语课上学生们个个都很积极。

可是，有时候他难免不能顾及全班学生，比如说做藏卡片游戏时，一节课要学六个单词，上来做游戏的学生也就只有六个。所以，陶老师每次叫完一个学生，都会听到其他学生因没被叫到而发出的抱怨声。但是，他没想到，这也能使学生产生不想认真听课的情绪。

“原来是因为这个啊！谢谢你告诉老师真实的原因。我想班上可能还会有学生跟你的想法一样。老师应好好想想，不能因为老师的一个小疏忽，导致你们学不好。”

左思右想之后，陶老师终于想到了一个办法。如果用六个单词做游戏，刚好有六组的话，就每组叫一个人，这样可以做到组组平等，或者一组一组地表演。后来，他觉得这个方法也不是特别好，因为这次叫了某个人，下次就不会叫他了，他就不会积极举手了，就有可能因此而东张西望。一个小组一个小组地表演，也会出现这种问题。

没办法，陶老师只好又认真想，结果想出了一个更为均衡的办法：这节课叫这几人，下节课叫另几人，如有学生东张西望，就随机变换，这样学生就摸不着规律了，虽然他记得辛苦一点，但是学生的抱怨声少了，课上得也更愉快、更有效率了。

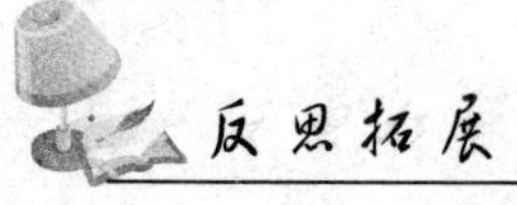

反思拓展

每一个不寻常的举动后面都有一个正常的心理因素在驱动。小龙上课东张西望不好好听讲，是因为老师不叫他回答问题，不关注他。老师固然有自己的理由，但在学生看来，这其中却隐藏着不公平、不公正，于是小龙就以东张西望不听讲来对抗。

陶老师通过及时跟小龙进行沟通找到了症结所在，并尽快做了调整，让学生不因此而产生不良心理，以致影响听课。

所以，在课堂教学实践中，教师要尽可能公平地对待所有学生，不给任何一个学生东张西望的借口。另外，教师对学生一视同仁，还会让更多学生积极听课，获得好好学习的自信与勇气。

（三）让学生不再东张西望的策略

课堂是教师落实教学工作的主阵地，是提高学生素质的重要舞台。每一位教师都希望学生能在课堂上全神贯注地听讲，学知识，长智慧，掌握学习方法。然而，一些学生在课堂上却不能聚精会神，东张西望的现象时有发生。那么，针对这种情况，教师如何处理呢?

1. 搞清原因，对症下药

作为教师，一定要找到学生在课堂上东张西望的原因：是讲解时间太长、内容太难，学生不易理解，是内容枯燥乏味、教师设计不到位，吸引不了学生的兴趣，还是学生的基础知识欠缺，难以理解，抑或是学生有焦虑、紧张、嫉妒、自卑等心理问题。

在明白学生东张西望的原因的基础上，教师就可以采取针对性强的有力举措，或缩短讲解时间以符合学生的特点，或精心设计情境，使内容变枯燥为生动，诱导学生的兴趣，或给学生有目的、有计划的辅导，来弥补他们在知识上的不足等。

2. 及时采取有效措施

了解了学生上课时东张西望、容易走神的原因后，教师就应立即采取措施，及时帮助学生改变。尤其是科任教师，不能在了解到情况后还等待观望，把希望寄托在班主任、年级主任的身上，而应真正把教好学生当作自己的第一任务。

（1）降低难度，激发学生的学习兴趣

绝大多数学生之所以在课堂上东张西望，是因为接受知识吃力，不听怕被老师批评，而听又听不懂，因此大脑处于紧张、疲劳状态，为消除疲劳他们才东看看西望望的。

要使学生上课不走神，教师有必要在课前认真备课，讲课内容不宜超出学生接受的限度；还可以要求学生提前做好预习工作，自己找出难点和疑问，尝试解决。

（2）精心设计，维系学生的注意力

教师应根据教学内容的特点创设情境，增加课堂教学的趣味性，用新颖有趣的内容和方法吸引爱东张西望的学生。

（3）及时提问，拉回学生的注意力

课堂上，爱东张西望的学生往往呈现出一种不稳定的倾向，结果学习态度消极，常常有自卑感和应付心理。因此，课堂上，教师应尽可能为他们提供成功的机会。一旦发现某个学生东张西望了，教师可以立即向其提问，但所提问题应简单、短小，使被提问者能准确回答出来，或略加启发就能回答出来。当答对题目后，教师应适当地予以表扬和鼓励，使学生能看到自己潜在的能力，从而增强学习的信心。

3. 持续关注，保持效果

对于东张西望的学生，教师要长期关注，万不可走形式，搞过场，行权宜之计。这就要求教师制订一个长远的计划，通盘考虑，建立走神学生的跟踪档案，及时收集其课堂表现的信息，并归纳整理，采取相应的措施帮助学生。

具体操作时，教师可以采取以下方式：

①学生汇报。教师可以让学生自己汇报课堂表现，然后根据这些信息及时调整措施、策略。当学生走神情况严重时，教师还可以要求学生天天汇报。

②教师写信。教师可以通过书信的形式来鼓励学生，以期产生“无声胜有声”的教育效果。

③定时调查。教师还可以对其他学生进行调查，进一步了解事实真相，与学生自己的汇报做比较，真正通过一件事情培养一个好学生。

④及时沟通。对于在课堂上爱东张西望的学生，教师要在每周选取一个恰当的时机和他们进行情感交流、思想沟通，以便及时发现并解决问题，彻底帮助学生纠正课堂走神的状况。

课堂上，学生东张西望的现象虽然时有发生，但却不是不可救药的。只要教师高度重视，及时了解原因，采取有效的措施，完全可以帮助学生解决这一问题。这样，学生上起课来效率才会更高，才会真正出现学好——好学——再学好的良性循环。

避免目光接触

——藏在惶恐里的教学契机

课堂教学中，师生进行短暂的眼神交流是非常有必要的，这也是教师经常用的一种交流方式。因为眼神所能传达的教育暗示作用是直白的语言所不能代替的。然而，有时教师把目光投向学生时，一些学生却或把头低了下去，或把头扭向一边，不敢与教师进行目光接触。

那么，是什么原因导致学生不敢与教师进行目光接触呢？

1. 应该掌握的知识没有掌握

讲授新知识前，一些教师会习惯性地找学生做检查，了解他们对旧知识的掌握情况，在出完题目时，教师会把目光投向学生，或希望学生能自己主动回答，或寻找对相关知识点掌握不牢固的学生。在教师的巡视中，一些学生会因为没有掌握这些知识而害怕接触教师的目光。

有时，教师讲完一个知识点，会用眼神询问学生是否理解、掌握了。一些学生本没有理解，却因怕教师责备、同学耻笑而故意不说，并且当教师把目光投向自己时，故意避免与教师的目光接触。

2. 做了不该做的事情时

不少学生在做了不该做的事情时，为了逃避教师的追问、诘难，往往会选择逃避教师的目光，比如在作弊时及在课堂上做与该科无关的作业时等。

此外，学生在撒谎时，也往往会因尽量掩藏自己而避免与老师进行目光接触。

3. 不自信时

不自信的人在与人交往、交谈时，目光往往是躲躲闪闪的，不敢与人直接对视。所以，教师请学生回答问题时，不自信的学生不管会不会回答，首先做的就是逃避教师的眼神搜索。

眼睛是心灵的窗户。教师与学生的课堂交流需要并且也离不开目光接触这一方式。当教师发现学生避免与其进行目光接触时，要认真思索一下其中的原因，并以此为教学契机，寻找学生和自己需要改进的地方。

（一）捕捉学生的眼神，予以适时鼓励

张老师班上的小宏，是个爱玩游戏却不爱学习的学生。因为学习成绩不好，小宏在课堂上总是闷着头。老师不知道他是在学习还是在走神，每次找他回答问题，想“偷偷”地用眼神询问他是否懂了，他却不与老师的目光接触。这让所有科任老师都很为难。没有人知道他心里想的是什么。

看到这样的学生，张老师也很着急，却苦于想不到适合的办法。

这天，张老师让学生根据自己的想象画一幅春雨图，大家立刻低头认真描绘起春雨的色彩来，张老师则慢慢在教室里巡回指导。走近小宏时，张老师发现他居然“一反常态”，没有吵闹也没有影响别人，而是在一脸专注地埋头画画。

张老师高兴极了，走近一看：呀！画得还挺特别。雨是五颜六色的，落在屋顶和地面上，还溅出了水花。大地也是五颜六色的，花儿开了，草儿绿了，小河里的水清清的，非常漂亮。

于是，张老师俯下身，亲切地问：“为什么你把雨画成五颜六色的呢？”

小宏愣了一下，闷着头，手微微颤动了一下，紧张地说：“没什么。”接着又埋头画起来，连看都没看老师一眼。

通常情况下，学生都会还给老师一个高兴的眼神的呀！张老师有些失望，心想可能是平时对他太严厉了，所以吓得他不敢对自己说心里话，于是张老师摸摸他的脑袋，微笑着看着他，非常肯定地说：“我觉得你画得很好呢！与众不同！”

再次听到老师的夸赞，小宏把画笔停了一下，但依然没有抬头看老师，但张老师却感觉到他想偷偷地看老师，想跟老师做个交流，就又接着说：“其他同学都用蓝色来画雨，你却能用各种颜色来画。能不能告诉我你的想法呢？老师很想知道这么棒的想法是怎么产生的。”

这时，小宏终于抬起了头，但还是没有看向张老师。张老师故意走到他的正面，半蹲下身子，给了他一个期盼的眼神。看到老师这样“优待”自己，

小宏终于抬起了头，还了老师一个眼神。尽管很短暂，张老师还是看到了其中的躲闪含义。经常挨批评的小宏是不自信的，不相信老师会夸奖自己。因此，他很快把目光又转移到了自己的画上，小声地说："我很喜欢下雨，觉得雨的声音很好听。可是，雨是透明的，一点也不好看。要是雨也能有各种颜色，我就会更喜欢了，所以我就把它画成五颜六色的了。"

"真是个了不起的想法！太棒了！"张老师特意提高音量赞叹道，接着他顺手拿起小宏的画到前面展示给其他学生看，并赞扬了小宏的想法。当其他学生也对此发出赞叹，并将惊讶的目光投向小宏时，张老师发现小宏的头抬起来了，并且有了一丝勇敢、一丝兴奋，于是就立刻还给他一个鼓励的眼神：瞧！你不是也做得很好嘛！

小宏不好意思地笑了。

张老师想，打铁要趁热。于是，趁学生继续作画的机会，她又走到小宏身边，俯下身，轻轻地说："你是个爱动脑筋的好孩子，画又画得那么好，如果学习上态度再认真些，那你肯定会更棒的。"

这次，虽然小宏依然没有把头抬起来，给张老师一个坚定的眼神，但却重重地点了点头。

果然，张老师欣喜地发现，再上课时，小宏听得很认真，还积极开动脑筋，大胆举手发言。每次老师用眼神巡视全班时，都能看到小宏的目光；当张老师觉得小宏可能不理解某个问题，想用眼神询问他是否需要再讲一遍时，小宏都会跟老师对视，告诉她是否有必要重新讲；小宏答题时，张老师也会及时用眼神与他交流，或告诉他答得很好，或示意他答错了要再想想……时间长了以后，小宏再也不惧怕老师的目光了，甚至还敢于主动搜索张老师的目光。

改变后的小宏，经常露出开心的笑容，学习越来越积极，进步也很快。

反思拓展

眼神不仅可以增强语言表达的魅力，还可以表达喜怒哀乐等情感，表示赞许、反对、劝勉、制止、命令等意向。为了达到教育教学的目的，在课堂上，在与学生的交往中，教师应灵活运用眼神，以收到"此时无声胜有声"

的效果。

因为经常受批评，小宏已经不再相信自己，也没有勇气去面对老师的目光。可是，不与小宏进行目光接触，张老师就会失去很多改变他的机会。所以，当小宏有了自信的资本——画出了一幅非常不错的画作时，张老师就试图用目光告诉他“抬起头来，看着我，你也可以”。他一直试图躲着老师，但是张老师没有放弃，耐心地一点点给他鼓励，终于让他抬起了头，勇敢地与老师进行了目光接触，勇敢地面对了自己的过去和未来。

有了第一次的改变，就会有第二次的改变。之后，小宏发生了很大的改变，逐渐能够接触老师的目光了，逐渐学着用目光告诉老师自己的想法了。

对于那些因不自信而逃避教师目光的学生，教师要用鼓励的眼神激励他们，要用尽全力主动与学生进行一次深入而有意义的目光接触。如果学生能从教师的眼中看到鼓励、支持、关爱、信任，他一定会乐于主动与教师进行眼神交流。

(二) 从目光逃避中寻找不足

姚老师这天在带领学生记忆单词。把要识记的单词都写在黑板上后，她随意一瞥，看到班上英语成绩最好的英英正好抬头看她。可是刚一接触到姚老师的目光，英英就迅速低下头了。

起初，姚老师没有在意，继续带领学生朗读单词。

可是，英英的头却一直在闷着，看向桌子底下，而不像其他学生那样抬头挺胸地读单词。

姚老师只好一边带着学生读一边向英英走了过去。目光所至，她发现英英在玩手机，看她的手一动一动的样子，可能是在发短信。

看到英英并没有注意到自己，姚老师有意在她身旁站住了。

英英的同桌一见，急忙用胳膊碰她，可是她还是没有放下手机，也没有抬起头来。同桌只好干咳了几声。这时，英英才嗖地把手机放到桌膛里，眼睛快速地瞄了一眼姚老师。

看到英英放回了手机，姚老师一言不发地踱回了讲台。站稳后，她扭头一看，英英竟然又把手放到了桌膛里。

看到这种情况，姚老师想，可能英英真的有急事，或许她正打算把刚才好不容易编好的短信发出去以便赶紧听课呢！那就让她发送完吧。

于是姚老师一边讲课一边观察她，一分钟、两分钟……直到五分钟后，英英还是没有抬头。

终于，姚老师忍不住了，使劲咳嗽了几声，终于把英英“震醒”了。她抬头迅速地看了姚老师一眼，然后又快速低头下去，开始看课本。

姚老师以为一切都恢复正常了，没想到，事情还没有结束。

五分钟后，英英故伎重演了。

姚老师只好再一次停顿下来，把目光紧紧锁在英英身上。终于，英英把手机放下了，开始和大家一样读单词。但是她明显不在状态，虽然眼睛也在看黑板，但每次姚老师把目光投向她的时候，她都选择了逃避。

英英以前不是这样的啊！她今天那么反常，还不敢跟老师进行眼神交流，一定是有什么事情！可是她课间活动时玩得还挺开心呢。难道是我今天的课讲得不好，她不感兴趣？有这个可能。

想到这里，姚老师示意大家安静：“同学们，大家是不是不喜欢背单词啊?”

“还好吧！”不少学生这样说。

“我不喜欢。”这时英英站起来说，虽然眼她睛看着老师，但焦点却不在老师身上。显然，她是因为刚才做错了事情才不敢与老师进行目光接触的。

“能说说为什么吗?”姚老师问。

“老师，像您刚才这样教我们背单词，烦死了，而且还记不住几个。”英英此时把头低下去了，

“原来是这样啊！我今天找到了个新的背单词方法，正想告诉你们呢！”姚老师说着扫视了一下全班学生，“大家愿意听吗?”

“愿意！”一听有更好的办法，大家的兴致都上来了。

“好！老师给大家讲一个童话故事。一只昆虫（an insect）到美国留学去了。一年后，它回国探亲了，同时还带回来许多东西。不信，你瞧：他身上穿着夹克衫（a jacket），嘴里吃着冰激凌（an ice-cream），骄傲地开着吉普车（a jeep）回来了。可惜的是，这只昆虫（an insect）非常粗心，一不小心，就把冰激凌（an ice-cream）弄掉了，结果弄脏了夹克衫（a jacket）。于是它急忙拿纸巾使劲地擦，可是却忘了自己还开着吉普车（a jeep）呢！糟糕！它的吉普车（a jeep）翻了！于是，它伤心地哭了！”

姚老师一边用充满感情的生动语言和夸张的表情给学生讲故事，一边用电脑把它演示出来，而台下的学生被老师的故事吸引着，随着情节的变化，脸上呈现出相应的表情。

看到学生们好奇而又认真的样子，姚老师适时地把童话故事中涉及的本单元单词用英文歌谣的形式唱了出来："insect 嘴里吃着 ice-cream，身上穿着 jacket，手里开着 jeep；可是，它不小心，弄洒了 ice-cream，弄脏了 jacket，弄翻了 jeep，弄哭了自己这只 insect！"

就这样，学生们一边情不自禁地跟着姚老师哼唱，一边做着各种滑稽可爱的动作和表情。

在这个过程中，英英一直很投入，眼睛一直追随着姚老师。其间，姚老师看了她几次，她都勇敢地迎了上去，好像在跟老师说："我对这样的教学方法很喜欢。你看我现在不玩手机了吧?"

看着英英的改变，姚老师点头表示赞许：保持下去，英语才能一直都好啊！

反思拓展

课堂上，如果教师的课上得好，学生往往会全神贯注地听课，反之，则会走神，做与学习无关的小动作，这时，学生往往是心虚的、惶恐不安的，即便他们是有苦衷的，是迫不得已的，是因为教师的讲课方式不是他们所喜欢的。此时，如果教师与其进行目光接触，学生多会选择逃避。

英英就是如此。死记硬背式的单词记忆法枯燥无味，还记不住几个。所以，她选择了在课堂上玩手机。被发现后，她又不能一股脑把责任推给姚老师，就只好逃避姚老师的目光暗示。姚老师及时进行了反思，对课堂教学形式进行了变动，让课堂教学变得生动活泼起来。课堂教学形式改变后，英英就变得和以前一样爱听课了，不仅认真跟着老师学，还积极地与老师进行目光接触。

当在课堂上发现学生不敢直视教师、逃避教师的目光时，教师要积极而深入地探究事件背后的原因，并在此基础上采取有效的改变，让学生把身心都锁定在课堂上，不再因走神而惶恐地不敢与教师进行眼神交流。

（三）让学生不再惶恐的策略

用眼神可以传递丰富的信息，对学生心灵的影响最为显著、突出。所以，教师要及时捕捉学生的眼神，一旦发现学生有逃避教师目光的行为，一定要好好琢磨一番，积极破译学生的心灵密码，让学生看到教师的期待、鼓励和宽容，看到自己在学习上的美好未来。

那么，教师如何才能让学生不再惶恐，敢于面对教师的眼神呢？

1. 熟悉学生的心理

每个学生在课堂上做小动作都是有一定原因的。比如当他们内心惶恐、怕被讥笑、怕泄露自己的内心秘密时，就会不敢与教师进行目光接触，甚至连头都不敢抬，唯恐一不注意，与教师的目光恰好撞上。

所以，教师要熟悉学生的心理，掌握学生的小动作背后隐藏的含义，只有这样，教师才能对症下药，找到对策并采取有效的行动。

2. 激发学生的自信

对于因缺乏自信而不敢与教师进行目光接触的学生，教师应在教学中多予以鼓励、支持与信任，给他们创造展示自我的机会，多寻找他们的闪光点。

比如，学生站起来答题时，教师不要用怀疑的审问的目光看学生，而应报以信任的目光和亲切的微笑，这能在很大程度上减轻学生的惶恐，使其充满信心，大胆回答；当学生答题不顺畅时，教师不要显得不耐烦，而应用期待的目光，使学生用心思索，力求回答准确；如果学生的回答跑了题，教师的目光应带着安慰和惋惜，而不是取笑、指责；当学生的发言富有创造性时，教师应投以赞许、激励的目光，以激发他们的进取心。此时，任何冷漠和不屑一顾的目光都是对学生的一种伤害，都会加剧学生的惶恐。

在课堂讨论时，出现分歧是难免的，此时，教师应持开放、民主的态度，推动学生积极思维、大胆阐述自己的见解，而不能用目光传递自己对某一方的袒护或压制。这样也会让学生感受到来自教师的支持，从而自我鼓励，尽量放下“说不好会被嘲笑”的心理负担。

万事开头难。只要学生有了一次成功的经历，就会对自己多一点肯定，就会多一点自信，就会多一点面对教师和其他同学的勇气。

3. 借助学生喜欢的教学形式吸引学生

当学生在课堂上走神时，也会选择逃避教师的目光。教师要明白、体谅学生的这种惶恐。最好的改进办法，就是将学生的注意力吸引到课堂教学上，不给他们走神的机会。

这就需要教师在日常教学实践中积极向名师学习，总结和实践新型的、学生喜欢的教学方法和教学方式，积极地对当前自己所用的教学方法和教学形式进行反思、改进。

课堂上，教师与学生的任何一次交流，都对当前甚至之后的教学有着重要意义。所以，教师要抓好每一次交流契机，尤其是目光接触，为学生更好地学、自己更好地教服务。

如果学生不能正常地与教师进行目光接触，教师就要及时分析、思考其中的原因，并寻找机会、切入点，改变这种不利于教与学的状态。

唉声叹气

——藏在叹息里的教学契机

课堂是学生快乐学习、增长知识和提升技能的舞台，在这个舞台上，他们应该以主人的姿态、饱满的精神状态和教师互动，和文本对话，积极主动、心情舒畅地参与教学活动。然而，在课堂上，学生却常常愁眉不展地叹息着，是什么原因让他们“心有千千结”呢？

造成学生心事重重地叹息的原因大致如下：

1. 听不懂讲授内容

或因基础差，或因知识深奥难懂，或因教师的讲课技巧不足，一些学生常常跟不上教师的讲授节奏，对此，学生很郁闷，常常发出叹息。

2. 因其他事情走神了

学生的思维活跃，课堂上，他们极有可能突然走神，想起日常生活中的一些困扰，因而情不自禁地发出叹息。

3. 学生对文本中人物的命运发出感慨

这种情形多发生在语文教学中，当学生对课文中人物的命运从心底产生触动时，也会发出叹息。

4. 对某些事情给予期待

学生的好奇心很强，课堂上出现他们非常感兴趣的事情而他们不能马上探究时，他们往往也会发出叹息。

不管是什么原因造成学生叹息，作为有心人的教师都应从中发现教学契机，抓住这看似平常的、稍纵即逝的一刹那，把自己的教学思路打开，把学生的心结打开，让自己的教学水平上升到一个新的台阶。

(一) 尊重学生的意愿，满足叹息里的渴望

这是一个冬天的上午，语文课正在井然有序地进行，外面突然下起雪来。雪粒敲打在玻璃窗上，发出“啪啪”的响声。很多学生都被这情景吸引住了，不由自主地朝窗外看去。

“哇！下雪啦！”有些学生情不自禁地叫道，脸上露出惊喜和兴奋的神情。

坐在窗户边的学生干脆打开窗户，把手伸到窗外去采雪花。

“唉！要是能到外面去玩玩该多好啊！”不少学生叹息道。

对于这些南方的小学生来说，这的确是一次难得的赏雪机会。

看着学生们心事重重地叹息着，老师没有提醒他们把注意收回来，而是想：与其强压着学生的好奇心上课，不如让学生尽情地去赏雪。

他干脆停下课，让学生尽情地看，尽情地听，尽情地感受。他鼓励他们多看、多听、多感受，同时有意识地提醒学生注意倾听下雪的声音，观察雪的样子、雪是怎样落下来的。

“呼啦”一声，学生们都跑出教室，到窗前、走廊上看雪，也有一些学生飞一般地冲到操场上去赏雪、玩雪。

回到教室后，学生们还沉浸在赏雪、玩雪的兴奋中，有些学生还拿出了从外面收集起来的雪团继续玩。

趁着他们的兴奋劲，老师问：“下雪好看、好玩吗？”

他们都大声地回答：“好看、好玩！”

老师对他们说：“这么好看、好玩的雪，给了我们什么感受？你们想不想把它留在美好的回忆里呢？”

“想！”他们高兴地回答。

“那就请同学们拿起笔，以‘下雪啦’为话题，把刚才看到的、听到的、感受到的写下来，让它成为美好的回忆吧。”

“好！我们一定好好写！”他们表现出前所未有的喜悦，脸上再也没有以前写作文时的那种迷惘和郁闷。

一天后，学生就把作文交上来了，这是最快也是最齐的一次。就连一些学困生这次也写了好几段话。批阅学生作文的时候，老师发现很多学生的作文内容很充实、具体，语言也很生动、富有个性。

反思拓展

对于生长在南方的小学生来讲，一场飘飘洒洒的雪远比教师讲授的内容更具吸引力，他们渴望观察雪，渴望把雪花握在手里，体会凉丝丝的感觉。但他们心里明白，上课时与窗外的雪进行一次亲密接触是一种奢望，于是便发自内心地叹息起来。

案例中的教师听到学生的叹息后，没有把学生的目光和注意力硬拉回到课堂上，而是本着尊重学生意愿的宗旨，让学生做主人，“让学生尽情地看，尽情地听，尽情地感受”，让学生感受到了快乐。当他们回到课堂，依然沉浸在赏雪的喜悦中时，教师因势利导，让他们把雪带来的美好情景和感受都写下来。

因为学生近距离接触到了雪，因此，他们没有把这篇作文当成一块心病，而是心情愉快并且很出色地完成了任务。心事重重的叹息，变成了一篇篇可圈可点的优美文字，成为了难得的教学契机。

（二）以叹息为突破口，让学生展开深入探究

学生在朗读课文《赤壁之战》：“火光照得满天通红，浓烟封住了江面，分不出哪里是水，哪里是岸。哭声喊声混成一片，曹操的人马烧死的、淹死的，不计其数……”“唉——”一声叹息突然间响起，学生的读书声断断续续地停了下来。

学生都很自然地把目光投向发出叹息声的小明身上。只见小明时而挠挠脑袋，时而摸摸额角，一脸的窘相。很明显，出现这种状况，并非他的本意。

看到这里，老师灵机一动：同学们，刚才小明发出了一声叹息，这声音似乎意味深长。现在请你们来进行猜想，小明为什么会突然间发出叹息？

生：小明是一边读书一边叹息的，说明他是对文中的描述有感想。

生：当我们读到“曹操的人马烧死的、淹死的，不计其数”时，他才叹息，说明他是为死了那么多人而叹息。

生：小明替曹操而叹息，当得意洋洋的曹操发现自己转眼间被周瑜打得

落花流水，将士死伤不计其数时，肯定会忍不住深深叹息。

师：小明，请你说说，同学们的猜想对不对？

小明：我是为曹操而叹息。他原来应该稳操胜券的，可没想到结局却是一败涂地。

老师把话题一转：那请你说说曹操失败的原因在哪儿？

小明：我认为主要原因是曹操不应该轻信黄盖。在决战就要开始的时候，黄盖来投降，曹操应该有所防备才对。

生（插嘴）：就算相信黄盖是真投降，那也得留一手，派人到江中心去接黄盖，待确认之后再让他靠近大本营。或者收到黄盖的信之后，曹操马上派人混入周瑜的军营中，暗中调查一下事情的真假。这就叫兵不厌诈。

生：我听爸爸说曹操是个多疑的人，那为什么在如此重要的战争面前，他却那么轻信别人呢？

老师紧接着说：对啊，身经百战、老谋深算的曹操这一次怎么就那么糊涂呢？

生：书上说曹军号称八十万，而周瑜的兵才三万，双方实力相差太远，所以曹操就得意忘形了。

生：智者千虑，必有一失。曹操也不是个神仙。

生：所以我们读这篇课文就要吸取一个教训：骄兵必败。

生：周瑜以少胜多，说明自己势力弱，但只要不放弃，想办法，同样有机会赢别人。

老师再转话题：现在我们来分析一下，周瑜以弱胜强的原因是什么？

生：我觉得黄盖功不可没，为了让曹操对自己的诈降深信不疑，他吃了不少的苦。

生：火攻计划要顺利实施，就一定要有东南风相助，而诸葛亮把天气和时间都算准了，他也立下汗马功劳。

生：我觉得周瑜、诸葛亮和黄盖之间配合得天衣无缝，这是赢得胜利的关键。要知道，他们的计谋一环套着一环，一处出错便全盘皆输。

生：我还觉得周瑜的战前准备充分，比方说想方设法让曹操把战船用铁链连起来。如果战船不连，火攻也不会发挥那么大的威力。

师：看来同学们课前没有白看《三国演义》，说起来有理有据的。想当年，项羽和刘邦在垓下决一死战，项羽战败，他觉得无颜见江东父老，便自杀身亡。可曹操不同，他回到北方后，总结经验教训，励精图治，很快就东山再起。现在老师布置一道随堂练笔：《〈赤壁之战〉后续》(1) 欢喜庆功宴；(2) 悲壮华容道。想象一下周瑜和曹操在战争之后各自都会做些什么。

随堂练笔是教师即兴布置的一个作业，但这绝不是心血来潮。当学生对文本有了深刻的体会和感悟之后，完成这样的作业就有据可循、有话可说了。课堂讨论已将学生带入一种情境之中，学生只不过将自己的所思所感所悟用文字串联起来罢了，难度并不大。

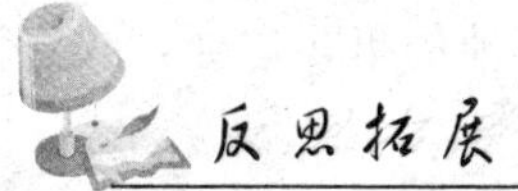

反思拓展

对文本的解读，教师有教师的角度，学生有学生的角度，他们往往会因自己的阅历、知识层次等的不同而出现不同的理解。比如教师认为不会出现问题的地方，一些学生恰恰产生了问题。

比如上面的案例，教师让学生读课文的目的，或许只是让他们感受经典著作的恢弘气势，了解一下赤壁之战的惨烈以及各种人物之间的斗智斗勇，但小明同学却在这时发出了叹息。教师没有放过这一声可以忽略的叹息，而是让学生们畅所欲言，各抒己见，对小明的叹息进行深入探究。

对教师而言，抓住学生叹息这一随机生成的教学契机，调整自己备课时预设的程序，会让学生不唯书本，不唯教师，而学会发散思维，在集思广益中开拓思路，消除疑惑，增长见识。

(三) 让学生不再叹息的策略

要想学生学得好，教师需要做一个有心人，需要眼观六路，耳听八方；需要把捕捉到的信息——哪怕只是学生的一声叹息，及时转化为教学资源，使它成为让自己的教学上台阶的契机。

1. 从学生的叹息里反思自己，提升自己

假如学生的叹息是因自己的讲课有问题，那么教师就应该深刻地反省自己了：是知识太深奥了吗？是自己的讲解有问题？是学生的基础差，还是讲课节奏快？通过反思，找到症结所在，然后有针对性地进行整改。

针对这样的叹息，教师一要了解学情，适当降低“门槛”，尽量提升“短板”，解除他们的焦虑；二要努力提高自身的专业技能，把深奥的知识通俗化，然后进行有针对性的教学，让学困生也能跟上进度，把知识理解透、消化掉。

2. 课堂上不让学生分神想其他烦恼事

对于处于多梦季节的学生，青春期的成长烦恼很多，他们常常在课堂上走神叹息。对此，教师一要做好学生的思想工作，尽量消除他们的烦恼，二要让课堂时刻充满吸引力，让学生舍不得丢掉老师的一句话，一个表情动作，一个暗示。要让他们牢牢地被吸引住，不再分神去想其他的事，这样，叹息也就不会出现在课堂上了。

3. 因势利导，让叹息成为探究的钥匙

学生的叹息如果是因为有“惑”，那么教师就应该抓住这个机会，不要给自己的课堂留下死角，除要及时给学生解惑外，还要以此为契机，通过提示、暗示、集思广益等，引发学生去深入探究，彻底消除疑惑，让他们远离困惑而不再叹息。

4. 了却学生合情合理的心愿，让他们不因牵挂而叹息

课堂上，或因教师的讲解，或因情境的需要，或因突发事件的介入，学生很可能突然产生某种渴望和冲动。此时教师去制止，往往不能把学生的注意力和情感集中在课堂上，但如果认为满足学生的渴望和冲动有助于教学的深入开展，就不妨变换一下思路，给学生一个了却心愿的机会，让学生在如愿以偿的过程中，感受到学习是快乐的。

学生发自内心的叹息都有特定的原因。教师要善于分析、揣摩，进行有针对性的化解，并以学生的叹息为“圆心”，画好教学这个“圆”，彻底为学生解惑，打开他们心中的结，让他们如释重负地快乐学习。

扭绞双手

——藏在紧张不安里的教学契机

课堂上，教师找学生回答问题、朗读课文或进行角色表演时，被叫的学生有时候会扭扭捏捏地站起来，使劲地扭绞自己的双手，然后或磕磕巴巴地答题，或手足无措地站在那里。

心理学研究表明，这种肢体语言是学生内心很紧张、很不安的表现，他们想借助扭绞双手的动作缓解自己紧张不安的情绪。

只要上课，每个人难免都会有一点紧张感，只是紧张的程度不同罢了。在课堂教学中，适度的紧张并不是坏事，因为它能刺激大脑，更有利于大脑的运转。然而，过度紧张却不是一件好事，会导致学生在课堂上，尤其是在回答问题、接受教师检查或参与教学活动时心慌意乱，导致答非所问或错答漏答，原本很简单的问题，很容易做的教学活动，反倒不知从何下手甚至会产生不想再继续听课的念头……而且越是不喜欢的课程，越是关键的课堂，这种现象就越明显。

那么，造成这种现象的原因是什么呢？

1. 把学习看得过重

一些学生把学习看得过于重要，唯恐达不到目标，辜负了父母和教师的期望，影响自己的前途，因此就过于紧张了。

2. 自尊心过强

一些学生自尊心很强，总是担心自己如果回答问题不正确、读课文不流利、参与教学活动不顺畅，会遭到老师的轻视、同学的讥笑。

3. 自信心不足

一些学生对自己的评价偏低，尤其是遇到有难度的题目或活动时，这种念头就更强烈。

4. 知识储备不足

一些学生平时的预习、复习都不认真、扎实，各种知识掌握得不牢，所以上课时需要用这些知识时，就会格外紧张。

琴弦绷得太紧容易断，心弦亦是如此。课堂上，学生过于紧张会影响听课质量。所以，教师要帮助学生舒缓一下，让他们身心轻松地、高质量地上完一堂课。

（一）多管齐下，消除学生的紧张感

有一次，魏书生在外地给学生上公开课。台上台下的人很多，听课的学生很少见到这种阵势，不由得“乖”了起来，一个个闷着头不说话。有些学生的双手不停地扭绞着。课堂氛围是紧张而沉寂的。

魏老师一看学生的表现，就明白了当务之急是让学生不要过度紧张，轻松一点地投入学习。于是，他清了清嗓子说：“同学们坐在主席台上，台下千位老师听课，大家有些紧张吧？”看到学生勉强露出点笑容，他继续说，“我教大家一种放松的方法，双手放在膝盖上，闭上两眼，内视鼻尖……同学们有什么感觉？”

“感觉心情轻松了！”

魏老师说：“心情轻松了，咱们上课。老师要讲的这篇文章大家可能不愿学。同学们愿学小说、散文、诗歌，不愿学说明文。今天我们学一篇说明文，施加一个意念，带着轻松愉快的心情学。不愿学的文体学起来都快乐，那么语文学习不就成为一件乐事了吗？我们这节课学《统筹方法》。先不要翻开书，同学们知道这篇文章是谁写的吗？”

“华罗庚。”学生齐声回答。听声音，已经不像刚才那么紧张了。

“华罗庚的身份是？”

“我国著名的数学家。”又是集体回答。

“我再提一个问题，什么叫‘统筹方法’？谁能不看书，凭自己独立思考回答这个问题？”

“就是笼统说明事物的方法。”一个学生站起来回答，声音有点小，双手还是有点不自然地交叉在一起。

“他敢于独立思考。”魏老师点评道，同时送给他一个鼓励的眼神。这位学生看到后，开心地坐下了。

“就是系统地完成一件事的方法。”又一学生回答。

“有点接近正确答案了。下面不再猜了，大家一定非常想知道什么是统筹方法吧？那好，请到书中去找答案。争取一分钟内找到并记住这个概念。”

学生认真地埋头看书。

“请找到答案的同学一起回答。”

“统筹方法，是一种安排工作进程的数学方法。”学生齐答。

“对，同学们没用一分钟就找到并记住了这个概念。同学们说，这叫什么说明方法?”

“下定义。”学生齐答。

“对。作者用下定义的方法说明了什么是统筹方法。谁愿意到前面，在黑板上默写这个定义？男女同学各推荐一名写字好的同学到前面来比赛好吗?”

学生热情地推荐着，被推荐的男生说：“我一定能取胜。”魏老师赞许地笑了笑。

“写得正确，字很工整，看上去男生写得更好一些。”

听到魏老师的夸奖，男生会心地笑了。

“学习这篇课文，老师准备教会大家哪几件事呢？大家听我喊‘开始’，用一分钟看课文下面的注释，然后自问自答，可以出声。”

学生迅速翻开书看。

片刻后，魏老师说：“我暂时不提问，下面做第二件事，老师想领着咱们思维的战舰驶向何方呢?”

学生边思考边说，教师则开始板书：1. 字词：万事俱备，只欠东风。不无裨益。2. 学习用图表说明事物的方法。3. 读懂全文，会说，会写，会用。

“先学习用图表说明事物的方法。作者举了一个例子，同学们想用多长时间在课文中找到这个例子并记住它?”

学生齐答：“一分钟。”然后，立刻低头全神贯注地看教材。

“时间到。作者举了一个什么例子?”魏老师开始提问。

“泡壶茶喝。”听课的全体师生大笑。

魏老师也笑着纠正道：“是‘烧开水泡茶’。请你把烧水泡茶的过程讲一遍好吗?”

学生照做了。

“他说得对不对呀？”魏老师把点评权交给了其他学生。

学生齐答：“对！”

“他说泡茶有几道工序？”

学生齐答：“五道。”

“作者说这五道工序有三种安排方法，书上还画了图表说明。大家看书上的图表是对哪一种方法的说明？”

学生齐答：“是对办法甲的说明。”

“办法乙和办法丙怎么样？”

“这两种办法都窝囊。”一个学生回答。

“作者没说‘窝囊’，而是说‘窝工’。好，下面准备把办法乙和办法丙也分别用图表加以说明，请男女同学各自推荐一名代表在黑板上画图。”

学生开始到前面在黑板上画图表。

“让他们两人先画，咱们看书上的图表，大家想，如果文章没有文字解说，只有图表，能不能看得懂？”

“光有图表，我认为也可以看懂。因为图很清楚，图上又有文字。”说着，该学生指着图述说了一遍。

“好！他说得很明白，的确只看图也能懂。现在大家看黑板。”此时，女生已经画完，魏老师指出了一点错误请她改正。

“同学们看，他们画得对不对？”

“办法乙我认为画对了，办法丙画得不对。”一学生说。

魏老师请他上去订正，并告诉下面的同学可以商量，可以上讲台帮助修改。这时，一男生在座位上小声说图画得不对，魏老师亲切地拍拍他的头，笑着问：“你怎么不上去改？”男生立刻站起来跑到黑板前修改。

顿时，全班学生的积极性被调动起来了，有的热烈商讨，有的跑上前去。黑板前四五个学生争争抢抢，你擦我画，很是活跃，好像完全忘记自己是在上千名师生面前上课一样。

反思拓展

由陌生教师执教的公开课更容易让学生紧张，因为除了执教教师不熟悉外，周围还会有其他几十双甚至上百双老师的眼睛在盯着，以至于不少学生都会产生这种想法：如果在公开课上出了丁点差错就丢了人了。而产生了此种想法，就会导致学生在公开课上异常紧张，在答题发言时畏手畏脚。

魏老师作为一代教育名家，对学生此时的心理很了解，也知道如何帮助学生舒缓这种心理。

他用简单的放松方法活跃了课堂气氛，让学生拥有了一个较为轻松的学习氛围。

当学生感觉轻松一些后，魏老师给学生提了一些比较简单的问题，让学生的精神进一步放松。之后让学生到前面画图表、点评图表、修改图表等，都是在给学生减压。

当压力一点点消除时，学生就能逐渐放开自己了。所以在课堂上，当发现学生因压力大而过度紧张时，教师要动用全部的智慧，综合使用各种方法帮学生减压。

（二）用轻松的教学方式，帮助学生消除紧张

在学完中国地理的“山河”之后，钱老师对学生进行了一次小测试，可是效果却非常不理想。

那天，她点名叫起来一位地理学得不错的学生回答问题，结果，那位学生磨蹭了半天才站起来，并且一个劲儿地扭绞自己的手。

耐心等待了两三分钟后，该学生还是只顾着扭绞自己的手而不回答问题。钱老师有点奇怪了：前几天学过的知识，怎么今天一考就把他为难成那样子了呢？难道他在课下没有复习么？

无奈之下，钱老师又点名叫了两位学生，情况也是这样。

“难道你们在课下都不复习吗？怎么我提的这些问题都不会呢？”

学生们一个个愣在那里没有说话。而刚才答题的学生更甚，紧张得不得了。

“难道我刚才说的是事实？”看到学生沉默不语的样子，钱老师有些不解。

“老师，我没有。”第一个被叫起来的学生终于出声了，“我敢说我好好复习了，可是您看光长江和黄河流经的省市就有二十多个，而且它们还有共同流经的、单个流经的。我背了忘，忘了背，好不容易记住了，可是又混了，

把只流经长江的却记在了流经黄河的上面。一想到这些，我就头疼，我就知道我回答不好。我一直都在默默祈祷您别叫我，否则答不上来多丢人啊！可您却偏偏叫我回答。”

“没错！老师，我在家也复习了很久。”第三个被叫起来的学生也发话了，而且还带着埋怨的语气说，“可是，我国地形多山，东南西北那么多山，记了这个忘那个。学地理太难了。说实话，如果不是您的课讲得好，我都不想学了。”

“老师，我们实在是记不住，而且需要记的又不止地理这门课。再这样总是做无用功，我们都疯了。”

……

听着学生的抱怨和牢骚，钱老师笑了：“原来你们一个个是因为这个才如此紧张的呀！我们想办法把问题解决不就得了吗？再说了，老师也没说背不下来就惩罚你们啊？下次，不能再出现类似的情况了，有问题可以找老师帮忙嘛！”说着，她从教案夹里拿出一张写满字的纸，说：“同学们，让你们记忆这么多知识，确实难为你们了，但是这些知识很重要，一定要记住。老师现在教给你们一个好方法——用唱歌的方法记忆。唱歌你们都喜欢吧？”

“是与唱歌有关的记忆方法吗？”学生好奇地问。

“差不多吧！你们平时是不是觉得诗歌或者顺口溜比较容易记住啊？”钱老师笑着问。

“没错！我最喜欢唱儿歌了，朗朗上口。”

“我就知道大家喜欢与歌有关的东西，我们这个新方法就是这样的。学会了它，你们保准记得又快又准，而且长久不忘。听着——

乌、岷、雅、嘉、赣、沅、湘，

唯有汉水不叫江。

乌岷雅嘉川汇入，

汉鄂、赣赣、湘沅湘。

知道这首歌写的是什么吗？”

“乌江、岷江……老师，这是长江主要支流及注入长江时所在的省份。”刚唱完就有学生激动地喊。

“回答正确，加十分。那——

湟、洮、汾，

渭、洛、沁。

前两甘，渭河秦，

洛、沁、豫，汾河晋。

这个呢?”

“这个……这个是黄河支流及注入黄河时所在的省。”又有学生像发现了新大陆似的喊了起来。

“没错！我再告诉大家几个，大家看看效果会不会比之前的死记硬背好些。”说着，钱老师在黑板上又写了几首歌：

我国的山脉：东西走向有三横，北天阴，中昆秦，湘桂粤赣夹南岭。东北—西南有三撇，兴安太行巫雪峰，台湾山脉东分布，长白武夷夹当中。弧形山脉气势雄，喜马拉雅山似卧龙。

长江干流流经省区：青和藏，川渝云，两湖赣皖苏沪城，浩浩荡荡入东海，六三零零，航运忙不停。

黄河干流流经省区：发源青海川甘宁，途经内蒙晋与秦，再经豫鲁入渤海，五四六四略呈“几”字形。

长江中下游主要河港：宾（宜宾）客重（重庆）来，宜昌会晤（武汉）。敬酒（九江）五壶（芜湖），难难（南京、南通）老张（张家港）。

“下面，给大家一段时间把这几首歌诀记忆一下。一会儿准备考试。”

顿时，教室里传来一片歌声。大家按照自己喜欢的歌的调子唱着钱老师“作词”的新歌。

不到十分钟，第一个被钱老师叫起来答题的学生就高高地举起了手：“老师，我会背了，你考我吧!”此时，他一扫刚才的紧张，颇为得意地看着其他还在背的学生。

“哦？你那么快就会背了？现在，我问你：我国北部东西走向的山脉有什么?”

“天山和阴山!”略一思索，他就报上了答案。

“那长江的主要支流有哪几个?”

“长江从青海源头到上海的入海口，重要的支流有四川的雅砻江、岷江，重庆的嘉陵江，贵州的乌江，湖北的汉水，湖南的湘江、沅江。”

“哟！记得真不错！还把在哪里汇入的都说了。”看到他回答得如此迅速、准确，钱老师高兴极了。

“老师，要是你前几天教给我这种方法，我刚才就不会紧张成那样了。”他感慨地说。

“是啊！我们就不会让老师失望了。”

……

学生七嘴八舌地说着对新记忆方法的感激。

就这样，钱老师帮助学生消除了“小考”紧张的根源，让学生不再因为小考而担心自己丢人、过度紧张了。

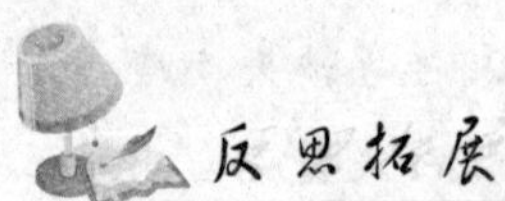

反思拓展

通常，几乎每次上课，教师都会引导学生复习一下旧知识，以检查学生对知识的掌握和运用情况。有时，为了引出新知，也需要对已学知识进行检查。可是，一些知识点有难度，不容易记忆、掌握，于是导致不少学生一到这一环节就紧张，唯恐自己被叫到，担心被叫到后答不上来，被老师批评，被同学嘲笑。

被钱老师第一个叫起来的学生即如此，明明地理学得很好，却也出现了背不出知识点的情况。结合之后两位学生的表现，不难明白学生紧张的根源在于需要掌握的知识点过于零散，内容丰富、范围广大，不易记忆、容易混淆，如果一味地死记硬背，会让学习成为一种负担，降低学生的学习兴趣，打击学生的学习信心。

所以，要消除学生的紧张心理，教师有必要对症下药，像钱老师那样教给他们一个好的记忆方法，让他们把知识都掌握了。这样，不管教师怎么考，他们都会成竹在胸，而不会紧张不安了。

（三）让学生不再紧张不安的策略

紧张是人的基本情绪之一。因紧张导致行为失常的现象在学生中并不少见，甚至带有一定的普遍性。一些学生还会因过度紧张而出现焦虑现象，甚至会做出逃学、离家出走、轻生的举动，严重时还会造成心理变态、性格乖僻和行为异常。

这些都是紧张带来的后果。

课堂上学生表现出来的扭绞双手算是紧张的初级表现，教师不能忽视，应抓住这一契机，对自己的教学进行改进，给学生营造轻松的学习环境，传授给他们好的学习方式。

1. 告知学生课前要做好充分准备

一些学生在课前不好好做预习准备，不好好完成教师布置的作业，于是一上课就担心教师会提问自己，检测自己的作业。

俗话说得好："艺高人胆大。"只要平时扎实学习，提前做好预习、复习准备，按时交家庭作业，牢固掌握各个方面的知识，做到成竹在胸，课堂上就不会因怕教师提问自己而紧张不安。

2. 引导学生正视自己，正确定位自己

一些学生对自己的定位不准，高估或低估自己，两种情况都会导致上课紧张。这就需要让学生在平时给自己一个准确的定位，既不要对自己期望过高，又不要对自己失去信心。这样，即便教师让答题或参与教学活动，也能坦然去面对。

3. 教给学生自我暗示的方法

当教师请学生回答问题或参与表演、实验等教学活动时，如果学生感到紧张不安，可以让他们暗暗对自己说"不要慌，我一定能行的"；如果确实想不出解答方法，也要让他们为自己宽心、鼓气："没关系，我可以听听其他同学是怎么做的，或许给一点提示我就也能成功呢！"如此一来，不仅可以提高学生的自信心，还能减轻他们的心理压力，有效地缓解紧张不安的状态。

要让学生在课堂上适时地做到这一点，在日常的教学实践中，教师就应事先告知学生：结果不是最重要的，重要的是敢于去面对，尽最大努力去思考、去参与。

4. 先安抚学生紧张的心情

当学生在课堂上表现出紧张时，教师首先要做的是予以安抚，缓解学生的紧张不安。比如，教师可以用手轻拍学生的肩膀，可以用温柔的话语鼓励学生，可以婉转地请其他学生予以支援。

学生紧张不安时，最忌讳他人的嘲笑、讽刺，否则他们会更紧张。所以，教师除了自己不要轻视学生，说一些伤害他们自尊的话外，也要阻止其他学生对其进行伤害和刺激。

5. 营造民主自由、轻松愉悦的课堂氛围

学生的情绪很容易受到课堂学习氛围的影响。如果课堂氛围是轻松的、没有心理负担的，学生自然就会自我缓和，反之，则会受到影响，变得更紧张。所以，教师可以通过幽默风趣的语言、新颖有趣的教学活动等，为学生营造一个自由、轻松的课堂氛围。

此外，教师的情绪很容易影响学生。所以，教师应首先把自己的不良情绪打扫干净，用自己的轻松激发学生的轻松，让自己的愉悦激发学生的愉悦。

6. 设计劳逸结合的教学方案

有张有弛的教学，才能让学生保持适度的紧张。所以，教师不要担心教学时间紧，就逼着学生不停地思考，不停地学习，使学生的大脑一直处于极度疲劳的状态。这只会加重学生的紧张心理，让学生难以承受，甚至想逃跑。

另外，学生集中注意力的时间是有限的，因此，教师在设计教学时，要注意劳逸结合，合理安排学生的学习和休息。这里的休息，不是让学生的大脑停止运转，而是给学生安排一些轻松的、简单的教学活动，让学生做一些简单的题目，或者做一些放松身心的表演，等等。

一张一弛，文武之道。凡事都需要适度，不能走极端。教师要帮助学生把握好这个度，及时发现学生心理的紧张，并抓住这一契机，及时改变或调整教学设计，或者采用更轻松的教学方式，帮学生把紧张度调控到最佳状态。

懒散地坐在凳子上

——藏在无聊里的教学契机

学习是学生的职责，可是，一些学生不仅没有把学习当职责，反而经常怠于学习，课间明明休息了十分钟，却依然无精打采的，上课时懒散地坐在凳子上。这样的学习状态，怎么能配合好教师的教学，怎么能学好知识？

那么，到底是什么原因让学生认为上课是一件无聊的事情呢？

1. 教育教学方法不当

教育教学方向与方法的不当，比如，“灌输式”“注入式”“填鸭式”的教学方法，题海战术、一言堂等教育方式，都会导致学生缺乏学习的内在动力，使学生对学习产生厌烦心理。

2. 师生关系不和谐

“亲其师，信其道”，师生关系会直接影响学生的学习态度和学习积极性。一些教师总是希望看到学生表现好的一面，而对学生的错误感到失望或沮丧，尤其对那些屡教不改的学生，更是会显现出厌烦、不满情绪。这种情况下，教师就有可能采取不合适的教育方法，让学生有不公平、不公正的情绪体验，进而更加讨厌教师、讨厌学习。有这样的负面情绪存在，学生不可能把心思放在学习上。

3. 同学关系不融洽

学生接受知识的能力不同，造成学习成绩的不同，以致学生之间出现歧视现象，而这又会加重后进生的自卑心理，使他们宁愿破罐子破摔也不愿好好学习，于是课堂上就很难见到他们认真听课，而总是看到他们一个个百无聊赖不想听课的懒散样子。

此外，如果所学内容比较简单，教师只需要轻轻一点即可，却依然长篇大论地讲解，这也有可能造成学生对学习、对课堂不感兴趣，甚至厌烦、反感。对此，教师应及时调整授课策略，转变学生的学习心态，让他们把精力尽可能地投入学习。

（一）让有质量的提问赶走学生的无聊

讲授《社戏》一文时，熊老师本来设计好了三五个教学活动，希望学生积极参与进来。可是，他发现仍然有相当一部分学生游离在课堂之外，更有几个学生懒散地坐在凳子上，不是东看看西望望，就是双眼无神地看着黑板发呆。

片刻之后，他恍然大悟：学生们认为这堂课无聊透顶了。显然，这样下去根本无益于提升教学效果，无益于学生学到新知。应尽快纠正一下，但是怎么办呢？提问呀！学生既然没事可做，就提问他们，让他们自己找答案嘛！

没想到，熊老师才提了一个问题就有了一点小小的改变，那几个懒散地坐在凳子上的学生就坐端正了。

课前熊老师已经给学生布置好了预习任务，而学生们也基本上对“看戏”这一主体事件有了较为清晰的认识。于是熊老师就问：“大家说一下课文中的哪些段落写的是看戏的内容？”

问题刚提出，学生们就纷纷行动起来，看书本的看书本，讨论的讨论，很快就分清了本文的段落层次，而“看戏”就成了情节发展的“分水岭”。

回答完问题后，学生们才把目光投向熊老师，他就又迅速抛出下一个问题：“读完课文后，大家认为‘迅哥儿’觉得这戏好看吗？”

学生们一听，立刻埋头看书找答案去了。

很快，一双双手“齐刷刷”地举起来了。但是，问了不少学生，他们给出的答案都是“戏不好看”，并且从正面、侧面找了许多理由。就在熊老师以为大家都是这样想的时候，上课之初表现得最懒散的一个学生站了起来：“老师，我反对。我觉得他认为戏好看。”

“咦？怎么可能。作者明明觉得戏不好看。”这个异议引得全班一片哗然。

这位学生没有理会大家，接着说：“课文第20段有句话说‘在这一夜里，我以为这实在要算是最好的一折’”，还有22段中的‘回望’‘不好意思说再回去看’等，都证明这戏很好看。所以，我觉得那晚的戏对迅哥儿还是有吸引力的。”

听完这个学生的回答，熊老师眼前一亮，立刻灵活地改变了提问方向，放弃了预设的问题。因为他发现一些学生回答问题比较武断，分析问题不够全面，便问道："同学们，那晚的戏到底怎么样啊？"

"不尽好看！"一位学生站起来抢着回答。

这是一个概述更加准确且十分贴近文本的答案。可是，熊老师觉得还不够，于是抛出了下一个问题，但这个问题他没有直接说出来，而是让学生齐读课文的最后一段。

刚读完，熊老师就问："同学们，既然戏不尽好看，可是在文章结尾，迅哥儿为什么又说'也不再看到那夜似的好戏了'呢？"

这下，矛盾出现了！

学生们开始议论起来。

看着大家虽然争论得不亦乐乎却得不出一致的结论时，熊老师因势利导地又提了个问题："大家再想想，是好在戏内，还是好在戏外？"

经熊老师这一提示，学生们的思维顿时变成了开闸的洪水，一下子就涌了出来。

"好在戏外！"

"为什么这样说呢？课文里是怎么说的啊？"

"文章里写划船看戏的路上，船跑得很快，说明大家心情愉快！"

"还有偷吃罗汉豆，迅哥儿说'真的，一直到现在，我实在再没有吃到那夜似的好豆'。"

……

学生争先恐后地抢说着自己对人物形象、环境描写、写作思想的感知与理解……

就这样，一节课不知不觉地过去了。可是，学生们都还沉浸在课堂氛围中，直到熊老师走出教室才反应过来。

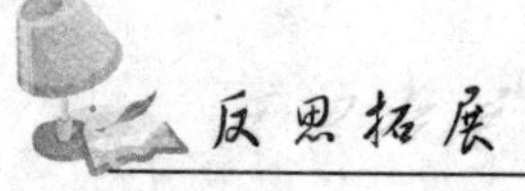

反思拓展

教学是启迪学生智慧的事业，是让学生学到更多知识的事业，而不是让学生在课堂上慵懒地坐在椅子上发呆的。可是，有时候学生却会因教师的讲课方式、授课内容无聊而无心上课。

陶行知说过："发明千千万，起点是一问。智者问得巧，愚者问得笨。"提问是教师最熟悉、使用最频繁的一种教学方法。如果教师问得巧问得好，并且问题前后连接得紧凑，有一定深度但学生经过努力也能解答出来，学生就不会厌倦课堂、厌倦答题。

案例中，上课已很长时间了，学生还没有完全进入状态，这样下去自然是不行的。那就让学生自己给问题找答案吧！没想到，熊老师的这个"实验"收到了不错的效果。问题让学生产生了认知冲突，督促学生去寻找答案，而熊老师把封闭式提问变成开放式提问，进一步激发了学生答题的积极性。面对学生概述得非常准确且贴近文本的答案，熊老师并没罢休，又灵活地提出了一个矛盾性的问题，把迅哥儿的矛盾展现在了大家面前。对于这个问题，学生束手无策，但熊老师依然没有直接给出答案，而是通过灵活地变换提问方式给了学生一点提示，让学生有了方向感，帮助他们找到了答案，让他们抢着答完了问题。

像这样节奏紧凑、有内容的课，学生还会觉得无聊么?

(二) 用形象化的教学，不再让学生无聊

数学课总免不了和数字打交道，可是不少学生都觉得这些内容乏味、枯燥、难以理解，一上课就特别无聊。

这不，讲"分数的简单计算"这节课时，钟老师还没开始讲课，就有两三个学生懒散地坐在凳子上准备开小差了。看到学生那百无聊赖的样子，钟老师心说：还没听我讲就这样，你们也太低估老师了。看我怎么让你们都积极起来。

钟老师并没有理会那几个对课堂深感无聊的学生，而是随手拿起第一排学生的文具盒，打开了上下两层，然后问该学生："你看到分数了吗?"

那个学生迟疑了几秒，恍然大悟，然后清脆地回答："我看见分数了，老师把它平均分成了两份，其中一份就是它的1/2。"

"非常正确。现在，我吃巧克力也能吃出一个分数。不信?你们看着。"说着，钟老师从上衣口袋里拿出一块有8个格的巧克力，掰下1格放在了嘴里。

大家一看老师不直接讲课，而是自顾自地吃巧克力，都懵了。很快，一个学

生明白了，抢答道：“老师，您吃了其中的一份，就是吃了这块巧克力的1/8。”

钟老师点点头，又掰了两格巧克力放在了嘴里。

这时，那几个懒散地坐在凳子上的学生也不懒散了，而是坐直了身子，看着老师。忽然，其中的一位学生站起来说：“老师，那是不是吃了3份就是这块巧克力的3/8，而吃4份的话就是它的4/8呢？”

“你自己认为呢？能给老师一个肯定的回答么？”

“嗯？我肯定。”

“好！”说着，钟老师在黑板上写下了“4/8”和“3/8”两个分数，然后又问：“谁能告诉老师看到这两个分数，你想到了什么。”

“老师，我看到了4/8比3/8大。”一个学生回答。但是他的同桌却说：“这两个分数分母是相同的。”

“可是，老师吃了3份是3/8，吃了4份是4/8。所以明显地，4/8比3/8大。大家说对不对？”没想到，这个学生还找其他人来声援。

“对！”好多学生都表示了支持。

看到自己得到了支持，那个学生得意地冲同桌一笑，坐下了。

“那么这两个数可以相加吗？相加之后是多少呢？”钟老师提示道。

一个戴眼镜的男生站起来回答道：“可以相加，合起来是7/8。”

大部分学生都同意这个答案，但有一个学生站起来犹豫着说出了另一个答案：“老师，我怎么觉得应该是7/16啊？”

钟老师并没有立即否定这个学生的答案，而是先肯定了他敢于提出不同答案的勇气，然后让大家自行做一个小实验证明一下哪个答案正确。

全班学生都忙活起来了，有的画图，有的折纸，还有的把自动铅笔的笔芯折断做实验。

这时，一个戴眼镜的女生站起来说：“老师，我给大家演示一下吧？”不等老师同意，她就从自己的练习本上撕下一张纸来，对折成8等份，小心地撕开，先数出4张纸片，再数出3张纸片，说道：“如果这张纸是老师刚才吃的那块有8个格的巧克力，老师先吃了4格，即吃了巧克力的4/8，然后又吃了3格，即吃了巧克力的3/8，那么就相当于老师第一次吃了4个1/8，第二次吃了3个1/8，合起来是7个1/8，所以最后的结果是7/8。”

看完她的表演，听了她的解释，刚才提出异议的学生立刻明白自己错在哪里了，红着脸说：“你说得还真对。下次我得好好想想再说了。”

“呵呵！回答问题之前，三思而后行。好！现在老师再给大家演示一下，加深理解，加强一下记忆。”说着，钟老师用多媒体教具对刚才的实验做了一次演示，然后说：“根据这个小实验，我们可以清楚地知道，同分母的分数相加，分母不变，分子相加。”

钟老师才说完下课铃声就响了。一个学生走过去跟钟老师说：“老师，今天的课上得真好，我都没觉得无聊。我喜欢上这样的课。如果以后都这样上课就好了。”他是一上课就懒散地坐在凳子上的一个学生。

反思拓展

一提到怎样学好数学，一些教师就立刻拿出绝招——上书山，下题海。所以，在数学课上，等待学生的不是讲不完的习题，就是做不完的试卷。

可是，即便一遍遍重复，题目、答案都熟得可以背下来了，对于相应的知识点，一些学生还是不能理解，甚至换一种题型或者综合一下就算不出正确答案。更有一部分学生，一听到数学就头疼，一到数学课就开始无聊，不是上课时偷偷地看课外书，就是坐在椅子上发呆。

这些都让教师头痛不已。可是找不到好的解决方法，就只能让学生一遍遍地做习题，而对于那些上课时无聊地坐在凳子上的学生，也只能采取接二连三地提醒、批评甚至惩罚的方法。

显然，这不能解决问题。那么，教师为什么不换一种方式，让那些枯燥的知识变得形象起来，变得让学生喜欢起来呢？

数学来源于生活，学生学习它也是为了应用于生活。生活是形象化的，数学课也应该是形象化的。案例中的教师，正是通过表演把数学变得形象化了。这种教学方式，不仅提高了学生的学习兴趣，激发了学生的积极性，还让学生真正地理解并掌握了所学知识。

所以，当学生对抽象的知识感到无聊时，教师应想办法让它们变成学生喜欢的形象的知识，这样学生才会乐于投入学习中。

（三）让学生不再无聊的策略

学生感觉上课无聊，有时是因为不知道做什么事，或者有些事不用费劲就能做好，所以不屑去做，有时是因为自信不足，不知道自己能否学好，于是就自然而然地表现出懒散了。像这种情况，教师就应该让学生有事可做，有问题可思考，有信心去学，让学生的手脚和大脑真正动起来。

那么，教师具体可以怎么做呢？

1. 营造民主和谐的气氛

现代教育思想认为：只有给学生营造一种和谐、融洽的教育环境，激发学生内在的学习需要，才能使他们生动活泼、主动有效地学习，把教育活动视为自己真正喜欢的生活。

在一些课堂上，学生只要不是按教师的“标准”回答问题，就有可能被命令坐下，或被打断发言。还有一些教师只找自己喜欢的学生、学习好的学生来回答问题，而置其他学生于不顾。这些行为都很容易让学生产生被忽略的感觉，从而懒散地坐在凳子上，不去积极地思考或参与教学活动。因此，在教学中，教师有必要营造宽松、民主的学习氛围，鼓励学生把不同的观点表达出来，鼓励不同学习层次的学生回答问题。即便学生回答错了，教师也要及时给予鼓励。在这样的学习氛围中，即便不全懂，学生也会敢于说话，敢于参与。这样一来，谁还会懒散地坐在凳子上呢？

2. 巧妙的情景导入，引发学生的兴趣

良好的开端是成功的一半。好的开头是让课堂活跃起来的前奏，它影响着一堂课的成败，所以，教师应针对学生实际和教学内容，创设恰当的教学情境，渲染轻松、愉悦的学习气氛，引起学生的情感共鸣，把学生的注意力集中起来，激发学生的求知欲，使学生想听下去，急于听下去。这样才能充分调动学生的主观能动性，从而进入最佳的求知状态。

3. 放手让学生大胆尝试

中小学生的特点是好动，教学中，教师应想办法让学生动起来，这样才会把学生推到主体地位，而学生也才乐于参与教学活动。所以，凡是学生能观察的，教师要尽量放手让学生去观察；凡是学生能思考的，教师要尽量放手让学生去思考；凡是学生能说的，教师要尽量让学生去说。

只有学生看到了，想出来了，说出来了，教师才有可能知道其思维方式是否正确、灵活、合理，是否具有创新性。因此，教师要在教学中设计不同的问题，使每个学生都有看、想、说的机会，特别是要让学习较差的学生也有机会，并且给予他们适当的鼓励。

4. 恰当运用现代教学手段，培养学生的学习兴趣

学生对所学知识是否充满兴趣，是否积极参与教学，有时候取决于教师能否提供一个良好的外界条件。

“照本宣科”“填鸭式”教学我们经常见到，在这些课堂上，教师只是讲讲写写，学生只是听听记记，而这就容易让学生产生厌烦感，因此难以把精力放到学习上。而现代教学手段的应用恰好弥补了这一不足，增加了课堂的趣味性，增加了知识的可观赏性。

运用现代化教学手段，不仅可以提高学生的认识能力，还可以培养学生的学习兴趣，让学生把文字、动画、图像融合起来，真正做到“图文并茂”，使学生有身临其境之感，觉得生动有趣。有了对知识的兴趣和学习热情，谁还会懒洋洋地坐在凳子上看时间流过呢?

5. 巧设课堂结尾，激起学生兴趣

一些学生在上完一堂课后，往往会因为总结的知识都是刚学过的，还有很深的印象，就不以为意，以为不听也没有关系，从而出现心理懈怠、毫不在意的情况，懒散地坐在凳子上。

要改变这种情况，教师有必要设计一个能吸引学生注意力的课堂小结。

在谈到行文时，古人有云：“起句如爆竹，骤响易彻；结句如撞钟，清音有余。”可见，小结的语言巧妙，有激情，师生之间才能产生共鸣；小结的语言精练，才能使学生掌握重点，抓住中心；同时，小结带有悬念，才能吸引学生去探索、探究。

耐人寻味、课断而思不断、言虽尽而意无穷的小结，才是学生乐意见到的，才是最能激发学生兴趣、调动学生积极性的课堂结尾。对此，教师在教学中要有所注意。

“知之者不如好之者，好之者不如乐之者。”想让学生觉得课堂不无聊，在教学实践中，教师要努力做到这几点：首先要培养学生的学习兴趣，其次是营造宽松、民主的学习氛围，然后是培养学生的学习信心和对教师的喜爱之情。这些都是学生好学乐学的重要动力。

坐立不安

——藏在厌烦里的教学契机

求知是学生认识世界的基本途径，而追求快乐又是学生的天性。如果学生因求知而被剥夺快乐，在痛苦的状态下学习，就会产生厌烦情绪。

课堂上，我们经常看到一些学生不是前后左右频繁地挪凳子，就是左腿右腿频繁地轮换着跷二郎腿。这种坐立不安的表现，不仅成绩差的学生会有，成绩好的学生也会有。出现这种情况，往往是因为学生对课堂、对学习产生了厌烦情绪，不想继续待在教室里了。

要消除学生的厌烦情绪，首先要明白他们产生厌烦情绪的原因，然后对症下药，让他们快乐地学习。那么，到底是什么导致学生讨厌课堂、厌烦上课呢？

1. 教师或家长的期望过高

家长和教师是学生最亲近、最信赖的人。每个学生都希望自己成为家长和教师希望他们成为的人。可是，期望过高会给学生带来过重的心理压力，使他们不自觉地把学习与痛苦体验联系在一起，因此厌烦学习。

2. 父母陪读使学生缺乏自觉性

一些学生在家由家长监督着学习，而在学校，因为教师不可能时刻监督他们，他们学习片刻就会产生厌烦感。

而且，有父母陪读的学生，往往是在父母的帮助下解决学习问题的，这使得他们难以独立地解决问题，体验不到独立解决问题的快乐，所以，一遇到问题而无人帮忙时，他们就对学习产生了厌烦。

3. 学习目标定向有偏差

一些教师或家长教育学生时，往往将学习的目标定在将来而不是今天，比如他们会说："你不好好学习，将来就找不到工作，只能去乞讨要饭。"这使得学生体验不到获取知识本身的快乐，而只注重别人对自己的评价。

对知识本身不感兴趣，学生自然就会将学习看作苦差事，一遇到不喜欢的或者解决不了的问题，就坐立不安，厌烦不已。

4. 学生对教学内容、教学方法不感兴趣

一些教学内容比较抽象，学习起来有难度。这也很容易引发学生对学习的厌烦感。还有一些教师的教学方法比较陈旧，没有新意，学生不感兴趣。

虽然引发学生厌烦学习的原因不限于此，但是要让学生从苦学、厌学变为喜学、乐学，需要教师循循善诱，耐心指点，需要教师重新审视自己的教学方法、教学态度，给学生一个乐学的理由。

（一）用实物操作激发学生的学习兴趣

对物理一直就比较发憷的大刚，才上课就皱起了眉头，屁股一直在凳子上蹭来蹭去，不好好坐着听课。

“大刚，座位上有针扎么？怎么不好好坐着啊？”老师看到大刚那坐立不安的样子，知道他老毛病又犯了。

“老师，这节课的知识很难学吧？”

“所有知识都需要经过一番努力才能学会。大刚，坐好，老师开始讲课了。”说着，老师弯腰从讲台边拎起一个实验箱，从中拿出一个长长的物体来。

那是一块红布包裹着的、下面连着两根电线的“怪物”。

老师拿着它，对着全班学生晃了几下。

“咦？老师，这是什么玩意儿啊？以前没见过呢？”大刚一看老师在卖关子，就问。

“老师不是说过吗？物理课离不开实验，所以想带着大家玩玩儿。”

“那要玩什么呢？怎么玩呢？”学生们开始彼此询问，瞎琢磨起来。

看着学生满脸疑惑的样子，老师故作神秘地一笑：“请大家猜猜老师手里拿的是什么东西？”

“电池。”

“电线。”

……

学生争先恐后地喊道。

“现在，请大家看仔细了，这到底是什么呢?”老师故意很神秘地说，同时拿出一把大头钉放在讲桌上，然后把那个用红布包着的“怪物”上的两根电线接在电源上。

顿时，奇迹出现了。“怪物”一下子吸上了很多大头钉。

“好神奇！老师，这是什么啊?”大刚问。

其他学生看到这一现象后立刻把手举了起来，想说说自己的想法。

老师点名叫了大刚的同桌回答。

他回答道：“老师，肯定是吸铁石，因为只有吸铁石才能吸大头针之类的铁制品。”

老师笑了，但没有立刻给出答案，而是让大家回忆一下磁铁的特性，之后才把红布拉开。

“哇！这是什么东西?”出现在学生眼前的是一个缠着很多电线圈的铁棒。

“是啊！这是什么东西？谁能给大家解释一下?”老师还在卖关子。

显然，老师手中的每一样东西大家都非常熟悉，可是把它们组合在一起，做出这种跟磁铁性质相似的东西，大家就不太熟悉了。

然而，老师并不急着把答案告诉学生，而是让大家自由分成四个小组，利用早已准备好的器材，自己动手做一个跟那个“怪物”一样的东西。

分组后，学生开始忙碌起来，老师则在教室里巡视，以便随时对有需要的学生进行指导。

此时，大刚也不再在座位上坐着了，而是站起来认真地看同组的学生组装器材，有时还会指点一两下。

看到老师向自己走过来了，他顺势问道：“老师，这个玩意儿的磁性跟电线卷得松紧有关吗?”

老师笑了笑，说：“你自己做做看嘛！有些问题自己试试就解决了。”

“好吧！我们试试。”大刚居然没有因为老师拒绝帮助自己而沮丧，反而又埋头看同学们做实验了。

在动手操作的过程中，有的小组反复试了好几次都吸不上大头针，无奈之下，只好向那些成功的小组讨教经验，最后总算吸上了。

看着自己的“小怪物”终于能吸大头针了，全班学生都笑了，不时地用手去摸，或者翻来覆去地看，想找出它为什么能吸大头针。

看着学生因成功而兴奋起来，老师高兴地说："现在，大家都做成了这个装置，不知道有没有兴趣给它起个名字呢？"

大刚抢着说道："它是因为接了电才产生的磁性，就叫电磁吧！"

物理课代表则说："它和磁铁一样有磁性，而且是用电产生的磁性，所以叫它电磁铁更好。"

"两位回答得不错。其实，在物理学上，它就是被称为电磁铁的。好！接下来，我们再做一下实验，了解一下电磁铁的特性。"

一声令下，学生们又开始按照刚才的分组做起实验来。实验过程中，大家发现电磁铁的磁性是可变的——有时强有时弱，而有的学生也恰好向老师提出了这个问题："电磁铁的磁性变化跟什么有关呢？"

老师依然没有回答，反而把问题丢给了学生："大家觉得呢？"

学生们众说纷纭，提出了很多想法，比如跟电线有关、跟电力有关、跟铁芯（用来缠线圈的铁棒）有关。尽管大家争得面红耳赤，却没有得出一个最能说服其他学生的答案来。

看着争论不休的学生，老师笑着提醒道："大家自己试验一下，不就知道了？"

"是啊！做实验检验一下不就行了。"恍然大悟的学生又开始了新的实验操作。只见大家有增加电池节数的，有加减线圈的圈数的，有更换不同质地的芯的。

经过一番努力，学生终于得出了一致的结论：电力越大，磁力越大；线圈的圈数越多，磁力也越大；磁力的强弱跟线圈缠绕的芯没有任何关系。

虽然在动手操作中学生遇到了很多问题，也遭遇了一些不顺，但他们最终还是自己找到了正确答案。更重要的是，这堂课让一向对物理厌烦的大刚都觉得不错。

反思拓展

课堂上，学生会对一些难以解决的问题或者抽象的知识产生畏难情绪甚至厌烦情绪。此时教师不应该做冷眼旁观者，更不应该用讽刺、挖苦来打击学生的情绪，而是要用适当的鼓励与诱导帮助学生走出困境。

大刚一上物理课就发憷，就坐立不安。对此，老师没有瞧不起他，而是用鼓励的话语安抚他，帮助他稳定了情绪，提高了信心。而之后，大刚之所以没有再次坐立不安，反而积极地参与教学，是因为老师让这堂课充满了趣味性，充满了成功解决疑难问题的成就感。

学生正处在活泼好动的时期，让他们规矩地坐在座位上认真听教师描述、讲解那些抽象的物理知识是比较困难的。但是如果教师能够像案例中的老师一样，利用学生喜欢动手的特点，拿些简单的实物给他们，引导他们做一些实验，学生一定能积极参与进去。因为这样一来，他们不仅是玩在其中，更是学在其中了。一举两得的美事，自然会受到学生欢迎。

（二）形象的教学让记忆更容易

一些学生一上地理课就头疼，提不起精神来。晓航到了地理课上就开始坐立不安，他一会儿看看同桌在做什么，一会儿扭扭屁股，一会儿搬搬桌子，一会儿抬抬椅子，没一刻安稳的。

看到他那样子，王老师知道他对这堂课又产生了厌烦情绪。但是，他并没有制止晓航，而是心想：一会儿你就不会这样啦！

这节课要讲的是《撒哈拉以南的非洲》第一课时。

在课前准备阶段，王老师就预料到学生会对本节内容产生厌烦情绪，于是把学生分成三个小组，让他们在课下搜集一些与这个地区相关的图片。一上课，他就通过复习与黑人有关的知识，把大家的思维带到了撒哈拉以南的非洲；接着，又让大家以学习小组为单位，一起来学习这个区域，并且互相传阅各自搜集的文字资料和图片资料。

当大屏幕上出现撒哈拉以南的非洲的全景图时，王老师指着它动情地说："世界上有5亿多黑人分布在撒哈拉以南的非洲中部和南部，占整个撒哈拉以南的非洲总人口的90%以上。所以撒哈拉以南的非洲又被称为'黑非洲'。这个地区的黑人分属几百个不同的部族，他们都有各自的语言、风俗习惯和原始宗教，他们能歌善舞，在音乐、绘画等方面有极高的才华。黑人大多会击鼓，能够根据不同的需要击打出各种鼓声……"

同时，王老师把自己和学生收集到的关于黑人民俗的图片材料给大家展示了一下，然后问："谁知道这里有哪些主要国家？它们绝大多数是发展中国家还是发达国家？今天我们就去了解一下这个地区的自然环境。”

与此同时，大屏幕上又出现了撒哈拉以南的非洲的地图。

“在地图上，我们可以清楚地看到赤道穿过这个地区的中部，北回归线穿过这个地区的北部，南回归线穿过这个地区的南部。所以说，撒哈拉以南的非洲的绝大部分地区位于热带。在这幅图里，我们可以看到一个大岛、一个半岛和一个海湾，并且还可以看到这个地区周围还有海洋。谁能告诉我，它们分别是什么?”

“老师，它们是马达加斯加岛、索马里半岛、几内亚湾，此外这个地区周围有红海、印度洋、大西洋，还有著名的好望角。”一个学生抢着回答道。

“说得好！这说明你在课下预习了、读图了。”王老师表扬了这个学生。正说着，大屏幕上又出现了欧洲西部的地图，他继续讲道，“大家看看，与以前学过的欧洲西部相比，撒哈拉以南的非洲的海岸线有什么特点?”

“它三面邻海，海岸线比较平直。”

接着，大屏幕上又出现了“撒哈拉以南的非洲的地形图”。

“下面，请大家在图中找出撒哈拉沙漠、埃塞俄比亚高原、东非高原、南非高原、刚果盆地、尼罗河和乞力马扎罗山（非洲的最高峰），然后说一下撒哈拉以南的非洲属于什么地形。”

“典型的高原大陆。”这次回答问题的是晓航。

没想到晓航会主动站起来回答问题，王老师给了他一个赞赏的眼神。

过了一段时间，大屏幕又换成了“撒哈拉以南的非洲的气候图”。

“通过看图，大家发现了什么?”

“撒哈拉以南的非洲主要是热带雨林气候、热带草原气候、热带沙漠气候，以热带气候类型为主，所以说它是一个典型的热带大陆。”

“还有吗?”

“老师，我还看到这里的气候分布是以赤道为中心，南北半球对称分布的。”又是晓航在回答。

“不错！”王老师笑着请晓航坐下，然后说，“不同的气候条件下，自然景观是不同的，所以，从撒哈拉以南的非洲的景观图（说着，王老师开始播放自己制作的幻灯片）中，我们看到这里全年高温多雨，植被茂盛，应该是热带雨林气候；这里明显有干季和湿季的区分，应该属于热带草原气候，所以草在湿季茂盛，在干季枯萎，还有许多野生动物；而这里则终年炎热干燥，寸草不生，应该属于沙漠广布的热带沙漠气候。因为撒哈拉以南的非洲有大面积的热带草原，所以这里有很多野生动物。接下来，我们看一下同学们课前收集的在非洲热带草原上生活的野生动物的图片。”说着，王老师把用自己和学生们搜集的图片制成的幻灯片放给同学们看。

看了一会儿，王老师问：“刚才大家都看到了，大部分生活在热带草原的野生动物都善于奔跑。现在请大家想想，它们的这种生活习性是不是与生活环境的气候特点有关啊？”

说着，王老师在黑板上迅速画了一幅图：“这是撒哈拉以南的非洲的国家——乍得的首都恩贾梅纳一年内各月的气温曲线与降水量柱状图。请大家依此分析一下热带草原的气候有什么特点？”

“分为明显的干湿两季。因为从图上，我们可以清楚地看出恩贾梅纳各月气温都在20℃以上，可以说是终年高温；降水在7～9月相对较多，1～4月和11～12月相对较少。”

“没错！这种气候使得湿季时风调雨顺，植物繁茂；干季时缺水少雨，植物一片枯黄。因此，野生动物只有不断锻炼自己的奔跑能力，才能在干季时迁徙到热带雨林边缘水草肥美的地方继续生存。所以，热带草原上的动物都有随着水草迁徙的特征。”

“回答正确！其实除了拥有丰富的野生动物资源外，撒哈拉以南的非洲还有其他十分丰富的资源。大家先看看这里的资源分布图，同时还有你们自己找的图片。”

过了一会儿，王老师问：“大家发现了什么？”

“这里的水能、可可、咖啡等非常多，还有象牙。”这是晓航的回答。

“黄金、金刚石、铜、铀等也很多。”

……

“是啊！这是一块富饶而美丽的土地。”王老师总结道。

就这样，王老师通过大量的图片完成了这一堂课。晓航虽然在起初很厌烦地理课，但显然很快就被图片吸引了过来，认真地上了这节课。

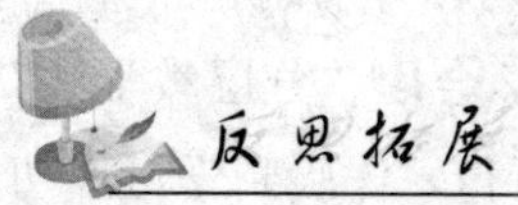

反思拓展

经过研究，专家认为用文字识记和用形象材料识记的记忆效果相差悬殊，因为相对于词的视觉形象，物体的视觉形象更容易记忆，还可以保持很久。

《撒哈拉以南的非洲》的内容多而杂，学生需要了解撒哈拉以南的非洲的位置、范围和主要国家；了解本地区主要的地形区，并描述其地形特点；了解非洲黑人原始居住地的分布地区，简单描述其自然环境特点；能够读图说出本地区的主要气候类型，并描述其主要特点。这些知识点，如果教师不运用学生喜欢并感兴趣的教学方法，学生很容易跟晓航一样，还没开始学就已经厌烦了。

正是清楚地认识到了这一点，王老师才力图通过在课堂上多运用一些图像激发学生的学习兴趣，加深他们的记忆。这堂课的任务比较重，而课本上的图片多是静止的，于是王老师事先让学生搜集了一些动态的图。而在讲课时，他每讲一个内容，就让学生看一次图；每讲一个知识点，就让学生看一次图。就这样，在他引导性的讲解与图像形象性的双重刺激下，学生对知识的印象就加深了，同时也不会因知识点过于繁琐、抽象而产生厌烦了。

所以，在教授那些抽象得难以理解的知识时，如果事先觉得学生会对所学内容产生厌烦情绪，教师就有必要摒弃那种单纯用文字解说、讲述的教学方式，而不妨给它配上几幅有助于理解的形象的图片，先让学生对其产生兴趣，再用文字进行辅助性解读。这样，学生才能理解得更快，记忆得更深刻。

（三）让学生不再厌烦学习的策略

在课堂上，学生表现出来的对学习的厌烦心理有着很强的普遍性，任其发展下去，必然给学生的学习带来不可估量的不良后果。所以，教师应设法消除学生对学习的厌烦感，让他们安安稳稳地坐在座位上认真听课，真正投入学习中去。

要想让学生在课堂上尽可能一门心思地学习，教师可以采取如下措施：

1. 创建优良的教育环境

在教学中，教师要勇于克服情感障碍，真正厚爱厌烦学习的学生，注意提高学生的心理品质，努力挖掘每一位学生的潜能和学习以外的闪光点。

在教学中，教师还要积极改变不当的教育方法，学会用“分层教学法”“兴趣教学法”“幽默教学法”等，使所有学生都学有所得，体验到学习成功的乐趣。

当教师真正爱每一位学生时，当教师真正为了学生去积极地改进教学方法时，学生的学习环境就有希望获得极大的改善，学校就会成为真正适宜学生学习的好地方，而这也会促使学生愿意在其中生活、成长和学习。

2. 培养学生的学习兴趣

培养学生学习兴趣的途径主要有：

①让学生愉悦地接受老师

讨厌某一教师，就会讨厌该教师所教的课程，这已经成为一条基本的教学规律，所以教师要努力做一个学生不讨厌的教师。这就需要教师时刻注意自己的形象，积极学习先进的教育教学理论知识，主动了解学生的情感需要并予以满足，主动了解学生在学习上的不足并给予帮助，使学生感受到教师的可敬、可亲、可信任，乐于接受教师的教育。

②帮助学生寻求获取知识的新奇感

读书可以开阔人的视野，激发人的学习欲望。

教师要鼓励学生读书，让他们扩大知识面，同时也要加强对他们的读书方法的指导。教师可以与学生一同读书、评书，使学生读有所获，读有所乐，逐渐学会从知识中寻找令自己感到新奇的、喜欢的内容，从而提高学习兴趣。

③促使学生的兴趣向学习转移

不喜欢学习的学生并不是对所有知识都不感兴趣，他们或是兴趣面不广，只对某些学科感兴趣，或是兴趣的稳定性差，兴趣中心不断转移。这就需要教师对每一个学生都进行一番深入的观察、研究，在了解学生的兴趣中心和特点后，积极引导其扩大兴趣范围，把兴趣中心转移到不愿意学的知识上来。

④改善教学方式、方法

教师可通过积极改善教学方式、教学方法来增强学习内容的趣味性，降低学习内容的难度，提高学生的学习兴趣，而且这也能让学生有一种对知识的饥饿感，有助于激发他们的求知欲。

此外，教师还可以通过游戏、表演等方法，使深奥的、逻辑性强的知识变得通俗易懂，易于接受，或者通过一步步的引导，给学生创设成功的机会，提高学生学习的成功感和满足感，以此激励他们不断地努力，不断地提高。

3. 激发学生的学习动机

学习动机是促使学生学习的内部动力，学习动机强的学生一般不会对学习产生厌烦情绪。所以，教师有必要通过人生观、价值观教育和成功教育，

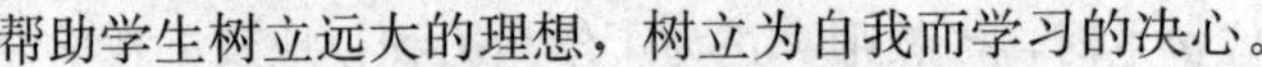

帮助学生树立远大的理想，树立为自我而学习的决心。

4. 加强对学生抗挫能力的培养

现在的学生，生活条件比较优越，出现问题时有家长或教师及时帮助解决，所以抗挫能力比较差。教师要时常注意对学生进行挫折教育，让他们在遇到挫折时能及时找到适当的方法，减轻心理压力……

在教学中，教师可以故意在学习中设置一些挫折活动锻炼学生，在发现学生意志消沉时，用鼓励、期待的话语引导学生走向积极，或者通过主题班会、活动课、专题教育课等形式，讲授心理疏导知识，引导学生积极锻炼自己的意志。

学生表现出厌学行为的时候，往往是教师进行教育的最佳时机。所以，当学生一上课就坐立不安、想做小动作时，教师不要生气，而要努力抓住这一时机，及时调整自己的教学计划，尽快找到适合学生学习的点，让学生忽略掉所有影响学习的因素，一门心思、踏实地求知。

若有所思

——藏在思考里的教学契机

思考是课堂教学中最重要的一个环节。对于已经学过或者正在学习的知识，学生只有经过积极的思考、分析，理清它们的前因后果及彼此的密切联系，才能活学活用、举一反三。否则，即便学习了，学生仍然可能领悟不到其中的奥妙。

课堂上，经常可以看到学生或皱眉，或搔头，做出一副认真思考的样子。思考是学习的开始，教师应适时地抓住这一良好的学习契机，引导学生更好地学习。

那么，为什么学生会进入思考状态呢？

1. 学生对所学知识感兴趣

只有对自己感兴趣的知识，学生才愿意开动脑筋去思考，否则他们往往乐于收获现成的，即教师直接传授的知识。所以，当学生有思考的行为时，教师一定要努力抓住机会加以利用。

2. 所学知识有难度

对学生而言，有难度的知识或问题才需要思考。所以，发现学生思考时，教师有必要给学生预留一定的时间，让学生“尽情”地思考。

叶圣陶说：“教育就是培养学生良好的习惯。”思考是个良好的学习习惯，也是学生应培养的学习习惯。所以，在教学中，发现学生思考时，教师一定要把握这个大好时机，让学生的思考更深入一些，更长久一些，并最终养成爱思考、会思考的习惯。

（一）用激励性评价引导学生思考

教《念奴娇·赤壁怀古》时，潘老师在带领学生熟悉了一下作者苏轼后问：“谁能说说苏轼这首词是在什么境况下写的？”

“贬官失意时。”一个学生略带神气地说。

其他学生都被这一问答吸引住了，脸上写满了疑惑，还有一些学生一副若有所思的样子，好像在想为什么贬官失意时就能写出这么好的词来。

潘老师趁势引导说：“对。那么，贬官失意的滋味如何呢？与一般人的感觉相同吗？大家听一遍录音朗读，仔细体会词人的情感。”

学生认真听完后，潘老师说：“同学们，听别人朗读得那么富有感情，我们也来体会一下这种激昂高壮的情感吧！”

学生的激情瞬间被调动了起来，开始集体朗读。

读完后，潘老师非常肯定地说：“大家读得非常流畅。要是开头一句再读出点气势会更好。”然后，她又带着学生读了一遍。

“大家感觉哪句写得比较有气势？”读毕，潘老师问。

学生纷纷举手发言。

“第一句。你看‘大、淘尽、千古风流人物’这几个词用得很好，有一种横空而来的磅礴气势，开篇就定下了这种高昂的气势。”

“我不同意。我觉得‘乱石穿空，惊涛拍岸，卷起千堆雪’这三句更有气势。这三句分别从形、声、视等角度结合起来写，由岸边到江面，由江面到大江深处，写出了赤壁的雄伟壮丽、波澜壮阔的画面。”

一学生略显激动地说：“那是其中的一部分，是分写。第一句是总写，集中写。”

“大家都很有见解，讲得也有道理，其实这两句都体现了本词豪迈奔放的风格。大家说对吗？”潘老师问。

学生异口同声地说：“对！”

“老师，这里的‘风流人物’与‘浪花淘尽英雄’中的英雄人物相同吗？”一个在沉思中的学生突然站起来提出了自己的疑问。

未等老师说话，就有学生回答了：“当然不相同。要是相同就可以通用了。虽然它们都有杰出的、有成就的人物的意思，但在这里苏轼所指的风流人物是周瑜，他年轻有为、文武双全、有胆有识，哪能与一般英雄人物相提并论呢？”

“我不同意你的观点，你说来说去还不是在解释英雄人物，没有说服力。”提问的学生很快给予了反驳。

潘老师微笑着说：“那么怎样才更有说服力呢？想一想，能否从课文中找到答案？”

学生一听，急忙去课文中找答案了。

一个学生站了起来，若有所思地说：“啊，我明白了，下文不是写到了小乔吗？难道不是用来衬托周瑜的吗？美人配英雄。也就是说，苏轼心目中的风流人物除了文武双全之外，还得懂点儿女情长，刚柔相济。”

还有一学生点了点头，若有所思地说：“噢，我明白了。”

全班响起了热烈的掌声。

潘老师点评道：“你理解得真透彻。没错，‘雄姿英发，羽扇纶巾’说的是周瑜文武双全，而‘小乔初嫁了’则是写他的柔情。大家认为是这样吗？”

有位学生却对这一说法不同意，他“噌”地一下站了起来，若有所思地质疑道：“老师，在初中，我们学过毛泽东的《沁园春·雪》，里面有‘数风流人物，还看今朝’。这里的‘风流’也是说毛主席‘柔情满怀’吗？”

潘老师微笑着说：“这是一种可贵的质疑精神，请大家想想，毛泽东词里的‘风流人物’能不能这样理解？大家回忆一下原词，认真对比一下，然后自由发言，谈自己的看法。”

不久，有学生举手回答：“风流人物不能都解释成一般理解中的英雄人物。毛泽东词中的风流人物当然不能等同于苏轼词中的风流人物，前者有一定的政治意义，是指才能出众，品格超群，对历史发展有巨大影响的杰出人物。毛泽东在词中也一一列举了历史上的‘唐宗宋祖’‘成吉思汗’，说他们够不上风流人物，即他们武有余而文不足，只有武略而缺少文韬。所以，‘数风流人物，还看今朝’。”

潘老师用赞许的眼神看了看他，说：“老师也同意你的见解！”

此时，一位男生却一脸不解地站了起来：“老师，三国时期有横槊赋诗的曹操、驰马射虎的孙权、隆中定策的诸葛亮等风流人物，为什么苏轼就只选周瑜呢？”

一石击起千层浪，课室里顿时议论纷纷。同时，学生们也很快陷入了沉思，想自己找出答案来。

“问得好，有创意！同学们也认真想一想，为什么呢？我只提示二人的经历与现状。”潘老师说。

学生的思考方向立马转向了二人的经历与现状。

“苏轼选周瑜，是因为他年轻有为，潇洒飘逸，与自己年老少成有着鲜明的对比，而其他人无论从出身、经历上都与苏轼有较大的差异，所以苏轼心目中的风流人物只能是周瑜。”

一阵掌声后，潘老师说：“回答得非常好！可见，解读诗意应做到知人论世。”

反思拓展

在本质上，教育就是唤醒，而唤醒的最佳方法就是激励，激励，再激励。任何学生，不管是成绩优秀的学生还是成绩较差的学生，都期望得到激励。适时而精当的激励，能让人振奋，让人思维活跃。

在教学过程中，潘老师通过一次次的激励性评价，迅速调动了学生的求知欲，牵引了学生的思考兴趣。在潘老师的激励下，学生的学习气氛热烈，充分发挥了主体作用，锻炼了思维能力。

在激励学生的过程中，潘老师给予了学生充分的信任，把学习的主动权交给了学生，让学生放手去读书、去思考。随着一个个问题的提出、讨论，学生学习的兴趣和思考的兴趣不断增强，思考的深度和广度不断扩张，而思考的结果也越来越接近正确答案。

可见，教师可以通过激励性评价，引导学生自己去思考，自己去寻找解决方法，从而在思考中提升自己。

（二）将学生的思考引向深入

讲《中彩那天》一文时，杨老师一开课就问学生：“同学们，你们买过彩票吗？有没有人中过奖？中了奖的心情是什么样的？”

同学们顿时来了兴趣，开始你一言我一语地议论：

“老师，我买过，可惜……没中奖。”一个学生调皮地回答。

“我也买过，而且还中奖了！只是少了点，只有十块钱，不过我当时还是很高兴。”另一个学生回答。

在学生兴高采烈地谈中奖心情时，杨老师倏地话锋一转：“大家中了奖都是兴高采烈的，可有人中了大奖却忧心忡忡，你们听了有什么想法?”

“不可能吧?”“怎么回事?”一些学生相互看了看，还有一些学生则手托着腮若有所思。

看着学生的表现，杨老师知道目的已达到，但为了进一步吊起学生的胃口，他故意装作高深莫测的样子说：“是啊，怎么会这样呢?要想知道实情，就请默读课文。读完后，你的心中一定会有解不开的疑团产生，只要你大胆地说出来，那你就是今天最棒的学生。”

杨老师的话刚讲完，学生就情绪饱满地读起课文来。读完课文，果然有几个学生皱起了眉头，开始思考提什么问题了。

几分钟后，几只手高高举了起来。杨老师叫起了一位学生。

该学生问：“为什么中了大奖，父亲还不高兴呢?”

“老师，我知道答案。”杨老师还未开口，就有一名学生急着要回答。

“好，你来回答。”杨老师点头示意。

“我知道父亲不高兴的原因是遇到了一个道德难题。可我还有一个问题是：父亲遇到的道德难题究竟是什么?”

这个问题提得太准确到位了！这正是杨老师最想得到的问题。杨老师太高兴了，情不自禁地夸道：“哇，你真是太不简单了，不但解决了同学提出的问题，还提出了一个最有价值、最值得我们思考的问题。”说着，他把问题写在了黑板上，然后说，“下面我们就围绕这个问题展开学习，我相信你们还能像刚才这位同学一样发现更有价值的问题。”

受到激励后，学生们跃跃欲试，读书都特别仔细，而且一边读还一边思考。

为了进一步引发学生的问题，杨老师指着黑板上的“道德难题”四个字说：“父亲遇到的道德难题就在课文的第八段中，请仔细读读，看是否还有疑问产生。谁找到了问题，也就是找到了答案。”

听了杨老师的话，学生们备受启发，而发现疑点、提出问题，就会解决本课的难点，更成为吸引学生的一大诱惑。于是，学生们又一头扎入课文中，开始仔细阅读课文，思考并寻找问题。

此时，有的学生埋头苦思，有的学生匆匆读书，有的学生则好似找到了答案似的粲然一笑。

果然，学生提出的问题异彩纷呈，紧扣要点，大大超出了杨老师的设想。比如，有学生围绕课文中“淡淡 K 字”连续发问：“K 字有人擦过，是谁擦的？他为什么要擦？”有的学生则对“父亲”前后不同的情绪产生了兴趣：“父亲得到名车不高兴，怎么把车拱手相送后反倒高兴起来了？”有的学生则站在文中“我”的角度思考：“我们家穷，库伯家有钱，难道不能把车留下吗？”

听着学生的提问，杨老师不由得暗自赞叹：“大家的问题真不错！”

为了让学生的思想“站”得再高一些，杨老师拿起书有感情地读了课文第一自然段中母亲说的那句话和课文的最后一段，然后把目光又投向了学生。

一名学生立马读懂了杨老师的意思：“老师，我想知道为什么父亲打电话的时候是我们家最富有的时刻，为什么诚实、有信用是人生最大的财富？”

“这名同学提的问题正是本文所要讲述的主题和中心，即父亲所遇到的道德难题就是诚实和守信的问题……”杨老师此时才开始正式进入主题，给学生讲述诚实和守信在人生中的价值。

此刻，课堂上静悄悄的，学生一边认真听讲，一边默默地思考着老师的话，完全融入了课堂以及角色当中。

反思拓展

知识是死的，人是活的。教师的职责是让学生更好地学习，灵活地掌握知识，创造性地解决实际问题，而连接知识与解决实际问题的桥梁就是思考。

教学实践中，教师引导学生思考，重点不在于获得一个标准答案，而在于让学生在探寻过程中不断有新发现、新问题。这样，学生才会因为不断思考而日益变得敏感，才能获得自己最需要的知识与经验。

讲《中彩那天》一文时，杨老师不仅让学生回答了问题，还引导学生提出了问题。从某种角度讲，提问也是一种思考方式。因为在提出一个好的问题之前，学生需要比较、斟酌一番。而且，学生在提出高质量的问题时，往往还顺带着解决了其他比较简单的问题。事实上，所提问题越有价值，说明学生的思考越深入，对课文的理解也越深入，甚至还能自主地学好要学的知识。

所以，在日常教学实践中，当发现学生对提问有兴趣时，不妨将提问看成一种引导学生学习、思考的方式，让学生以提问为思考的起点，以提问为思考的终点，在提问中学到真知。

（三）引导学生积极思考的策略

学习，是思考的基础；思考，是学习的升华。在学习的基础上思考，才能深入领会知识；在思考的前提下学习，才会提升学习效果。同时，对所学知识应结合实际反复地思考、应用，知识才能巩固，技能才能纯熟。

在教学中发现学生有思考的苗头时，教师应尽快抓住，并好好利用，引导学生进行深入而全面的思考，让学生在思考中获得真知，提升自己。

1. 给学生充足的思考时间

当教室里一片寂静，学生表现出一副若有所思的样子时，教师要珍惜并利用好这样的时刻。可是，在教学中，一些教师为了节省教学时间，提问后马上叫学生回答，如果答不出，不是请成绩好的学生包办代替，就是自己过早地把现答案和盘托出。试想，在这极短的时间内，学生的思考能有多深入呢？能思考出多少有价值的东西来呢？而且，这还会逼迫学生为了迎合教师匆忙地寻找片言只语回答，事实上降低了思考的质量。

因此，在提问后，看到学生正在认真地思考，教师就应给他们一段独立思考的时间，让他们潜心读书、深入思考。这个等待的时间虽长，可能暂时浪费了教学时间，但是从长远看，却可以使学生养成独立思考的习惯，极大地提高学生的思考能力和思考效率。

2. 鼓励创新，大胆求异

也许给了学生较长的思考时间后，学生却给出了一个错误甚至荒谬的答案。此时，教师千万不要生气，不要嘲弄讽刺，埋怨学生浪费时间，而是应予以鼓励，小心呵护学生思考的萌芽，尤其是学生的求异思维。因为与一道题的答案相比，学生思考了，并且是从不同角度思考的，这些才是更宝贵、更值得教师称赞的。

另外，很多时候，只要教师静下心来仔细体味，就会发现学生的很多离奇结论、奇思妙想并非完全是不靠谱的，而是他们思考的角度、思考的方向发生了偏移，这些角度和方向甚至有可能是一条新的思考线索、新的思路。对于前者，只要教师耐心指点，巧妙启发，学生一定会恍然大悟的；对于后者，教师不妨自己也去顺着思考一下，没准会发现更有价值的答案。

3. 创设和睦、活泼、能思的氛围

英国哲学家约翰·密尔说过："天才只能在自由的空气里自由自在地呼吸。"在课堂教学中，教师要注意培养学生的质疑精神，要通过最大限度地发扬民主，创设民主、自由、和谐的教学氛围，为学生的思考提供较多的心理安全和心理自由，充分调动学生参与思考的主动性和积极性。可以说，教学的民主程度越高，学生在课堂上自觉质疑的热情就越高，创造性思维就会越活跃。

魏书生老师就总爱与学生共同商量教学目标、教学内容和学习方法。这种教风，给了学生充分的自主权，让师生真正处于平等的地位，从而把教师的意愿化为了学生的意愿，给课堂带来了生机和活力。在这种环境中，学生以主人翁的态度和高度的责任感自觉学习、探索，思维就会异常活跃，更容易发现问题，也会积极地去解决问题。

爱因斯坦说："学校凭借恐吓、压力和权威来管理学生是一件最坏的事，它破坏了学生深挚的感情、真诚和自信，它养成学生驯服的性格。"要让学生敢于质疑、积极思考，就应改变教师管得过多过死的局面，要允许学生犯错误，要变严厉批评为积极鼓励，还要善于运用表扬的武器，减轻学生的心理压力，让他们敢想，敢说，敢做。

4. 教给学生思考问题的方法和技巧

学生具备了思考的能力，也不一定就乐于积极主动地去思考，因为他们可能因方法不对而出现百思不得其解的情况，因而怠于思考。所以，教师要教给他们一定的方法和技巧。

(1) 根据问题限定范围

教师可以在提出问题后给学生限定一定的思考范围，这样能避免学生茫无头绪地思考、找答案。当限定范围后，学生就可以在锁定的范围中一边思考一边寻找答案，而能在最短的时间内找到答案，会让学生体验到一种收获感、成功感，从而激发他们对思考的兴趣与积极性。

（2）调整问题难度

课堂提问中，那些学习成绩较好的学生的思维比较敏捷，思考时总是占上风，对于教师提出的一些简单的问题，他们很容易就得到了答案，甚至还会不等教师叫起就直接把答案说出来。这会影响其他学生的思考。所以，教师不妨将问题分级，难度大的问题就让成绩中等偏上的学生回答，简单一点的问题让成绩稍差一些的学生回答。这样，不同程度的学生都会有答题机会，也就都会乐于积极思考。

学而不思则罔。思考是学习的必要阶段，教师在教学中应尽量让学生尽情地深入思考。而当学生思考时，教师则应抓住这一教学契机，引导学生进行更深入的思考，并教给学生思考的方法，把学生的思考引向更深的层次，让学生最终爱上思考，并在思考中学到知识。

脸红

——藏在害羞里的教学契机

脸红，是中小学生在日常生活中常出现的现象，通常被认为是学生紧张、拘束、不自然、害羞等的反映。其主要表现为：回答问题时，未答题先脸红；与同学或教师争辩、辩论时，未辩先脸红。即便他们知道该说什么，也是战战兢兢，口齿不清，目光游移不定，几句话没说完就满脸通红，急切地盼着教师尽快让其坐下。

如果不及时纠正学生的这种表现，他们很容易由害羞、内向而走向自卑、害怕，由退缩、失望最终发展成为严重的心理障碍。

那么，到底是什么原因导致学生如此容易脸红、容易害羞呢？

1. 先天原因

有些学生的气质属于黏液质类型，生来就性格内向，说话低声细语，见到生人就脸红，张嘴说话就脸红，甚至经常怀有一种胆怯、自卑的心理，举手投足、寻路问津都会翻来覆去地想好久。

2. 教育不当

进入青春期后，学生的自我意识逐渐增强，对别人的评价非常敏感，又希望自己有一个美好的光辉形象留在对方心目中，为此，他们就对自己的一言一行非常重视，唯恐出差错。这种心态导致他们在交往中怕被人耻笑，因此总是表现得不自然，心跳加快，腼腆脸红，久而久之就羞于与人接触，怯于在公开场合讲话。还有一些学生见到生人或到了陌生的地方，就习惯性地害羞、躲避，没有自信心。

对此，教师应联同家长，给予学生正确的指导，鼓励学生大胆、真诚、自然地表现自己，而不要总是顾及他人的看法。

3. 缺乏自信

一些学生总认为自己没有好看的外表，没有过人的本领，因此在学习和生活中经常没有信心。长期的谨小慎微不仅使他们体验不到成功的喜悦，还让他们更加不相信自己的能力。这种低估自己的认知偏差，常常是导致他们遇事、说话都容易脸红害羞的最重要的原因。

4. 挫折经历的打击

还有一些学生以前开朗大方，在交往中积极主动，在公共场合说话、做事并不会脸红害羞，可是却突然变得害羞了。这可能与他们遭受过某些不为人知的挫折有关。

不管是哪种原因导致的害羞脸红，教师都应及时伸出热情的双手，帮助学生，让学生轻松、自由、坦然地面对眼前的一切。

（一）给“关公”多一点激励

晓明在一所农村中学读书，学校只有一个大的开水保温桶。冬天为了保温，教师都会在桶外裹上一层棉被，尽管如此，早上灌的滚烫的开水，到了下午还是会变得冰凉。

这天早上，晓明看见同桌小军用铝合金的饭盒装开水时，滚烫的饭盒只需要垫一层薄薄的泡沫塑料就不烫手了，就灵光一闪：能不能用泡沫塑料代替棉被给开水桶保温呢？

可是，晓明是个害羞的孩子，做事时没有十拿九稳的把握是不会跟别人说的。因为如果做不好，会被别人笑话。可是，他又实在想把这种情况改变了，让大家都喝到热水。鉴于小军是他的好朋友，他就把自己的想法和担心告诉了小军。

小军说没关系，我们可以跟老师谈谈嘛！

在小军的陪同下，两个人去找了化学老师杜老师。

起初，晓明不敢跟老师说，只红了脸站在一边。

小军用手拉拉他的胳膊，示意他说。

晓明的脸立刻更红了。

“老师，关于冬天给开水保温桶保温的事情，晓明有个很好的想法想跟您说。”看晓明不说话，小军只好自己先开口了。

“哦！是吗？那晓明你赶紧告诉老师，老师也在发愁天天喝冷水呢？”杜老师故意诱惑他。

可是，晓明还是红着脸站在那里不说话。

“你想出来的办法，当然是你跟老师说啦。你快点说，老师都要等不及了。”小军忍不住催促道。

“是啊，快点说啊！”

“我……我只是有个想法而已，还不知道能不能成功呢。”一被催促，晓明的脸更红了，说话声音都颤了。

“有想法就已经很好了。说不定你试试就真的成功了呢！你先说出来，叫老师听听，然后再试试做起来，怎么样？”杜老师鼓励道。

“好吧！”在小军和老师的催促下，晓明终于结结巴巴地说出了自己的想法。”

“嗯！想法不错，值得表扬。你可以试着用学过的知识做一做，看看自己的想法是不是正确。”

“我，我怕自己做不好。”听了杜老师的一番话，晓明的脸再一次红了起来，声音更小了，“我可以和小军一起做这件事吗？如果有不懂的，可以直接来问您吗？”

“当然可以！不过老师相信你们用所学的知识就能解决好这个问题。”说着，杜老师拍了拍晓明的肩膀，“你们也要对自己充满信心。放心大胆地去做吧。”

晓明没有看老师，但是重重地点了点头。

回去后，晓明就和小军一起商量怎样去做。

晓明说：“手觉得热，是因为手吸收了热量，温度升高。隔着泡沫塑料拿热饭盒不烫手，说明泡沫塑料导热性能差。用导热性能差的材料包着开水桶，保温的效果按理说就会好些。”

在晓明说的时候，小军特意用手去摸了摸保温桶上的棉被，热乎乎的，热量通过棉被传了出来，于是说：“你想的可能是对的，泡沫塑料的保温效果可能比棉被好。可是，我们怎样用科学的方法探究出这两种材料的保温性能呢？”

经过协商，两个人一致认为：如果用这两种材料分别包着装有热水的烧瓶，定时测量两个烧瓶中的水的温度，便可以得出这两种材料保温性能的好坏。

“但是，会不会还有其他因素会影响测量的准确性呢?”刚达成共识，晓明就有了新的问题，“比如两个烧瓶中的水是否一样多，水温是否一样高。”

“是啊！我们还需要注意烧瓶的环境是否一样，泡沫塑料与棉被的厚度是否一样。”小军也有了新的疑问。

思前想后，最后操作时，两个人决定在两个烧瓶中装质量相同的水，加热到相同的温度后用两种保温材料包好，放在相同的环境下自然冷却。

按照这个计划操作后，晓明和小军把取得的实验数据收集了起来，一一进行分析，得出结论：泡沫塑料的保温性能确实比棉被要好得多。

看到自己的想法得到了验证，晓明很开心，激动地拉着小军一起去找杜老师。

杜老师鼓励说：“你们给总务处写封信，建议学校更换保温材料吧!”

一听这话，晓明的脸立刻又红了：“一个学生的建议，学校能听吗？如果被拒绝了怎么办？我不好意思写。”

“实验都做成功了，还怕学校不同意？学校没理由不同意，你就大胆地写吧!”杜老师再次鼓励着。

“我试试看。”虽然还是有点担心，但晓明决定试试。

回去后，晓明和小军立刻给学校总务处写了一封信，阐述了他们的实验过程和结论，建议学校替换开水桶的保温材料。

学校征求杜老师的意见。

杜老师说：“这是他们俩独立利用所学知识进行研究得出的正确结论。学校可以按照他们的建议更换保温材料。”

于是，从那个冬天起，晓明、小军和他们的同学都能喝上热乎乎的水了。

大家都对晓明和小军钦佩不已，而晓明却依然红着脸说：“其实你们也可以的，只是没往那里想罢了。”

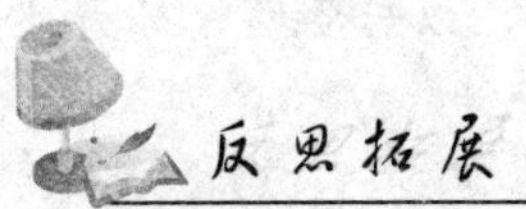

反思拓展

教师的激励对于每个学生来说都是非常重要的，尤其是害羞的学生。因为害羞，他们怯于做很多事，但是很多时候他们又是有想法的人，想通过做一些事情证明自己，此时，如果教师能在背后助推一把，害羞的学生往往就能表现出不一般的实力来，很好地完成想要做的事情。

从晓明的表现不难看出，他是个有想法的人，但害羞又让他难以实现自己的想法，明明准备工作做得很好，依然不敢去实践，而是要拉着好朋友一起去。尽管有好朋友陪伴，但是关键时刻他还是那么害羞，处处想叫朋友出头，而自己只当旁观者和辅佐者。在征得老师的同意、得到老师的鼓励后，他才有了信心。如果他一直不去做，肯定就不会验证出泡沫塑料比棉被的保温性能好，也不会在帮助学校更换了保温材料后获得众多的羡慕，他就失去了一个给自己壮胆的机会，也不会知道自己原来也可以做其他学生想不到的事情。

也许晓明依然会脸红，会害羞，但是有了这次成功的经历，他肯定能大胆地去做自己想做的事情了。所以，当学生有正当的想法时，不管可行与否，教师都应给予鼓励、激励，让他们真正感受到来自教师的支持与帮助。

（二）多给脸红学生表现的机会

于老师在执教《全神贯注》一课时，提出了一个问题让大家回答。

很多学生都高高地举起了手，但仍有几个学生不举手，于老师就随便指了一个不举手的学生起立回答问题。

只见那个学生扭扭捏捏地站起来了，脸色通红地站在那里，好半天才声音很小地说："我没这个勇气。"

于老师一看，心想：太害羞了。我今天要给他个机会锻炼一下，让他知道自己其实也是能大胆地回答问题的。这样想着，他和蔼地走到那位学生跟前，说："没勇气不要紧，于老师'特许'你坐着回答。怎么样？"

这个学生一听，像得到特赦似的连连点头，坐在座位上回答了问题。虽然还是有点紧张，但是回答得很正确。

"回答得很不错嘛，可见你在课下认真预习了课文，以后要继续努力。"于老师及时表扬了他。

听到老师的夸奖，他脸又红了，低下了头。

过了一会儿，于老师提出了第二个问题，又点名让这个"没勇气"的学生回答。

因为有了之前于老师的鼓励和表扬，这名学生有了勇气，虽然声音听起来仍然有些颤抖，却圆满地回答了问题。

这名学生回答完后，于老师再一次给予了鼓励："你回答得很好，理解能力很强，下次，你应该勇敢地站起来。下次，可以站起来回答吗?"

那个学生起初不回答，后来看到于老师那充满鼓励的眼神和微笑时，点了点头。

在接下来的课堂提问中，这个原本胆小的学生多次站起来发言。

后来，于老师又提出了一个问题，这个问题一提出，学生们就旗帜鲜明地分成了两大派，并且都不服对方。于是，于老师让两名不爱回答问题的学生作为代表来阐述自己一方的观点，并说出理由。

只见这两名学生满脸通红、惶惶然地站在那里，谁都不说话。

静静地等待了片刻，看他们没有要说的意思，于老师说："大家帮帮他们，你们找个地方先单独演练演练。"

顿时，课堂气氛活跃了起来，大家一起跑到一个角落起劲地练习起来。

"如果回答错了该怎么办呢? 我有点担心。"当一个学生紧张得如此说时，于老师递上一杯水让他喝，并幽默地为他摸摸胸压压惊。在大家善意的笑声和热烈的掌声中，这名学生很好地阐述了自己的观点。

理由阐述完后，于老师问："他们和自己比回答得怎么样?"

学生们齐声回答："好!"

"是啊，每个人和自己相比，都有了了不起的进步。回答问题不在对与错，最重要的是有勇气说出自己的观点，你们今天能站在大家面前说出自己的观点，这就是一个很大的进步。"

课堂上顿时响起一片热烈的掌声。

反思拓展

很多学生之所以一说话、一做事就脸红害羞，是因为对自己的认识不足，担心自己做不来。对此，教师要想办法让学生看到自己的力量，看到自己的可取之处，而不要只看到自己的短处。

在这堂课上，于老师相继给了好几位没勇气答题的学生机会，让他们不同程度地得到了锻炼。这固然花费了不少教学时间，但是与这些学生心理状态的改变相比却算不上什么。于老师说："每个人和自己相比，都有了了不起的进步。回答问题不在对与错，最重要的是有勇气说出自己的观点，你们今天能站在大家面前说出自己的观点，这就是一个很大的进步。"这段话进入学生心中后，给学生的影响也不是"珍惜"几分钟时间就能换来的。

当学生因害羞而没有勇气时，教师要给他们机会，让他们证明自己，帮助他们树立信心，帮助他们激发勇气。这样，学生才能发现自己的能力，进而创造属于自己的奇迹。

（三）让学生不再害羞的策略

中小学生正处于成长期，教师若能在此期间给予他们适切的帮助，让他们逐渐完善自己的人格、锻造良好的性格，必将有助于他们成为一个完善的人。因此，在发现学生时常脸红、比较害羞时，教师应帮助他们尽快改变。

1. 引导学生卸下心理包袱

许多学生之所以过于害羞，是因为太追求完美，担心失败，害怕别人的否定性评价，这样的自我暗示肯定会影响他们能力的发挥，导致他们越担心、害怕就越失败。在对学生进行心理辅导时，教师要引导学生抛弃一切顾虑，大胆前行，不要过多计较别人的评论。

比如，在找学生回答问题时，要鼓励学生不论对错，都要说出自己的见解；鼓励学生参与教学活动时，不论是否成功，都要尝试一下。

2. 帮助学生树立自信

否定自己，就是扼杀自己的潜力，是给自身能力的发挥设置障碍。虽然教师不能教育学生对自己的能力盲目乐观，但也要引导他们看到自己的长处。因为学生只有发现了自己的闪光点，在以后的学习中才会有底气，才懂得如何扬长避短。

万事开头难。教师要教育学生鼓起勇气，敢于迈出第一步。只有勇敢迈出第一步，因自卑而害羞的脸红学生才有可能体会到从未有过的成功体验，并对自己进行重新评价，才会开始相信自己也是有能力的人。如果之后能再有第二次、第三次的成功，害羞的学生就会逐渐形成一个比较稳定的自我肯定模式，害羞心理就会悄无声息地消失，以后也会较少出现脸红的现象了。

为此，教师应尽可能地给学生创造机会，鼓励学生把握机会，尽可能地展现自己。比如，提问时，故意找害羞的学生回答；小组讨论时，专门找害羞的学生做代表；角色表演时，特意让害羞的学生做“主角”。

3. 引导学生学会与人交往

多与人交往，可以帮助一个人慢慢地摆脱害羞。害羞的学生可以一边与人交往，一边观察别人是怎么交往的，在实践中学会交往的技巧，丰富自己的内心。所以，在平时的教学活动中，教师可以多设计合作性的教学活动，比如小组合作讨论、实验、辩论，比如角色表演等，让害羞的学生从与身边熟悉的人开始，学着与人交往。

4. 引导学生学会意念控制

在发现有因害羞而不敢讲话、答题的学生时，教师要予以鼓励，引导他们进行心理暗示，让自己冷静下来，把这个陌生的场合当作熟悉的场合，像以往一样认真答题、与学生或教师辩论。

害羞是可以改变的。教师只有在教学实践中多多给予爱脸红的学生关照、鼓励，多给他们一些锻炼的机会，他们才有可能在一次又一次的锻炼中找到自信与勇气，成为一个能够轻松自在地面对一切的人。

怒吼

——藏在情绪激动里的教学契机

当前，容易产生激动情绪或做出过激行为，已是在校学生的普遍特征，有的学生会因为听到一句不顺耳的话就火冒三丈，更有学生受到一丁点刺激便大发雷霆。

学生的情绪容易过激，常令家长、教师头痛，如果不能及时予以干预，就可能积累或发展成某种消极的行为定式，导致学生暴躁、易怒、偏执、任性，影响到学生的学习，甚至其一生的成长与发展。

所以，当学生在课堂上或其他教学活动中出现怒吼或其他情绪过激的反应时，教师要及时予以缓解、制止，并运用良好的教育教学艺术，帮助学生把注意力尽快转移到学习上来。

学生容易出现怒吼这样的情绪激动行为与诸多因素有关，比如父母的期望值太高，其无法承受等。

1. 家长不恰当的爱

家长的溺爱和无原则的迁就，是学生容易情绪过激，一不随心就怒吼的温床。

现实生活中，一些父母或祖父母过分疼爱孩子，总怕孩子受委屈。为了博取孩子的欢心，他们总是有求必应，从不考虑那些要求是否适当、适度。这样就逐渐使学生滋生了处处以自我为中心的意识，无论做什么事都以自己的意志为中心，随心所欲，为所欲为。结果，他们受不得一点委屈，遇到一点挫折就暴跳如雷，任着自己的性子宣泄心中的不满。

2. 自卑心理作祟

一些学生非常自卑，为了寻求补偿，有时就会说一些情绪过激的话，或作出一些情绪过激的行为。其实，这只是他们的一种自我保护工具、一种防御措施，他们只是想以此来掩饰、缓和自身的紧张。

3. 外界环境的负面影响

学生的模仿能力强，辨别是非的能力差，比较容易受不良环境的影响而产生情绪激动。比如一些经常看暴力影片、玩暴力电子游戏的学生，就经常因模仿影片或游戏中的人物而做出一些不恰当的行为。

此外，还有些学生情绪容易过激，是因为家庭因素所致，而患有神经衰弱等疾病和长期处于疲劳状态中的学生，也常常烦躁不安，容易发火。

引发学生情绪激动的因素有很多，但是不管因何而起，教师都有责任抓住这一教学契机，将学生引回正常的学习状态。

（一）课上冷处理，课下热处理

这天上午，袁老师在带领学生上体育课。

在慢跑热身活动即将结束时，队伍的后半部分开始混乱，有的学生漫不经心地相互谈笑，有的学生干脆脱离了队伍，相互追逐打闹……

见此情景，袁老师当机立断，集合队伍，安排后半部分学生补跑一圈。大部分学生都听从了老师的要求，但学生璐璐却坚持认为，她之所以脱离队伍，是因为跑步中受到前面同学的干扰，所以自己没有违反课堂纪律，不应该补跑。

由于当时面对的学生较多，很难准确判断责任在谁，袁老师只好依然采取了“罚众”的手段。然而，没想到的是，璐璐跑完一圈后并没有停下来，而是继续跑，怎么喊都不听。

袁老师知道她是在用这种方式表达对自己的不满和抗议。此时，其他学生也都在看着袁老师如何收拾这个局面。

无奈之下，袁老师只好把她强行拉住：“为什么要多跑?”

“还不是为了让你满意?”璐璐仰起头，含着眼泪不服气地怒吼。

为了缓和气氛，袁老师微笑着说：“不是让你只跑一圈吗?”

然而，璐璐并不买账，而是带着怒气高声地吼道：“我愿意！不要你管。”

“你知道你这是在继续违反课堂纪律吗?”看到璐璐如此强烈的情绪，袁老师也有点生气了，但依然强忍着怒气跟她说话。

“我没有错!”璐璐的态度非常强硬。

“这是课堂。你这样做是对集体的不尊重，抓紧时间入列。”袁老师严肃地说。

“我不愿意上课，我也不想尊重任何人!”此时，璐璐情绪非常激动，上气不接下气，向袁老师怒吼着。

袁老师意识到，现在任何的批评和说教都已经不可能被她接受了，继续处理只能影响正常的上课，于是决定缓处理：“好吧，既然你现在不想上课，那先好好思考一下。我希望你尽快认识到自己的问题，课后我们再找个时间单独谈谈。”

为了让她能够尽快平静下来，袁老师专门安排了一个平时和她相处得非常好的女生陪她，做她的思想工作。

课后，袁老师了解到，璐璐生活在单亲家庭中，虽然平时性格比较开朗，学习成绩也不错，还是班干部，但却特别害怕受到别人的歧视或不尊重，情绪很容易波动，容易暴怒。

了解了这些后，袁老师就约她谈心。虽然再次见面还能看出她不开心的样子，但情绪却稳定了许多。

“璐璐，在我的印象中，以前没有发现你有不遵守纪律的表现，但是今天感到有点意外。老师想先听听你的想法，好吗?”

“我就是认为不公平，我不是故意违反纪律的，可你为什么非要跟我过不去?”提起这事，璐璐依然不平静。

“其他同学也补跑了，难道你也认为老师是跟他们过不去吗?体育学习活动和其他事情一样，都有一定的规则需要遵守。班级是一个小团体，老师和每个同学都是这个团体中的一员，要想这个团体积极、向上、和谐，就应靠大家共同遵守这个规则，否则就要受到惩罚。再说了，就是老师对你有过不去之处，你是不是应该先弄清楚根源在哪呢?难道就因为老师跟你过不去，就放弃你作为一名学生甚至是班干部最起码的行为准则?”针对她的思想，袁老师进一步反问。

“可是我是班干部，我怕在同学面前失去面子，以后还有什么威信管理班级?”

“你知道威信是怎么获得的吗?只有别人尊重你了，对你认可了，你才有威信。而尊重是平等的，今天，你恰恰忽视了尊重的平等原则。我的两点看法希望对你有所启发。第一，你是一名班干部，这是老师和同学对你的信任和尊重，而你在班级出现违纪现象时，不但没有负起责任来及时控制，反而在老师处理违纪时还不树立榜样，给班级造成了负面影响，辜负了老师和同学对你的期望，实际上这也是你缺少尊重的意识。第二，在你不接受处理而影响班级上课的时候，我为什么没在班级同学面前强硬处理你？那不是一种妥协，而是怕你在同学面前失去威信，因为你和大家一样需要尊重。我做到了，你做到了吗？”

在袁老师说话的过程中，璐璐的眼圈开始发红，沉默片刻后，低声说：“老师，对不起，我知道错了。”

“那你认为错在什么地方呢？”

“我认为，即使老师真的对我有不公平之处，我也不应该用这种方法对抗老师，而应该及时和老师沟通，交换意见。我现在愿意接受一切处理，您还会把我当好学生看吗？”

“你本来就是我心目中的好学生啊！但你要对班级所有同学有个交代，这样才能消除你造成的负面影响。还有啊，璐璐，以后出现类似的情况，一定要三思之后再采取行动、发表见解，不要做一些让老师、同学和你自己都失望的事情。”

“我会的。”虽然眼中有泪，但她脸上却露出了笑容。

果然，下一次体育课上，璐璐就真诚地向全班同学表达了自己的歉意，赢得了大家的掌声。

反思拓展

保持良好的情绪是做好事情的基本条件，更是学生正常学习生活的前提。然而，学生正处于成长阶段，人生观、世界观正在形成，性格也有待完善，不可避免地会有一些不成熟的偏激的言行出现。

当学生因受到刺激乱发脾气，对周围的人怒吼时，教师不能跟学生一样意气用事，而应允许学生犯错误，但对学生的错误思想和行为却不能迁就，应予以严格教育和纠正。同时，教师要善于调控情绪，抑制冲动，根据情况及时控制事态，而不能首先急于挽回面子，甚至用非理性手段给予学生严厉的体罚，因为这非常容易给学生带来负面影响，教师的威信也会因此大打折扣。教师应控制自己的感情，抑制冲动，一方面要及时处理违规言行，防止事态扩大，另一方面，要用严肃而柔和的态度缓解学生的对立情绪，待他们情绪稳定后再进行相关处理。

上述案例中，璐璐虽然不服从管理，但袁老师如果执意在课堂上解决问题，就很有可能让师生双方都下不来台，这样更会加剧双方的对立与愤怒。而且，袁老师过激的情绪也会传染给全班学生，进而影响整节课的正常进行。当袁老师把事情沉淀一下，在了解了璐璐的成长背景、性格特征后，专门找时间在课下跟她交心时，她的态度就不那么强硬了，相反的，还能一点点地听进老师的劝解与引导。

当学生在课堂上表现出怒吼等过激言行时，教师应予以“冷”处理，先稳定学生情绪，让学生自己去反省一下，而不能当堂进行“热”处理，直接批评、指正学生。

（二）借课文对学生进行旁敲侧击

靠近窗口处的弯弯和小薇本来在唧唧喳喳地说话，却突然不说话了，而是奇怪地看了一眼刚进教室的玲玲。

没想到，玲玲立刻冲过去，拿起小薇的书一下子甩了过去，并怒吼道：“你们都是坏人！凭什么议论我？今天非把这事说清楚不可，不然我和你们没完！”

书打中了小薇，小薇立刻就哭了，并一脸委屈地说：“我没说你什么啊！”

“不可能！没说我，为什么我进来前你们说得很欢，看见我就立刻不说了呢？你们还不是在说昨天班上丢书的事。就因为我是最后一个走的，你们就怀疑是我偷的。凭什么啊？你们不能这样冤枉我！”

“我没有。我就跟老师说了句你最后走的而已，根本就没说别的。”

“不可能！绝对不可能！要是说的不是这个事儿，为什么刚才我进来你们就不说了，并且还怪怪地看了我一眼呢？”

“那是因为你的黑眼圈太严重了，眼袋也太大了，我奇怪你怎么突然变这样了，你以前都没有的啊。”小薇哭丧着脸说。

“没错。我们刚才确实说的是这个。不信你问问她。”弯弯指着坐在旁边的一个学生说。

“是的！玲玲，我可以作证。大家还担心你是不是生病了呢？”

可是，玲玲还是不依不饶地吼叫着：“不可能！你们聊这个又不是让我听不得的话，为什么我一进来就不说了呢？你们就是在说我的坏话。”

正在此时，老师进来了，示意大家安静：“玲玲，你先安静一下。首先，昨天丢书的同学找到老师说书找到了，是他把书放在家里了。而且，老师还专门写了个通知贴在宣传栏里呢！上节课课间，好多同学都看到了。你因为去厕所没去看。所以，老师可以作证，她们绝对没有说书是你偷的。”

尽管如此，玲玲还是怒气未消，又嘟囔了半天才安静了。

老师开始上课。

“今天，老师给大家讲的课文题目是《短歌行》。这首诗歌抒发了曹操求贤若渴的心情。为了扩大统治基础，打击反动的世袭豪强势力，曹操曾经大力强调‘唯才是举’，并先后发布了‘求贤令’‘举士令’‘求逸才令’等。在那个门第观念极为严重的时代，能够不计出身地广招贤才，说明了曹操是个心胸宽广的人。

“然而，事实上很多时候，曹操又是个多疑之人，比如曹操说过‘宁可我负天下人，休要天下人负我’的话。当他从董卓那里逃亡时，求助于父亲的朋友吕伯奢。吕伯奢出去给他打酒，家人给他杀猪，可是他却怀疑大家要谋杀他，于是就将吕伯奢的家人全部杀死了。后来路遇吕伯奢，知道详情后，为了防止吕伯奢报复，他又杀死了吕伯奢。甚至，曹操后来之所以死掉，也是因为怀疑华佗不好好给他治病而把华佗杀掉，导致他自己头痛过度。每个人都有多重性格，有好的一面，也有不好的一面。要想让自己的成长、发展更顺利，就应扬长避短，发展好的性格，抑制不好的性格。多疑、容易情绪激动就不是一种好的性格。因为人一冲动，往往会情绪失控，大脑运转失常，做出让自己后悔的事情。如果曹操的心胸能够再宽广一些，不要总是怀疑自己招揽来的贤才，不因多疑而一时情绪失控，杀掉那些贤才，中国的历史就会改写。”说这段话时，老师看了玲玲几次。

起初，玲玲不明白老师为什么看自己，后来终于明白了。

等老师把话说完后，她努力捕捉着老师的目光，然后使劲儿向老师点了点头。

老师知道玲玲已经知道自己的错误了，欣慰地笑了。

反思拓展

《中学语文教学大纲》明确指出："语文教学要进行思想教育。思想教育要依据语文学科的特点，在语文训练中进行。要着重于思想感情的陶冶、道德品质的培养，使学生提高社会主义觉悟，初步具有辨别是非、善恶、美丑的能力，熏陶渐染，潜移默化，逐步加深。"可见，语文教学一定要渗透思想品德教育，这样才能达到教书育人的目的。

教育家徐特立说："教书不仅是传授知识，更重要的是教人。"所以，在当前的教学活动中，教师不能忽略了对学生的人格培养教育。

如果教师采取强硬的方法进行教育，可能会引起情绪失控的玲玲的反抗。庆幸的是，教师发现了其中的教学契机，利用新课中曹操的故事，引导玲玲认识了自己的错误，消除了过激的心理。

所以，既然语文教材中蕴含着丰富的德育因素，教师在发现学生有怒吼、咆哮等情绪过激的言行时，不妨抓住这一教学契机，利用教材中的相关内容，既对学生进行品德教育、培养其良好的心理素质，又带领学生学习新知。而且，通常情况下，在分析、教授新知的同时，旁敲侧击地对学生进行教育、指正，学生也比较容易接受。

（三）让学生不再情绪激动的策略

事实上，大多数情绪容易激动的学生，在内心深处都非常明白乱发脾气、怒吼等过激行为对己对人都是非常不利的，可是一遇到容易引起他们情绪变化的事情时，他们依然会因习惯或缺乏引导而难以控制自己，导致不该发生的事情发生。所以，当学生情绪激动或即将做出过激行为时，教师要敏锐地发现，同时采取适当的方法予以缓解、制止，而不能只是简单地劝说。

1. 通过比较，让学生认识情绪过激的危害

当学生情绪激动、有过激行为时，教师可以禁止他做一些自己喜欢做的事，而当学生没有这些情绪和行为时，教师可以允许他做一些自己喜欢做的事。

通过比较，学生就会认识到情绪、行为过激给自己带来的切身危害，并会时时提醒自己应当保持理性。教师还要时时告诫学生发脾气、怒吼不仅不能解决问题，还会起反作用，导致相反的结果，引得别人也跟着发脾气，以致最后不可收拾。明白这一道理后，学生再情绪过激要发脾气时，就可能会多想想别人，多想想发脾气的后果，尽可能地“三思而后行”了。

2. 引导学生换位思考

对于容易怒吼、乱发脾气的学生，教师首先要设身处地去体会学生的内心感受，还要把对这些感受的理解和体会准确地传达给学生。这样，情绪容易过激的学生才能从中学会换位思考，推己及人，以后遇到事情都会尽可能地将心比心，试着从对方的角度想：“他为什么要这么做呢？只是想跟我过不去吗？”“他这样反常，是不是有什么不得已的苦衷呢？还是我们之间有什么误会？”“他会不会是无意的呢？”“老师为什么只严厉地批评我，而没有批评其他人呢？”……

当学生学会了站在对方的角度来思考、看问题，就不会无故迁怒于他人，而自己的气自然也就消失了。

3. 以身作则，容人之错

在课堂上或其他教学活动中，因学生情绪过激而影响了教学时，教师在教育时要注意以身作则，不能以怒制怒，而要采取爱护、尊重学生的态度，要“待人宽，责己严”，同时还要教导学生做人做事要有容人的雅量。

通常，学生发脾气，做出过激行为，都是因为觉得别人做错了事。对此，教师应帮助学生认识到“人非圣贤，孰能无过”，让学生能够理性地看待别人的错误，同时教他们恰当地指正别人的错误。

4. 合理释放过激情绪

过激的情绪和行为，就好像泛滥的洪水，需要有个倾泻的地方。所以，教师要适时地引导学生找到发泄的正当途径，让他们把心中的所有不满都用言语一一表达出来，最后再给予相应的安慰与帮助、指导与转化。

（1）干预转化

教师应在第一时间采取情感导入、心理沟通的方式，获得易动怒、易激动的学生的信任，并帮助他们获取其他同学和教师的信任，从而改变他们的心理状态。

(2) 宣泄补偿

当发现情绪易激动的学生遇到烦恼、挫折和误会时，教师要引导他们把不愉快、不满的负面情绪，通过适当的、有效的其他途径发泄出来，或把注意力转移到能改变坏心情的事情上，以获得心理上的满足。

5. 开展丰富多彩的活动

"培育健全的公民"是学校教育不可推卸的责任。要让学生的身心健康发展，远离过激情绪，开展丰富多彩的教学活动就非常有必要。

教师可以通过组织专题讨论、召开主题辩论会等增加学生与学生、学生与教师、学生与家长之间相互交流的机会，扩大学生的交际面，加深学生对外界的了解，让他们增长见识，拓宽心胸，形成高尚的品格。

6. 结合教学内容教育学生

语文教材中内含丰富的教育因素，教师可以从中选择有益因素来教育学生，让学生在学习知识的同时受到品德教育、心理教育。

学生要实现全面发展就要养成良好的心理素质，保持良好的情绪。学生的生理、心理还没有发育完全，对自己的行为没有理性的认识，还没有具备完整的行为能力，甚至在自己做了一些不该做的事情时还不知道其危害，这就需要教师运用良好的教育方法，帮助学生克制过激的言行，防止过激行为的产生。

面面相觑

——藏在茫然不解里的教学契机

课堂教学中，在思考或回答一些比较有难度的问题时，学生总是不太确定，于是就跟周围的学生面面相觑。在心理学上，这一肢体语言表明学生对所学知识很茫然、不理解。

理解知识，是学生记忆、掌握并运用知识的基本前提。没有理解这一环节，学生在做习题时，就很难做到举一反三、融会贯通；没有理解这一环节，学生在实践应用时，就很难做到活学活用、信手拈来。

而且，知识之间是彼此联系的，对一处不理解就可能给后面的学习埋下隐患。所以，在教学中，教师有必要让学生尽可能理解每一个知识点。那么，课堂上为什么学生会面面相觑、茫然不解呢？

1. 所学知识有难度

通常，对于抽象、难懂、生僻和与现实生活联系过远的知识，学生学习起来比较困难，容易出现面面相觑、茫然不解的情况。

2. 教师的讲解不清晰

一些知识本来就晦涩难懂，而教师采用的教学法又生硬死板，无助于知识的简单化与形象化，学生听起来丈二和尚摸不着头脑。

3. 学生不在状态

在前两项因素的刺激下，学生的学习很容易不在状态。如果此时教师再提出一个有难度的问题，学生往往会招架不住，从而出现茫然不解的现象。

学生茫然不解，表示需要教师的帮助。教师应抓住这一教学契机，给学生以其需要的帮助，让学生的学习重新变得顺畅起来。

（一）幽默语言，让学生加深对知识的理解

讲《故乡》一文时，钱老师对学生们说："我先检查一下大家自读课文以后，有些东西是不是理解了。同学们答题时，要尽可能地不看书。如果实在忘了，怎么办呢？"

一位学生轻轻地说："偷看一下！"

钱老师重复地道："偷看一下？这位同学说得好啊！"

其他学生立刻报以哄堂大笑。

"大家别笑，偷看也是一种能力！"钱老师说。

学生又大笑。

钱老师接着说："如果同学们一眼扫过，就能马上找到自己所要找的那个词、那个句子，不也是一种能力培养吗？不过，要注意的是，考试时，可千万不要培养这种能力啊！"

就这样，一堂课在学生的笑声中展开了。

钱老师的一番幽默话语，使学生的学习劲头十足，不断有问题提出。

一学生问："老师，为什么小说写了闰土以后，又要写杨二嫂呢？"

"这个问题问得好。要反映广大农村萧条、破落的景象，写一个闰土就够了嘛，为什么还要写个杨二嫂呢？"

钱老师讲到这故意停了下来，很认真地看着学生。学生则你看看我我看看你，满脸茫然。

看学生不能回答，钱老师只好接下去说："要解答这个问题，我们先明确这么一点：杨二嫂变了没有啊？"

学生异口同声地回答："变了。"

"过去的杨二嫂，请你们给她的名字加上定语。"

一位学生抢着回答："豆腐西施杨二嫂。"

"对！大概杨二嫂年轻时长得蛮漂亮的，注意打扮，豆腐店因为有了杨二嫂，生意特别兴旺。现在，她变得怎么样了？请你们给现在的杨二嫂也加上个定语。"

"圆规。"又有学生抢着答。

钱老师继续问："豆腐西施杨二嫂变为圆规杨二嫂。作者为什么要写出杨

二嫂的这些变化呢?”

“哦！就连杨二嫂这样的人都破产了，更不用说闰土了。”一位学生似有所悟地回答。

“讲得好！老师很欣赏你那‘更不用说’四个字。请你再说一说，杨二嫂现在变得贫困了，是从哪些地方看出来的?”

“她向‘我’要那些破烂木器。她拿了母亲的一副手套塞在裤腰里。”

“她还拿了碗碟。”

“还有她拿了狗气杀，飞也似的跑了。”

“哈哈，对啦！她连狗气杀也要。不过碗碟是她拿的吗?”钱老师问。

该学生看了看书，说：“不是。”

“碗碟是她在灰堆里发现的。至于是谁放的碗碟，我们不知道。但她却知道。她说是谁放的?”钱老师补充道：

“闰土。”一位学生积极回答。

这时，有学生提问：“老师，闰土为什么要把碗碟埋在灰堆里?”

“闰土把碗碟埋在灰堆里，这是谁说的?”

“老师，你刚才说的，是杨二嫂。”

钱老师笑着说：“那么，究竟是不是闰土埋的呢?”

学生齐答：“不是。”

“为什么？大家根据哪一点得出这个结论的呀?”

“杨二嫂挖了埋在灰堆里的碗碟后，就自以为很有功劳，拿走了‘我’家的狗气杀，这就是杨二嫂说谎的目的。”一位学生回答。

“可能是‘我’埋的，以便暗暗地让闰土得到许多碗碟。”另一位学生则说出了另外的想法。

“哦，原来是这样啊!”钱老师说。

“老师，我有疑问，如果说是闰土埋的，杨二嫂怎么会知道呢?”

“这里有个问题：闰土会偷东西吗?”

学生肯定地说：“不会!”

“不会？大家说说不会的原因。”

“书上说‘母亲对我说，凡是不必搬走的东西，尽可以送给他，可以听他自己去拣择’。这样，闰土尽可以明着拿，根本用不着偷埋。”

“有道理，也很有说服力！老师都被你说服了。我们解决问题，都应该到书中去找根据。那么，是谁埋的呢？”

学生齐答：“杨二嫂！”

“为什么？要以文为证。这可是法制社会，没有证据乱说话，是要受法律制裁的！”

学生们面面相觑，茫然不解地说：“那就不知道是谁埋的了。”

“这就对了，就是不知道。这个是‘历史的悬案’。但有一点是可以肯定的，杨二嫂把这个当理由拿走了狗气杀。这样写是为了说明什么呢？”

一位学生回答：“杨二嫂贪小便宜。”

“这个问题大家解决得真好，老师特别高兴。我曾经看到杂志上也议论过这个问题，结论大概是闰土是绝不会偷埋的。理由呢？跟这几位同学说的完全一样，大家如果写了文章，也可以在杂志上发表了嘛！”

学生们大笑。

于是，大家把这个“历史悬案”暂且放下了。这时，又有一个学生说鲁迅之所以写杨二嫂这个人物是要反映旧社会的妇女问题，钱老师又幽默地来了一句：“好啊，这位同学考虑问题可真广，还想到了妇女问题！这问题提得很高级！大家要好好学习一下啊！”

学生们又笑了。

虽然这堂课学生有不理解的地方，却也从争论中悟出了不少道理。

反思拓展

课堂气氛是影响教学效果的重要因素。苏霍姆林斯基曾经说过：“教师的语言修养在很大程度上决定着学生在课堂上的脑力劳动的效率。”在课堂上，教师适当地用一些幽默风趣的语言，能有效地活跃课堂气氛，使学生精神愉快、思维活跃，积极地参与教学中的思维创造活动，与教师一起把课上得有声有色。

当学生在学习新知、理解知识的过程中出现障碍时，心情往往是紧张、烦闷的，而这能影响思维的顺利进行。此时，如果教师能够让学生的心情重新恢复到愉悦、无负担状态，学生的思维就会重新被打开。

案例中，钱老师的课堂气氛始终是活跃的、积极的，而学生的思维也能紧随其后。当学生对所学知识表现出茫然不解时，钱老师没有紧紧追问，而是轻轻予以点拨，让学生尽快调整了心态；当学生再次出现不解时，他又用“没有证据乱说话，是要受法律制裁的!”“大家如果写了文章，也可以在杂志上发表了嘛!”这样幽默诙谐的话帮助学生理解了那桩“历史的悬案”。

整堂课，处处可见钱老师的幽默，而学生学习时也无紧张、压迫之感，其结果自然是学生轻松而快乐地理解了知识。

所以，当学生处于茫然不解的状态时，教师不要紧紧追问学生哪里不懂，而不妨用幽默的语言给学生一点点拨，让学生心情轻松，无负担地去思考。或许，在教师的幽默点拨、引导下，学生不用费多大劲就能解决掉很多难题，包括教师认为学生不能解决的问题。

（二）用情境的形象化解知识的抽象

讲《桂林山水》一文时，李老师说：“同学们，这一节课我们游桂林的山。桂林的山怎样美呢？让我们读课文第三小节。请大家读两遍。第一遍读懂，有不懂的做上‘________?’第二遍要抓住重点，把表示桂林的山的特点的词语画下来，记上这样的符号‘。。。’。大家在下面画，请一个同学到上面来画。”

等一个女生画完自己的问题后，李老师问：“她有这些不懂的问题。你们有什么不懂的问题？还可以提出来。”

学生好似有诸多不理解的问题，面面相觑片刻之后，他们慢慢举起了自己的手。

“‘危峰兀立’是什么意思?”

“‘拔地而起’‘香山’这两个词我不懂。”

……

“香山是一座山的名字，在北京。香山上的红叶很多，很有名。”李老师说道，接着她把学生画出的词念了一遍，说，“这些问题我们一起来解决。我来南宁的时候，看到南宁也有山。南宁的山是连绵起伏的（说着，她在黑板上画了一座连绵不断的山），桂林的山好像是从地里拔出来似的高高挺立着（画了一座挺立的山），可以用个什么词来说?”

“拔地而起。”学生齐声回答。

“桂林的山是一座一座分开不连在一块的（边说边画老人山、骆驼山、象鼻山的简笔画），叫什么？”李老师问。

“各不相连。”

李老师指着画好的简笔画，问：“你们看，这些山的形状像什么？”

“像老人。”

“像骆驼。”

“像大象。”

李老师指着老人山的图画问：“你看这老人像在干什么？”

“老人望着远方。”

“老人在思考。”

“老人在沉思。”

“那我们再看骆驼像在干什么？”李老师指着骆驼山的图画问。

“像伏在地上。”

“好像在沙漠里蹲着。”

“我看到这骆驼，就会产生一个联想，想到它跪着等人，等我们干什么？”李老师问。

“等我们骑上去。”

“对。你们再看这只象在干什么？”李老师指着象鼻山的简笔画问。

“在饮水。”

“对。桂林的山的形状有的像老人，有的像骆驼，有的像大象，变化很多，句子中用哪个词来形容？”

“形态万千。”学生齐声回答。

“那‘万千’是什么意思？”李老师问。

“就是说样子很多。”

“就是说变化多。那桂林的山拔地而起，形态万千，书上又用一个什么词来概括桂林的山？”

“奇。”

李老师一边板书“奇”，一边发问：“怎么奇呀？就是刚才说的那些。‘奇’是桂林的山的一个特点。这里的‘奇’字当什么讲？是不是奇怪？”

“不是奇怪，是说样子很多。”

“很少见的。”

“对了。桂林的山的样子，在别的地方很少见到。这里的山就是奇特。这奇特的山峰叫什么峰？”

“叫奇峰。”

“这样的奇峰一座座地排列着叫什么？”

“叫奇峰罗列。”

“那‘罗’是什么意思呢？”

“散开的。”

“对。‘罗’是散开，‘列’是排列。这些山峰散开排列着，就叫‘奇峰罗列’。大家把这句念一下。”

等学生念完后，李老师继续说：“桂林的山这么奇特，我们要告诉没去过的人，怎么说呢？”说着，她用两种不同的语气念课文，让学生比较哪种好后，用手势指导学生朗读。

学生读时，李老师又开始一边画简笔画一边讲课：“在桂林，还有很高很陡的山。这山又高又陡，很险，叫什么山？”

“危山。”

“这个‘危’在这里怎么说？”

“危险。”

“你们昨天查了字典。字典上有三个注释……”说着，李老师出示了写有“危”字注释的小黑板，问，“危山兀立中的‘危’用哪个注释对？”

“第三个，高的、陡的。”

“对。又高又陡的山峰就是危峰。又高又陡的山耸立着叫什么？”

“危峰兀立。”

“在桂林，我们不仅可以看到一座座各不相连的山，还可以看到重重叠叠的怪石山。”李老师一边画怪石重叠的山一边说，“书上用一个什么词来说山石重重叠叠？”

“怪石嶙峋。”

李老师解释道：“‘嶙峋’本来的意思是山石重重叠叠。石头重重叠叠就叫怪石嶙峋。从‘危峰兀立’‘怪石嶙峋’这两个词中，我们可以看出桂林的山还有什么特点？”

“桂林的山真险啊！”

“那我们怎样念才能体现出桂林的山险？”

学生念了一遍。

“这句写桂林的山险。这个‘险’是危险吗?”

“不是！是说山陡。”

“山陡，不易通过。刚才我们把不懂的词语学会了，同时也了解到桂林的山的奇和险。桂林的山除了奇和险之外，还很秀。‘秀’是什么意思?”

“是美的意思。”

“‘秀’可以组成哪些词表示美?”

“秀丽。”

“秀美。”

“秀就是指美。你们看（放大图中的山)，这山像绿色的屏障，‘屏障’就是屏风，一折一折的（李老师做手势辅助解说)，打开可遮住后面的东西。这山像屏风一样挡住后面的景物。现在请一个同学指着图说说桂林的山怎样秀，哪些像屏风，哪些像竹笋，色彩怎样明丽，怎样倒映水中。”

一个学生走上讲台指着图中的山说：“这山像绿色的屏障，这山像新生的竹笋。”

“色彩明丽就是颜色鲜明，好看。这座山哪块地方色彩明丽?”

该生指着一座山的中部说：“这里色彩明丽。”

“色彩明丽就是很美。色彩明丽这个词中，哪个字说美?”

“明丽。”

“‘丽’才是美。‘明’呢?”

“鲜艳。”

“明快。”

“对了。明快，色彩明快、美丽。我们念念这个句子。”

李老师和学生一起念课文。

“学习第二节课文时，我们知道了在写漓江水之前的几句话是衬托的话，写桂林的山之前的这几句也是衬托的话。这里有个‘峰峦雄伟’，怎么讲?”

“‘峰峦’就是山峰一个接一个连绵不断。”

“对。‘峰峦雄伟’在这里是指大的山峰一个接一个，气势很雄伟。这节课文写桂林的山奇、险、秀，写出了山的特点，说明桂林的山……”

“甲天下。”

“现在我们看课文最后一小节还写了什么景物。谁来念一下课文?”

李老师叫了一个学生念课文。

“最后一节课文还写了哪些景物?”

“绿树红花。”

“竹筏小舟。”

“还有……”

“还有迷蒙的云雾。”

李老师念了一遍课文，然后说：“就这么简单几笔，从空中云雾迷蒙，写到山间绿树红花，再写到江畔竹筏小舟。这样几笔简单的描写，就把桂林点缀得更加美了，就像一幅美丽的画卷。是不是这么（李老师用手势画了个方块）一张画?”

“不是。”

“画卷是长长的卷起来的画。可以展开，展开（用手势演示展开状），再展开，叫什么?”

“连绵不断。”

……

反思拓展

美国教育家杜威说：“思维起于直接经验的情境。”他这里所说的“思维”，就是指明智的学习方法，或者教学过程中明智的教学经验、教学方法。他认为，优秀的教学一定要能唤起学生的思维，没有思维，就不可能产生有意义的经验。

孔子说“学而不思则罔”，即要想学习就应进行思考。因为在学习中，只有通过思考，学生才能提出问题、分析问题、解决问题，才能够透彻地理解所学知识，使自己的思维得到进一步训练。

带有问题的情境教学，就是通过为学生创设一个蕴含“问题”的情境来启发学生思考的教学方法。虽然同样生长在广西，但也有不少学生没有见过桂林一带的山，因此不能理解那些描写桂林的山的词语，诸如“危峰兀立”“拔地而起”“形态万千”“峰峦雄伟”等，他们读了两遍课文，就因为问题太多而面面相觑，不知如何提问。这种抽象的词汇，教师单用语言是解释不清楚的。作为情境教育的创始人，李吉林老师就用板画、简笔画等给学生创设了一系列形象的情境，帮助学生化解了理解上的困难，让他们不再对那些抽象的词汇感到茫然不解。

正是这借助图画创设出来的情境，在词语和客观事物之间架起了一座桥梁，让学生不管是理解词句还是体会桂林的山的秀美，都变得轻松而有趣。这样理解到的知识，肯定会给学生留下持久而深远的印象。

（三）让学生不再茫然不解的策略

课堂上，学生表现出茫然不解，说明他们的思维遇到了障碍，进入了思考的瓶颈。此时，教师需要及时给予帮助，以免学生产生挫折感，对学习失去信心。

那么，教师如何抓住这一教学契机，给学生以帮助呢？

1. 引导学生充分暴露思维障碍

德国心理学家韦特海默经过实验发现，一些学生如果照搬教师讲解的例题，就能运用底乘高的方法计算出平行四边形的面积，可是如果遇到和老师画的平行四边形稍有不同的平行四边形时，他们就会无从下手。可见事实上，这些学生在头脑中并没有真正形成平行四边形的概念。

当学生茫然不解且教师一时找不到症结所在时，可以有意给学生设置障碍，尤其是有迷惑性的障碍，将学生潜在的错误思维“钓”出来，让它们充分暴露，然后进行快速的分析，对症下药地予以解决。

但是，教师要注意把“障碍”合情合理地设计出来，让学生知道这是为了让他们更好地掌握知识，而不是故意让他们当众出丑，否则，学生将会受到打击，不仅之前的问题解决不了，还会增加新的问题。

2. 手脑并用，帮助学生解决不解之难

苏霍姆林斯基曾说：“儿童的智慧在他们的手指尖上。”有学生感慨：“告诉我，我会忘记；给我看，我会记得；让我去做，我会理解。”可见，学生各种能力的培养和提高是从动手实践开始的。

当学生面对疑难问题不知从何下手时，教师可以给学生设计一些相关的动手实践活动，让学生在活动中思考，在活动中找到解题线索。

3. 用图片化解疑难

图片的直观、形象可以帮助学生理解很多抽象的知识点，并且让他们记忆深刻。当学生不理解所学知识时，教师可以给学生出示一些相关的图片，让学生在图上看一看，找一找，通过互相提问、填充空白图等，把眼睛、手、脑等各种感官都调动起来学习。

对于知识，学生只有理解了，记到大脑里了，用在手上了，才是他们自己的，才有可能帮助他们增长能力、养成技能。所以，教师有必要及时捕捉学生面面相觑这一肢体语言，帮助学生化解茫然不解的心理状态，让他们对所有知识都有一个全面而清晰的理解。

神情呆滞

——藏在麻木里的教学契机

生机勃勃的课堂才能让学生学有所获。可是，一些学生才上课就摆出一副麻木的表情，神情呆滞地看教师、看课本。心理学表明，学生表现出神情呆滞的样子，往往是因为对学习麻木了，不想学了。

那么，是什么导致本该在课堂上积极参与的学生变得麻木了呢?

1. 缺乏成功体验

虽然对知识的兴趣可以避免学习时出现麻木的现象，但一时的兴趣还不够，还须有成功的体验才能使学生对学习永远充满兴趣。

然而，一些学生或因家长期望太高而得不到夸奖，或因自身能力不高而被教师“视而不见，充耳不闻”，长期得不到成功感滋润的他们，往往容易对学习产生麻木。

2. 对教师的教学方法麻木

一些学生对学习麻木了，是因为教师经常采用机械式的教学方法，比如过多地抄写等，这很容易引起学生的抵触心理，导致他们一上这门课就两眼无光、神情呆滞。

3. 学习动力不足

一些学生对“为什么学”这个问题充满疑惑。一些家长和教师不恰当的教育方法让学生迷茫了，以为学习是为了家长和教师，是为了升学和考试，导致他们在学习中得不到快乐，因而失去学习兴趣，失去学习动力。

学习需要激情，所以当学生有神情呆滞的麻木表现时，教师要及时帮助他们调整心态，尽快让他们对学习产生兴趣。

（一）让幽默之风吹走学生脸上的呆滞

王老师正在给学生上作文课。

进入教室后，他先在黑板上板书本次作文课的要求——“写暑假中感受最深的一段生活经历”，然后转身面向大家，微笑着说：“同学们，愉快的暑假已经结束，迎接我们的是繁忙而又充实的新学期。在这个愉快的暑假期间，你可能外出旅游，拥抱自然；可能走走亲戚，会会同学；可能看看球赛，听听音乐；还可能读了一些你喜欢的书；等等。也许，暑假给你带来的不全是快乐，还会有一些烦恼、寂寞……现在，先请同学们坐在自己的位置上好好回忆一下。”

说完，王老师投给学生一个期待的目光，可是，这却没有激起任何涟漪。学生都面无表情地坐在座位上，他们虽然都在看着老师，却没有一个人对老师的话作出反应。

咦，怎么回事？难道是学生不感兴趣？嗯，或许是在思考呢！等一等再说。王老师这样安慰着自己，可是静静地等了几分钟后，学生仍然是面无表情地看着他。

终于，王老师耐不住了，开始反思自己：是不是开场白太单调乏味了，引不起学生的兴趣？还是学生对作文不感兴趣？现在该怎么办呢？学生总是用这样呆滞的神情看着自己，怎么回事呢？应该想办法改变这种情况。

突然，王老师有了主意——用幽默激发学生的兴奋。想到这儿，他微微一笑，说：“怎么啦？刚开学，难道爸爸妈妈都带你们到医院去洗过脑啦？暑假生活怎么都是一片空白呢？”

“哈哈……”听了老师的话，学生笑了起来，课堂沉闷的气氛有所缓和，学生的表情生动了许多，可是仍没有人响应老师的话。

王老师没有气恼，而是继续用“幽默”上自己的课：“好，让老师一组一组来查看，有没有爸爸妈妈没有带去洗脑的，第一组……”

“刷”地一下，一组学生全部举起了手，以示“清白”。

“好啊！都没去洗脑，那就是说脑海里还留有一点记忆，是吧？好，老师再给你们一点时间回忆回忆。那第二组呢？”

和第一组一样。

"第三组——"

终于，学生雯雯熬不住，站起来说话了："老师，暑假真的没什么，天天补课，今天练习钢琴，明天学习乐理，后天补习奥数……"说着，她摆出了一副苦相。

看到学生上钩了，王老师暗自笑道："嗯，真可怜！今年 8 月份去考级了，是吧？考几级？"他对雯雯的"遭遇"表示了同情。

"十级。"

"了不起！是呀，考钢琴十级，既要考钢琴弹奏，又要考乐理。单调的指法练习，每天都要练习几个小时，一天又一天，一月又一月，真是苦恼；面对着一个个'小蝌蚪'，一个个音乐名称，真是烦恼；面对着一道道拐弯抹角的奥数题，想不出来，真是懊恼！"王老师故意附和学生。

"其实也不全都是苦恼，做奥数的时候，老师还给我们吃冷饮呢！"看到老师把自己的学习生活说得如此不堪，雯雯表示了"反对"。

"是吗?！什么冷饮？怎么样的？好吃吗？"王老师追问。

"好吃！尤其是冷饮中掺杂的葡萄干。"雯雯的表情由刚才的苦相转为了陶醉。

"哇，老师知道，那是'冷狗'，对吧？圆圆的冷饮，中间一根圆圆的小棒，雪白的奶油中间点缀着绿色的葡萄干。真是棒！老师也最爱吃这种冷饮，馋得我都流口水了！嗯，狠狠地咽一口口水。"说着，王老师也做出一副陶醉的样子。

看着老师滑稽的表情，学生再次大笑起来，再加上说到了他们感兴趣的话题，"一石激起千层浪"，全班学生的情绪马上高涨了起来，纷纷插嘴说起了自己暑假中的趣闻、趣事。

5 分钟、10 分钟……学生在没完没了地说着。

看学生说得差不多了，王老师道："看你们说得这么高兴，老师也很兴奋。不急，我们把自己暑假的生活用文字记下来，就成为我们童年永久的回忆了。"

教室里再次寂静一片，但不同的是这次学生不是一脸呆滞，而是对王老师的话作出了最迫不及待的反应——一片笔尖画过纸页的"刷刷"声。

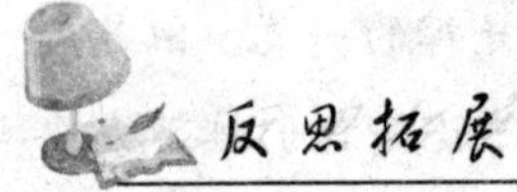

反思拓展

天天补课，今天练习钢琴，明天学习乐理，后天补习奥数……这样的暑假生活让学生变得麻木了，都忘记了暑假里也曾有过欢乐的事情。所以，当王老师让学生写暑假生活经历时，学生首先表现出的就是无动于衷、神情呆滞。

这自然不是教师想要的。

幽默往往是化解课堂沉闷气氛的强有力的武器。

王老师用自己幽默风趣的话语进行引导，不费多大劲学生就打开了话匣子，说起了暑期的美好回忆……

学生的表现不符合教师的预期，比如他们神情呆滞，有时候并不一定是坏事，其中很可能蕴藏着教学良机。教师应抓住这一契机进行有利的转化，从而让课堂真正成为学生乐学的天堂。

（二）以故事的生动唤起学生表情的生动

无理数是个很抽象的数学术语，学生对它都很头疼，一上课就感到痛苦。

某教师在讲课之前环顾了一下教室，果然，这个班的学生跟其他班的学生一样，不喜欢无理数，他们虽然都看着老师，却不给老师任何积极的表情。

但是，他并没有生气，而是拿出了早已设计好的法宝——故事，给学生讲了起来："同学们，老师知道你们不喜欢无理数这种抽象的知识，老师没说错吧？"

除了几个学生用"嗯"表示了回答外，其余的学生依然面无表情地等着老师往下说。

"可是，你们知道吗？在我们今天要学的无理数后面，还藏着一个血腥的故事呢？"

这句话立刻让学生有精神了，甚至还有学生很配合地问："不会吧？一个数学知识点而已，还跟杀人有关啊？"

"是啊！不信，听我细细道来。"说着，教师庄重地讲开了，"2500 多年前，在古希腊有一位非常著名、非常伟大的数学家，他就是毕达哥拉斯。这个人创立了‘毕达哥拉斯学派’，在数学发展史上留下了光辉的一页。但是大家要注意，发现无理数的可不是他，而是他的一个学生，就是我们接下来要讲的惨案中的被害者，同样是希腊著名数学家的希巴斯，他是毕达哥拉斯的学生，是毕达哥拉斯学派中最杰出的代表人物之一，但他却被毕达哥拉斯杀害了。

“也许有学生会问，两个人既然是师徒关系，毕达哥拉斯为什么还要杀害希巴斯呢？自然是因为羞耻与嫉妒。毕达哥拉斯最伟大的贡献就是发现了‘勾股定理’。就算现在，西方人仍然称勾股定理为‘毕达哥拉斯定理’。相传，发现勾股定理后，毕达哥拉斯学派的成员们一下子就杀了 99 头牛来大摆筵席，以示庆贺。

“之后不久，希巴斯就通过勾股定理发现，边长为 1 的正方形，其对角线的长度并不是有理数。

“发现了一个真理，本来是值得庆贺的事情。没想到，他的这个发现却给自己惹出了大祸。因为他师父毕达哥拉斯一向认为‘万物皆数’。他说的这个‘数’，仅仅是整数与整数之比，即现代意义上的‘有理数’。毕达哥拉斯认为，除了有理数以外，不可能存在另类的数。所以，当希巴斯提出他的发现后，毕达哥拉斯大吃一惊，原来世界上真的有‘另类数’存在。

“虽然是一代名家，但毕达哥拉斯很要面子，他无法接受自己的理论被推翻了，而且还是被自己的徒弟推翻了，于是他就下了封口令：‘关于另类数的问题，只能在学派内部研究，一律不得外传，违者必究。’这个命令对于那些绝对尊重毕达哥拉斯权威的弟子非常有效，谁都不敢在外面说。

“可是，希巴斯不同，他是个非常尊重科学的人，他没有遵守老师这不合理的命令，而是把自己的发现公之于众了。

“没想到这一举动令毕达哥拉斯怒不可遏，他下令严惩希巴斯。最后，希巴斯被毕达哥拉斯的一些弟子掷进了大海……

“通往科学顶峰的道路总是崎岖不平的。在那个崇尚权威的时代，总有科学家付出血的代价。今天，我们只能通过好好学习来回报那些为真理献身的科学家。”

通过讲故事，那堂课学生学得格外认真，教学效果非常好。

反思拓展

爱听故事、爱讲故事是学生的天性，因为故事的情节引人入胜，他们能从故事人物的身上找到让自己产生共鸣的情感体验，能从故事幽默风趣的语言中得到开心一笑，能从故事的寓意里产生感悟和思考。

在日常教学中，教师如果能把知识内容放在生动的故事情境中，让学生在听故事的同时学习，往往能够激发学生对学习的兴趣，使他们将注意力投入故事情境中，从而积极地思考，愉悦地表达。

无理数比较抽象，学生对其不感兴趣，于是就表现出了麻木的学习状态。而教师用一个故事，激起了学生对为真理献身的科学家的崇敬之情，这样，学生在学习时就不再只把无理数看作抽象的学习内容了。

当学生在课堂上有麻木感时，教师不妨给学生讲个故事，用故事中的情去激发学生的情，从而让学生成为对课堂有感情的人。

（三）让学生不再麻木的策略

麻木的心理会让学生的情绪更为低沉，更容易在学习上找不到方向、摔跟头。教师是学生学习的领路人，有责任及时帮助学生纠正不良的学习心态。那么，教师怎样做才能让学生重整旗鼓，对学习充满兴趣和期待呢？

1. 鼓励学生树立远大志向

一些教师或家长忽视了对学生的理想教育，以为那些太空洞。其实，从长远看，学生有了理想、志向，才能在任何学习困难面前永远保持旺盛的斗志。因为，随着学习任务的不断加重、学习难度的日益加深，只有付出巨大努力，才能得到优秀的成绩，而这就需要坚强的毅力，坚强的毅力又是从伟大的目标产生的。所以，要使学生对学习有持久的动力，最根本的还是让学生树立远大的理想。

在日常教学实践中，教师要深入研究每一位学生，结合他们的实际情况、兴趣爱好，帮助他们树立远大的志向。当学生思想麻木、对学习不感兴趣时，就用远大的志向来激励他们。

2. 帮助学生获得成功的体验

对于中小学生来说，要让他们不时地品尝到成功的喜悦，他们才能时时对学习充满激情与兴趣。要让学生在学习上有成功的体验，最重要的一点就是，家长或教师的期望不要离学生的实际水平太远，即想要学生摘桃子，就给他们提供跳一跳就能够得着的桃子。

当学生取得一次成功后，就会像找到了起飞的跑道，只要跑道铺好了，就不愁他飞不起来。这就需要教师及时帮助学生解决学习上的实际困难。通常，最常见而又最容易被教师忽视的学生的实际困难，大致有以下几种：

(1) 学习上的“拦路虎”

学生对一些学习内容不理解，难以掌握，就遇到了“拦路虎”。如果“拦路虎”太多，就会给学生的学习带来困难。因此教师要及时对学生进行跟踪，了解学生学习中的困难，帮助他们把“拦路虎”消灭掉，让他们不丧失学习信心。

(2) 和教师的关系

一些学生会因为和教师发生矛盾而放弃某门功课。这时，不管是科任教师还是班主任都应及时发现，做好学生的思想工作，尽快消除误会，让学生不要因为一些小事而放弃学习。

3. 改变机械性较强的教学方式

苏霍姆林斯基说过：“教师如果不想方设法使学生产生情绪高昂、智力振奋的内心状态，而只是停留在不动感情的脑力劳动上，学生就很容易感觉疲倦。”学生学习时的麻木心态，有时就是由教师造成的，比如重复性教学、教学手段单调等。为此，教师需要反思自己的教学方式，采用一些学生喜欢的、活泼新颖的教学方式。

(1) 游戏教学

心理学家认为，活动是认识的源泉，智慧从动作开始。学生学习，兴趣第一，如果把教学融入游戏当中，求知就不再是负担，而是一种享受、一种心理需要。

英国教育家洛克说过：“教育儿童的主要技巧是把儿童应做的事都变成一种游戏。”因此，教师不妨把乏味的教学同游戏活动结合起来，通过游戏为学生创造一个轻松愉快的学习氛围，让教学步入“教师乐教，学生乐学”的理想境界。

（2）猜谜教学

猜谜语是学生喜闻乐见的一种活动，其寓知识性、趣味性、哲理性于一体，能让学生主动参与，积极开动脑筋。所以，教师可以把枯燥的知识点编成谜语让学生猜，或者让学生自己编谜语，同学之间互猜，在活动结束后再评出优胜者给予表扬和奖励。

（3）音乐教学

音乐给人以美的享受。在节奏鲜明、富于韵律感的音乐中学习知识，不但能让学生轻松掌握重点知识，还能陶冶学生的情操。所以，教师可以在教学中穿插适当的音乐，或者以音乐为课堂背景，让音乐舒缓学生的麻木心理。

（4）漫画教学

漫画能逼真、形象地表现各种事物和现象，把与学习有关的漫画引入课堂，可以培养学生的观察力、想象力和思维能力，丰富学生的相关知识。所以，几幅小漫画也能激发学生对知识的兴趣，让他们不再神情麻木。

（5）绘画教学

中小学生，尤其是低年级学生的思维主要是形象思维。针对这一特点，教师可结合教学内容特点设计一些绘画活动。这样不仅会让学生感到新鲜有趣，还能巩固所学知识。

任何知识都是鲜活的。如果学生对知识没有兴趣，甚至见到知识就显露出麻木的表情，只能说教师还未找到使知识生动有趣的教学方法。教师应抓住学生神情呆滞这一面部表情，想办法让知识鲜活、生动起来。

参考文献

1. 阎承利.《教学最优化艺术》[M].北京教育科学出版社，1998.

2. 杨莲菁，王钢.《交流》[M].上海教育出版社，2004.

3. 郑全全，余国良.《人际关系心理学》[M].北京：人民教育出版社，1999.